高等职业教育新形态一体化教材

数字化供应链运营

（活页式教材）

主　编　崔　惠　刘凤奇
副主编　王俊凤　赵　叶　王　琦

北京理工大学出版社
BEIJING INSTITUTE OF TECHNOLOGY PRESS

内 容 简 介

本教材全面、系统地阐释了数字化供应链运营的基础理论、开发方法、管理策略、应用领域及选型技巧等知识。本教材基于任务驱动理念,设计了8个学习项目,项目一是"走近数字化供应链运营",介绍数字化供应链运营的基本情况;项目二~项目七分别是"数字化供应链平台的构建""供应链环境下的采购运营""供应链环境下的生产运营""供应链环境下的销售运营""供应链环境下的物流运营"以及"供应链客户关系运营",帮助学生掌握数字化供应链运营各方面的知识和技能;项目八是"数字化供应链综合运营"。

本教材可以作为各级院校现代物流管理、电子商务、国际商务等财经商贸类专业学生的教材,也可以作为以上各专业教师课程教学的参考教材,还可以作为供应链运营岗位从业人员技能训练与理论指导的参考教材。

图书在版编目(CIP)数据

数字化供应链运营 / 崔惠,刘凤奇主编. -- 北京 :
北京理工大学出版社,2023.11
ISBN 978-7-5763-3222-3

Ⅰ.①数⋯ Ⅱ.①崔⋯ ②刘⋯ Ⅲ.①数字技术-应
用-供应链管理-运营管理-高等学校-教材 Ⅳ.
①F252.1-39

中国国家版本馆 CIP 数据核字(2023)第 243545 号

责任编辑:钟 博		**文案编辑**:钟 博	
责任校对:刘亚男		**责任印制**:施胜娟	

出版发行 / 北京理工大学出版社有限责任公司
社　　址 / 北京市丰台区四合庄路 6 号
邮　　编 / 100070
电　　话 / (010) 68914026 (教材售后服务热线)
　　　　　　 (010) 68944437 (课件资源服务热线)
网　　址 / http://www.bitpress.com.cn

版 印 次 / 2023 年 11 月第 1 版第 1 次印刷
印　　刷 / 河北盛世彩捷印刷有限公司
开　　本 / 787 mm×1092 mm　1/16
印　　张 / 15.5
字　　数 / 400 千字
定　　价 / 49.00 元

前言

二十大报告明确提出加快建设网络强国、数字中国。这对大数据、区块链、物联网等技术与物流行业结合，加快推进中国物流与供应链数字化发展提出更高的要求。数字化供应链具有科学决策、减少人为干预、降低成本、消除业务孤岛、提高对供应链绩效可见性等优点。数字化供应链以数字化手段提升供应链的速度和效能，不仅为企业带来经济效益，而且在更大范围内和更深层次上影响着国民经济循环的速度和质量。

本教材是专业理论与实践一体化的项目化活页式教材。本教材全面、系统地阐释了数字化供应链运营的基础理论、开发方法、管理策略、应用领域及选型技巧等知识。在对供应链运营工作岗位的典型工作任务分析的基础上，以工作过程为导向，设计了8个学习项目，每个项目又包含若干任务，每个任务都按照"案例导入—任务发布—知识准备—素质提升—视野拓展—任务实施—教师评语—反思总结"的完整过程进行教学内容设计，项目内容包括学习目标、知识结构、任务、项目总结、知识巩固、实践训练、项目评价、活页笔记等。选用本教材时建议在多媒体教室或供应链运营实训室进行授课。

本教材适合各级院校现代物流管理、电子商务、国际商务等财经商贸类专业学生作为教材使用，也可以作为以上各专业教师课程教学的参考教材，还可以作为供应链运营岗位从业人员技能训练与理论指导的参考教材。

本教材由秦皇岛职业技术学院崔惠、刘凤奇担任主编，由保定职业技术学院王俊凤、河北建材职业技术学院赵叶、北京京东世纪贸易有限公司王琦担任副主编。具体编写分工如下。项目二、项目四和项目八由崔惠编写；项目一、项目三和项目七由刘凤奇编写；项目五由王俊凤编写；项目六由赵叶编写；王琦负责书中项目、任务、案例等的策划和设计。全书由崔惠负责总体结构设计、内容优化及最后统稿和定稿。特别感谢京东集团、顺丰速运、厦门易木等企业在本教材编写过程中提供的帮助和支持。另外，特别感谢智慧物流专业群学生周漩、董新国、王跃旗、李自明在调研、资料整理等方面给予的帮助和支持。

本教材中重要的知识点配有微课、动画等资源，扫描书中的二维码即可观看。此外，本教材还配有知识巩固习题及答案等资源，可联系北京理工大学出版社索取。

本教材在编写过程中借鉴了国内外许多专家、学者的观点，参考了许多论文、专著、教材、报纸、杂志和网络资源等，由于来源较广，未一一标明出处，在此向有关作者表示深深的谢意。

由于编者水平有限，时间仓促，不足之处在所难免，恳请使用本教材的广大读者提出宝贵意见，以便编者进一步完善。编者邮箱：53270670@qq.com。

编者

目 录

项目一　走近数字化供应链运营

✅ 学习目标

素质目标	1. 培养社会人的责任担当意识。 2. 培养中国人实现中华民族伟大复兴的使命担当
知识目标	1. 理解数字化的概念和特征。 2. 了解企业数字化转型的意义、关键技术和步骤。 3. 掌握供应链的含义和特征。 4. 掌握供应链运营的含义
能力目标	1. 能够比较供应链管理和供应链运营的异同点。 2. 能够对供应链进行流程、资源和关系管理

✅ 知识结构

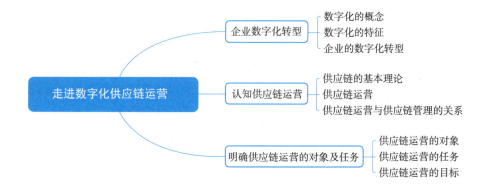

走进数字化供应链运营
- 企业数字化转型
  - 数字化的概念
  - 数字化的特征
  - 企业的数字化转型
- 认知供应链运营
  - 供应链的基本理论
  - 供应链运营
  - 供应链运营与供应链管理的关系
- 明确供应链运营的对象及任务
  - 供应链运营的对象
  - 供应链运营的任务
  - 供应链运营的目标

任务一　企业数字化转型

【案例导入】

我国数字经济发展面临三大挑战

随着人工智能、信息通信等数字技术的迅猛发展，数字技术创新驱动的数字经济正在深刻改变着传统经济的发展模式，已成为全球经济发展新的重要增长引擎。一是数字经济在全球经济增长中的重要地位愈发凸显。根据中国信通院《全球数字经济白皮书（2022年）》报告，2021年全球47个国家的数字经济规模达到38.1万亿美元，占GDP比重达到45.0%，同比增加5.1万亿美元和1个百分点，数字经济在引领世界经济复苏和重塑全球经济格局中的作用愈发凸显。二是数字经济在重塑国际竞争格局中扮演关键力量。数字经济作为一种全新的社会经济形态，对工业经济时代构建的全球产业分工格局和竞争秩序提出颠覆性挑战，成为决定未来几十年重塑全球竞争新格局的关键因素。三是数字经济是我国推进中国式现代化建设的必由之路。发展数字经济，是我国把握新一轮科技革命和产业变革新机遇的战略选择，也是我国实现对发达经济体赶超的重要契机，数字经济将构建起我国现代化经济体系的重要新增长引擎。

我国数字经济蓬勃发展，数字产业化和产业数字化进程加速推进，数字技术催生的新技术、新业态、新模式广泛渗透到经济社会各领域，对我国经济社会发展的引领支撑作用日益凸显。但我国数字经济发展在技术层、应用层和制度层仍存在三大困境，亟需突破。

一、技术层：我国数字经济关键核心技术创新亟待增强

是否掌握数字经济主导技术路线和关键技术直接关系到国家数字经济的竞争力，但是我国数字经济在关键核心技术与技术路线选择上存在被压制的风险。一是我国数字经济关键核心技术对外依存度较高。高端芯片、工业控制软件、核心元器件、基本算法等300多项与数字产业相关的关键技术仍然受制于人，数字技术的产业化应用、工程化推广、商业化运作缺乏成体系推进的能力，对我国数字经济发展安全稳定性提出挑战。二是我国数字经济的底层技术逻辑被替代的风险大。过去十多年，我国数字经济的崛起主要是建立在以5G为代表的"软硬件一体化"数字经济技术路线的选择上，庞大的数字经济基础设施建立了数字经济发展的重要基础。但是，发达国家凭借其在基础软件和芯片技术上的优势重构全球数字经济技术路线，极力倡导以"开源"取代"软硬件一体化"，通过接口标准、核心软件和底层芯片重新定义数字经济基础，我国数字经济底层技术逻辑被冲击的风险大。

二、应用层：我国数字与实体经济融合程度有待提升

我国数字经济规模虽稳居全球第二，但整体上数实融合程度还比较低，发展还不平衡，企业数字化转型成本比较高。一是我国三次产业数实融合程度不平衡性大。根据《中国数字经济发展白皮书》，2021年我国一、二、三产业的数字经济渗透率分别达到了9.7%、22.4%和43.3%，较2020年分别提高了0.8、1.4和2.6个百分点，但是一、二产业数实融合程度较低且增速明显慢于第三产业，这将极大地影响劳动生产率的提高。二是数实融合程度明显滞后于发达国家水平。《全球数字经济白皮书（2022年）》显示，全球一、二、三产业的数字化水平最高分别超过30%、40%、60%，我国三次产业数字经济渗透率与发达国家差距较大，即使数字化程度最高的第三产业也低于发达国家平均水平7~8个百分点。三是大量中小企业在数字化转型中踟蹰不前。中小微企业在面对跨越数字鸿沟时存在着不想转、不会转、不敢转等问题。根据中国电子技术标准化研究院报告，2021年我国在数字化转型中处于初步探索阶段、行业践行阶段和深度应用阶段的企业占比分别为79%、12%和9%，这表明绝大部分中小企业仍处于数字化转型的初级阶段。

三、制度层：我国数字治理体系和监管规则亟须健全

数字规则是全球数据竞争的重要利器，是数字经济时代掌握话语权的重要制度基础，但是我国数字规则存在与数字经济发展地位和速度不匹配、不适应的问题。一是国际上发达国家把持数字规则，严重冲击我国数据治理体系。美国依靠其数字技术和数字经济先行者优势奠定数字监管全球治理制度体系，欧盟也依靠其统一大市场的优势，较早地建立了数据监管制度体系。全球数字规则已形成欧盟模式和美国模式"二分天下"的局势，我国数字经济话语权较弱，欧美利用数字规则域外效力主导全球数字经济竞争方向，直接影响我国数据主权安全。二是我国数字制度的建设滞后于数字经济的发展。我国数字经济制度建设与数字经济快速发展的现实不匹配，这成为数字经济发展的掣肘。当前关于数据权属确认、数据交易规则、数据流通体系和数据安全监管等的制度体系、法律法规及标准规范等还不健全，数字经济企业间不同的业务框架和系统导致数据联通、整合与共享不足，"数据孤岛"现象依然严重，这都制约着"数字红利"的释放。

【任务发布】

小组讨论	结合案例分析：我国数字经济发展面临哪三大挑战？面对挑战，我们该如何应对？
教师布置任务	
任务描述	1. 学生熟悉数字化概念、特点及转型的相关知识。 2. 教师组织学生随机分组讨论案例并形成书面结论。 3. 各组派出代表进行成果汇报。 4. 根据各组的表现，教师进行成果评价。 5. 教师进行任务总结
问题解答	1. 什么是数字化？数字化有哪些特征？ 2. 我国数字经济发展面临哪三大挑战？面对挑战，我们该如何应对？

【知识准备】

从互联网被发明出来开始，我们的时代就一直在朝着数字化时代转变。数字化时代是一个伟大的时代，尤其是在传媒领域，通过计算机存储、处理和传播的信息得到了最快的推广，数字技术已经成为当代各类传媒的核心技术。

一、数字化的概念

数字化的概念分为狭义的数字化和广义的数字化。

狭义的数字化，是指利用信息系统、各类传感器和机器视觉等信息通信技术，将物理世界中复杂多变的数据、信息和知识，转变为一系列二进制代码，引入计算机内部，形成可识别、可存储、可计算的数字、数据，再以这些数字、数据来建立相关的数据模型，从而进行统一处理、分析和应用，主要是利用数字技术，对具体业务、场景进行数字化改造，更关注数字技术本身对业务的降本增效作用。

广义的数字化，则是通过利用互联网、大数据、人工智能、区块链、人工智能等新一代信息技术，来对企业、政府等各类主体的战略、架构、运营、管理、生产、营销等各个层面，进行系统性的、全面的变革，强调的是数字技术对整个组织体系的赋能和重塑。数字技术不再只是单纯地解决降本增效的问题，而是成为赋能模式创新和业务突破的核心力量。

与传统的信息化相比，无论是狭义的数字化，还是广义的数字化，其均是在信息化高速发展的基础上诞生和发展的，但与传统信息化、条块化的服务业务方式不同，数字化更多的是对业务和商业模式的系统性变革、重塑。

二、数字化的特征

数字化是信息技术发展的高级阶段，是数字经济的主要驱动力。随着新一代数字技术的快速发展，各行各业利用数字技术创造了越来越多的价值，这加快推动了各行业的数字化变革。总结起来，数字化的特征主要包括以下三个方面。

（1）数字化打通了企业信息孤岛，释放了数据价值。

信息化是充分利用信息系统，将企业的生产过程、事务处理、现金流动、客户交互等业务过程，加工生成相关数据、信息、知识来支持业务效率的提升，更多的是一种条块分割、烟囱式的应用。而数字化则是利用新一代ICT，通过对业务数据的实时获取、网络协同和智能应用，打通企业信息孤岛，让数据在企业系统内自由流动，使数据价值得以充分发挥。

（2）数字化以数据为主要生产要素。

数字化将数据作为企业核心生产要素。它要求将企业中所有的业务、生产、营销、客户等有价值的人、事、物全部转变为数字存储的数据，形成可存储、可计算、可分析的数据、信息和知识，并和企业获取的外部数据整合在一起。通过对这些数据的实时分析、计算和应用，指导企业生产、运营等各项业务。

（3）数字化变革了企业生产关系，提升了企业生产力。

数字化让企业从传统的生产要素，转向以数据为生产要素，从传统部门分工转向网络协同的生产关系，从传统层级驱动转向以数据智能化应用为核心的驱动方式。让生产力得到指数级提升，使企业能够实时洞察各类动态业务中的信息、实时做出最优决策，使企业资源合理配置，从而适应瞬息万变的市场经济竞争环境，实现最大的经济效益。

数字化时代的来临让很多行业发生了翻天覆地的变化，尤其是对于互联网平台而言。从PC时代到移动互联网时代再到如今的万物互连时代，可以说每一个阶段都伴随着巨大的变革和挑战。那么在这个变化莫测的数字化时代，我们又应该如何应对变革和挑战呢？

三、企业的数字化转型

数字化转型，是指企业利用数字技术和数字化思维改变其商业模式、业务流程、组织结构、文化和价值观，从而实现业务创新、效率提升、客户体验提升和企业价值增长的过程。数字化转型是当今企业发展的必然趋势，也是企业未来成功的关键所在。

（一）数字化转型的意义

数字化转型对企业意义重大，它可以帮助企业实现以下目标。

1. 提高效率和降低成本

数字化转型可以通过自动化、智能化和数据化提高企业的效率和降低成本，从而提高企业的竞争力。

2. 创新业务模式

数字化转型可以帮助企业寻找新的商业模式、开拓新的业务领域，从而达到增长和盈利的目标。

3. 提升客户体验

数字化转型可以通过数字化技术提升客户体验、提高客户满意度、增强客户黏性，从而提高企业的收入和市场份额。

4. 强化组织能力

数字化转型可以帮助企业建立更加敏捷、灵活、创新和协同的组织文化和能力，从而适应不断变化的市场环境和客户需求。

（二）数字化转型的关键技术

数字化转型需要依托一系列数字技术实现，以下是数字化转型的关键技术。

1. 云计算

云计算是一种基于互联网的计算模式，可以提供弹性计算、存储、网络和应用服务，帮助企业实现资源共享、灵活扩展，具有成本节约和安全可靠等优势。

2. 大数据

大数据是指海量数据的收集、存储、处理和分析技术，可以帮助企业发现数据中的价值、挖掘商业机会、优化决策和提升效率。

3. 人工智能

人工智能是一种模拟人类智能的技术，可以通过机器学习、自然语言处理、计算机视觉等技术解决复杂的问题和任务，从而提高效率和准确性。

4. 物联网

物联网是指通过互联网连接各种物品和设备，实现数据的采集、传输和处理，从而帮助企业实现智能化运营、自动化控制和远程管理等功能。

5. 区块链

区块链是一种去中心化的分布式账本技术，可以实现信息的安全、透明和可追溯，帮助企业实现去信任化的交易和合作。

（三）数字化转型的步骤

数字化转型需要有一个系统性的规划和实施过程，以下是数字化转型的步骤。

1. 定义数字化转型的愿景和目标

企业需要明确数字化转型的目标和愿景，明确数字化转型的意义和价值，这为数字化转型的实施提供指导和动力。

2. 评估数字化转型的现状和需求

企业需要对数字化转型的现状和需求进行评估，了解自身的数字化水平和瓶颈，分析市场和客户需求，从而确定数字化转型的重点和方向。

3. 制定数字化转型的战略和计划

企业需要制定数字化转型的战略和计划，包括数字化转型的目标、时间表、预算、资源投入等，确保数字化转型的实施具有可操作性和可控性。

4. 确定数字化转型的重点项目和应用场景

企业需要选择数字化转型的重点项目和应用场景，包括业务流程优化、客户体验提升、产品创新、组织变革等方面，确保数字化转型的实施具有重点性和针对性。

5. 实施数字化转型的项目和方案

企业需要实施数字化转型的项目和方案，包括技术选型、系统集成、数据采集和分析、应用开发和测试等方面，确保数字化转型的实施具有高效性和高质量性。

6. 推广数字化转型的成果和经验

企业需要推广数字化转型的成果和经验，包括内部培训、外部宣传、合作交流等方面，确保数字化转型的实施具有可持续性和可复制性。

 读一读

数字化转型

数字化转型是建立在数字化转换、数字化升级的基础上，进一步触及公司核心业务，以新建一种商业模式为目标的高层次转型。数字化转型通过开发数字化技术和支持能力来打造一个富有活力的数字化商业模式。

数字化转型表明，只有企业对其业务进行系统性、彻底地（或重大和完全地）重新定义——不仅在IT方面，同时在组织活动、流程、业务模式和员工能力的方方面面进行重新定义的时候，成功才会实现。

【素质提升】

中国商贸物流数字化水平不断提升

商务部发布了《中国商贸物流发展报告（2022年）》（以下简称《报告》）。《报告》显示，商贸物流发展呈现出一些新特征，特征之一是数字化和智能化水平不断提升，智能立体库建设、无人配送市场规模、智能末端配送设施布局等可圈可点。2022年，"直播电商+快递物流""即时零售+即时配送""仓储会员店+配送一体"等商贸物流模式的创新将持续推进。

《报告》显示，物流运行保持恢复态势。2022年，全国社会物流总额实现347.6万亿元，按可比价格计算，同比增长3.4%。社会物流总费用为17.8万亿元，同比增长4.4%。

2022年，商贸物流网络持续完善。新增农产品冷库库容1 080万吨；建设各类县级物流和寄递配送中心1 500个、乡镇快递和邮件处理站点7 600个，95%的行政村实现快递直达。城乡商贸物流网络与国家综合运输大通道及物流枢纽的衔接更加紧密。

【视野拓展】

全球物流行业加速变革转型，数字化趋势明显

【任务实施】

1. 什么是数字化？数字化有哪些特征？

2. 结合案例分析：我国数字经济发展面临哪三大挑战？面对挑战，我们该如何应对？

【教师评语】

【反思总结】

认知供应链运营

【案例导入】

海尔通过全球供应链参与国际竞争

张瑞敏认为："现代企业如果没有现代物流，就意味着没有物可流。"从1984年12月到现在，海尔经历了三个发展战略阶段，第一个阶段是品牌战略，第二个阶段是多元化战略，第三个阶段是国际化战略。在第三个阶段，其战略创新的核心是从海尔的国际化发展为国际化的海尔，建立全球供应链网络，支撑这个网络体系的是海尔的现代物流体系。

海尔在进行流程再造时，围绕建立强有力的全球供应链网络体系，采取了一系列重大举措。一是优化供应商网络。将供应商由原有的2 336家优化到978家，减少了1 358家。二是提高国际供应商的比例。目前国际供应商的比例已达67.5%，较流程再造前提高了20%，世界500强企业中已有44家成为海尔的供应商。三是就近发展供应商。海尔与已经进入和准备进入青岛海尔开发区工业园的19家国际供应商建立了供应链关系。四是请大型国际供应商以其高技术、核心技术参与海尔产品的前端设计。目前参与海尔产品设计开发的供应商比例已高达32.5%。供应商与海尔共同面对终端消费者，通过创造顾客价值使订单增值，形成了双赢的战略伙伴关系。

海尔还完善了面向消费者的配送体系，在全国建立了42个配送中心，每天按照订单向1 550个专卖店、9 000多个网点配送100多个品种的5万多台产品，形成了快速的产品分拨配送体系、备件配送体系和返回物流体系。与此同时，海尔与国家邮政局、中远集团等企业合作，在国内可调配车辆达16 000辆。

海尔认为，21世纪的竞争将不再是单个企业之间的竞争，而是供应链与供应链之间的竞争。谁的供应链总成本低、对市场响应速度快，谁就能赢得市场。一只手抓住用户的需求，一只手抓住可以满足用户需求的全球供应链，这就是海尔物流创造的核心竞争力。

【任务发布】

小组讨论	结合案例分析：海尔是如何建立全球供应链网络体系的？打造全球供应链对海尔的生产运营有何影响？
教师布置任务	
任务描述	1. 学生熟悉供应链管理及供应链运营的相关知识。 2. 教师组织学生随机分组讨论案例并形成书面结论。 3. 各组派出代表进行成果汇报。 4. 根据各组的表现，教师进行成果评价。 5. 教师进行任务总结
问题解答	1. 分别举例说明几种供应链类型的特点。 2. 海尔是如何建立全球供应链网络体系的？打造全球供应链对海尔的生产运营有何影响？

供应链的含义

【知识准备】

一、供应链的基本理论

（一）供应链的含义

供应链是指围绕核心企业，从配套零件开始，制成中间产品和最终产品，最后通过销售网络把产品送到消费者手中的，将原材料供应商、制造商、分销商、零售商，直到最终用户连成一个整体的功能网链结构。

供应链的概念是从扩大生产概念发展来的，它将企业的生产活动进行了前伸和后延。中华人民共和国国家标准《物流术语》（GB/T 18354—2021）对供应链的定义是：在生产及流通过程中，围绕核心企业的核心产品或服务，由所涉及的原材料供应商、制造商、分销商、零售商直到最终用户等形成的网链结构。

由此可见，供应链是指围绕核心企业，通过对信息流、物流、资金流的控制，从采购原材料开始，制成中间产品和最终产品，最后通过销售网络把产品送到消费者手中的，将原材料供应商、制造商、分销商、零售商，直到最终用户连成一个整体的功能网链结构。

供应链网络是指从原材料供应开始，经过链中不同企业的加工制造、装配、分销等过程，直到最终用户的整个过程中所涉及的所有节点（包括原材料供应商、生产商、分销商和用户）组成的供需网络。供应链网络结构如图1-1所示。

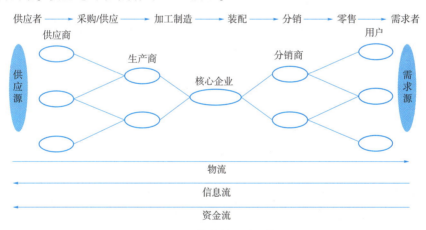

图1-1　供应链网链结构

 读一读

国家标准《供应链数字化管理指南》于2023年5月1日起生效

未来的产业竞争不仅是个体企业间的竞争，更是产业链、供应链间的竞争。随着大数据、云计算和人工智能等技术的蓬勃发展，数字化已经成为企业提高竞争力和降低成本的必选方案。在供应链数字化转型的过程中，标准化则是实现成功转型的必要手段之一。为此，国家市场监督管理总局和国家标准化管理委员会在2022年10月14日联合发布了新的国家标准文件——《信息化和工业化融合管理体系 供应链数字化管理指南》（GB/T 23050—2022），该项标准于2023年5月1日起生效，为企业供应链数字化转型提供重要参考标准和规范性指导。该标准从供应链战略规划、角色分工、业务运作、数据开发、技术应用等问题出发，提供了包括体系设计、业务管理、协同运营、生态构建、风险预测与处置、绩效监测与优化等方面的指导意见，以便帮助企业更好地应对未来的挑战。

（二）供应链的特征

从供应链的定义可以看出，供应链是由围绕核心企业的供应商、供应商的供应商、分销商、零售商和最终客户组成的网链结构。供应链上的节点企业之间是一种供需关系。供应链具有以下特征。

（1）供应链是网链结构。

供应链上的各个节点企业，可能与一个业务环节联系，也可能与多个业务环节联系；可能是这条供应链的成员，也可能是另一条供应链的成员。供应链各个节点之间的联系形成了一个网络结构。

（2）供应链是指上下游企业之间的联系。

上游意味着在该节点之前，主要涉及企业与一级供应商和二级供应商的关系；下游意味着在该节点之后，主要涉及企业与客户间的关系。供应链就是指由上下游企业所形成的、在不同的流程或者活动中以终端客户或消费者所持有产品和服务的形式展现生产价值的整体功能网络结构。

（3）供应链的各部分之间具有关联性。

供应链的资金流、物流、信息流、业务流和各节点之间关系的协调、供应链的最薄弱环节决定了其整体水平。

（4）需求拉动是供应链的重要特征。

最终用户是供应链中不可分割的一部分，需求拉动是指供应链将客户的需求作为供应链运作的起点，任何一个供应链的主要目标都是满足客户需求，并在满足客户需求的过程中创造利润。

（5）供应链是一条价值链。

供应链不仅是一条连接供应商和最终用户的物流链、信息链、业务链和资金链，更是一条价值链。

（三）供应链的类型

1. 企业内部供应链和企业外部供应链

企业内部供应链是指其内部产品在生产和流通过程中所涉及的采购部门、生产部门、仓储部门和销售部门等组成的供需网络。

企业外部供应链是指企业外部与企业相关的产品在生产和流通过程中涉及的原材料供应商、生产商、批发商、零售商及最终消费者组成的供需网络。

企业内部供应链和外部供应链共同组成了产品从原材料到半成品到成品再到消费者手中的供应链。可以说，企业外部供应链是企业内部供应链的延伸。

2. 效率型供应链和响应型供应链

效率型供应链又称为有效性供应链，是指以最低的成本将原材料转化成零部件、半成品和成品，并以尽可能低的成本实现以供应为基本目标的供应链。它主要体现供应链的物料转换功能。

响应型供应链又称为反应性供应链，是指基于稳定的供应，对快速变化、难以预测的需求做出迅速反应，以满足用户需求的供应链。它主要体现供应链的市场中介功能。

3. 敏捷型供应链和精益型供应链

敏捷型供应链是指在合作与竞争动态的市场环境中，由原材料供应商、制造商、分销商、零售商和最终用户构成的、快速响应环境变化的动态供应链。敏捷型供应链是以应对客户多样化需求所进行的快速反应的动态供应链。

精益型供应链来源于精益管理，是以核心企业为中心，将从产品设计到用户获得产品整个过程必需的步骤与合作伙伴整合起来的供应链。其核心是减少甚至消除整个流程的成本和浪费，用尽可能少的资源最大限度地满足客户需求。

二、供应链运营

"运营"一词由来已久，最早出现于企业的管理活动，是对生产活动的计划、组织与控制，而后逐步被引入服务领域。目前，对运营尚未形成统一的理解。一些学者认为运营是个名词，是指完成一个或多个流程的全部或部分工作的一组资源；也有学者认为运营是个活动过程，是利用资源生产产品和服务，更好地连接产品和用户。如波士顿咨询公司提出运营涉及流程管理、板块协同管理、数据分析等功能；德勤强调建设运营的数字化能力，将数据纳入企业决策流程，利用数据资源对业务产生影响。由此可见，运营活动涉及业务流程、资源（如数据）等内容。

（一）供应链运营的发展阶段

供应链运营是伴随着供应链管理的发展而发展的，最初与供应链管理融为一体，后来由于协同需要，逐步从供应链管理活动中独立出来。

第一阶段，供应链管理萌芽，但供应链运营尚未出现。

在企业职能部门形成的背景下，20 世纪 70 年代出现了供应链管理的思想萌芽，但供应链运营的概念尚未出现。

第二阶段，供应链运营活动出现，并与供应链管理融为一体。

20 世纪 80 年代，供应链运营分解为供应链管理战略相关的基本活动和辅助活动。此阶段，供应链运营思想出现，但仍属于供应链管理活动下的内容，尚未与供应链管理明显区分。

第三阶段，供应链管理成熟发展，供应链运营活动逐步独立。

进入 20 世纪 90 年代后，供应链逐渐形成了由计划、采购、制造、交付、回收等 5 个部分构成的标准架构，内部专业化分工越来越细。供应链的各职能致力于追求本职能的管理目标而忽略了供应链整体管理目标，或因缺乏机制设计未能让各职能目标与总体目标一致。这就催生了对供应链运营的需求，要求必须注重供应链全流程的协同，推进计划、采购、制造、交付、回收等环节的跨专业统筹，以便实现供应链整体效益最大化。在实践中，供应链运营逐渐从供应链管理中独立出来。

（二）供应链运营的含义

国内对供应链运营内涵的研究可追溯到 1990 年，认为供应链运营是"从最终用户到最初供应者的经营过程的集成"。

供应链运营是指对整个供应链的运作负责，从供应链全流程统筹、跨专业协同的角度出发，以流程管理为出发点，围绕供应链的基本流程以及流程上的各种资源和关系进行计划、控制、评价和改进，并赋能各职能进行精准科学决策从而实现供应链总体战略目标的一套职能活动。

具体来说，供应链运营需要具备强大的计划能力、供应商管理能力、风险控制能力和数据分析能力，需要对公司整个供应链的运作负责，设计并改善公司的物流、供应链系统，制定并完善采购、生产、仓储、配送等管理工作流程，并实施监控和管理。

此外，供应链运营还需要具备团队建设和管理能力，可以统计整合现有各项供应链资料与资源，对供应链资料和资源进行分析、调查、核实和调整，可以建立公司供应链、维护供应链架构等。

三、供应链运营与供应链管理的关系

从供应链运营的发展历程可知，供应链运营是从供应链管理活动中剥离发展而来的。二者是供应链上两条上下并行的功能链，在目标与环节方面存在共性，即均是围绕供应链流程运作，以实现供应链的总体目标为追求的。

二者在管理形态、视角及管理的对象上有所区分。其一，供应链管理是自上而下的管理，偏上层的战略、策略，直接决定供应链的实施与发展；而供应链运营自下而上为主，以底层业务的评价、计划和监控等为起点，向上传导到管理决策。其二，供应链管理是偏职能化的管理，以内部专业管理为中心，局限于计划、采购等各个专业环节的最优化，难以衡量单一或局部活动对供应链整体效益的影响；而供应链运营是偏流程化的管理，以全局性、整体性为视角，更加侧重从全局角度统筹评估供应链局部活动对整体供应链的影响。其三，从管理对象上看，供应链管理比较聚焦计划、采购、物流等的专业管理，以人和事务为对象，侧重把适当的人放到适当的岗位上去完成相应的事务。而供应链运营更关注流程、资源和关系，通过流程的优化、资源的调动和关系的管理转化创造价值。

下面从管理目标、聚焦环节、管理原理、管理视角和管理对象 5 个维度，对二者进行对比，具体见表 1-1。

表 1-1   供应链运营与供应链管理对比

类型	分析				
	共性		区别		
	管理目标	聚焦环节	管理原理	管理视角	管理对象
供应链运营	打造高水平供应链	供应链五大基本流程	自下而上，问题导向	全局统筹	资源、流程、关系
供应链管理			自上而下，目标导向	局部提升	人员和专业事务

 读一读

牛鞭效应

牛鞭效应（bullwhip effect）是指订单的波动沿着供应链从零售商到批发商到制造商再到供应商不断加剧的现象。供应链上这种需求变异放大现象是信息流从最终用户端向原始供应商端传递时，出现的需求信息越来越大的波动。这种信息扭曲的放大作用，在图形上很像一根甩起的牛鞭，因此被形象地称为牛鞭效应。通常将处于供应链上游的供应方比作梢部，将处在供应链下游的用户比作根部，一旦根部抖动，传递到末梢端就会出现很大的波动。

【素质提升】

质量强国建设纲要

2023 年 2 月 6 日报道，中共中央、国务院印发了《质量强国建设纲要》。《质量强国建设纲要》强调，发展智能化解决方案、系统性集成、流程再造等服务，提升工业设计、检验检测、知识产权、质量咨询等科技服务水平，推动产业链与创新链、价值链精准对接、深度融合。统筹推进普惠金融、绿色金融、科创金融、供应链金融发展，提高服务实体经济质量升级的精准性和可及性。积极发展多式联运、智慧物流、供应链物流，提升冷链物流服务质量，优化国际物流通道，提高口岸通关便利化程度。规范发展网上销售、直播电商等新业态新模式。加快发展海外仓等外贸新业态。提高现代物流、生产控制、信息数据等服务能力，增强产业链集成优势。加强重大装备、特种设备、耐用消费品的售后服务能力建设，提升安装、维修、保养质量水平。

【视野拓展】

供应链如何助力企业降本增效——来自厦门的供应链创新与发展调查

【任务实施】

1. 几种供应链类型的特点是什么？

2. 海尔是如何建立全球供应链网络体系的？

3. 打造全球供应链对海尔的生产运营有何影响？

【教师评语】

【反思总结】

明确供应链运营的对象及任务

【案例导入】

云南白药的"纸盒革命"

长期以来，云南白药彩印纸盒存在的主要问题有色差、上机不畅、混淆及喷码等，其中色差和喷码问题占比 50%。色差作为胶印行业的行业问题，长期得不到根本解决，严重影响了云南白药公司的品牌形象。云南白药能否建立可视数字化的交付标准，同时由云南白药牵头借助外力帮助供应商建立印刷过程的色彩控制操作规范手册，从供应商提升的角度完成提高产品质量的目标呢？

云南白药 PSA 纸盒色彩管理项目于 2014 年 7 月启动，由采购中心牵头，在云南白药市场部门、质量部门的积极配合下，通过 PSA 印刷专家的技术指导，经过 8 家纸盒印刷厂、2 家纸张供应商的积极努力，项目一期阶段已于 2016 年年底正式结题。该项目完成的白药纸盒《包装产品质量检验手册》在色彩质量标准、评分送检方法、检验工具及标准等方面均做出了具体规范，为国内制药企业建立了数字化的印刷品产品标准，同时帮助下游纸盒供应商建立了色彩管理标准和操作规范。

【任务发布】

小组讨论	结合案例分析：云南白药的纸盒色彩管理项目是如何统筹运用资源的？
教师布置任务	
任务描述	1. 学生熟悉供应链运营的对象、任务和目标的相关知识。 2. 教师组织学生随机分组讨论案例，然后分组完成公司供应链生产计划编制方案。 3. 各组派出代表进行成果汇报。 4. 根据各组的表现，教师进行成果评价。 5. 教师进行任务总结
问题解答	1. 云南白药彩印纸盒主要面临哪些问题？ 2. 云南白药彩印纸盒项目要实现哪些目标？ 3. 云南白药公司是如何统筹利用资源实现目标的？

【知识准备】

基于供应链运营与供应链管理的清晰认知，从对象、任务和目标三方面，构建供应链运营的基本框架，为企业供应链运营实践提供理论依据。

一、供应链运营的对象

资源和流程是当前企业运营、供应链运营管理的重要内容，关系则是流程衍生的产物。因此，供应链运营以流程、资源和关系为三大管理对象。

（一）流程对象方面

供应链运营区别于供应链管理，更加侧重流程化管理视角，打破了传统供应链管理下科层制组织带来的碎片化业务流程的弊端。因此，供应链流程是供应链运营流程管理视角下的重要对象。

（二）资源对象方面

供应链运营的资源包括物力资源、数据资源、资金资源和组织资源等四类资源。供应链流程伴随着各类资源的调用。一方面，供应链中通常存在产品和相关服务的流通、信息的流通、资金的流通等三种要素的流通，也即物力资源、数据资源和资金资源。另一方面，供应链运营"专业、协同、流程化管理"的特性，也间接反映出其对供应链各个部门组织关系协调与管理的需要，即组织资源的管理。

（三）关系对象方面

供应链运营的关系包括上游采购端的采购关系与下游需求端或内部其他部门间的服务关系及与之相关的管理关系、协同关系和互生关系。流程管理的首要出发点就是管理客户，此过程也会产生为管理好客户而衍生的各类复杂关系。而供应链运营流程化管理的特点，也对供应链上下游各类关系的管理提出了要求。

 读一读

蝴蝶效应

蝴蝶效应是指在一个动力系统中，初始条件下微小的变化能带动整个系统长期巨大的连锁反应，是美国气象学家爱德华·洛伦兹（Edward N. Lorenz）于1963年提出的。其大意为：一只南美洲亚马逊河流域热带雨林中的蝴蝶，偶尔扇动几下翅膀，可以在两周以后引起美国得克萨斯州的一场龙卷风。其原因就是蝴蝶扇动翅膀的运动，导致其身边的空气系统发生变化，并产生微弱的气流，而微弱气流的产生又会引起四周空气或其他系统产生相应的变化，由此引起一个连锁反应，最终导致其他系统的极大变化。

蝴蝶效应是一种混沌现象，说明了任何事物发展均存在定数与变数，事物在发展过程中，其发展轨迹有规律可循，同时也存在不可预测的变数。一个微小的变化能影响事物的发展，证实了事物的发展具有复杂性。供应链的运营过程也会遇到各种不确定因素，一些微小的环境变化都有可能造成供应链运营的困境，影响整条供应链的正常运行。

二、供应链运营的任务

基于供应链运营三大对象的管理，流程优化、资源调配和关系治理就是供应链运营的主要任务。通过对三大对象的运营管理，促进流程更畅通、资源调配更高效、关系更和谐稳定。

（一）流程优化

供应链运营作为供应链管理的支撑职能，改变单点流程管理的局限，以端到端流程管理为任务，即围绕清除、简化、整合和数字化四个方面，对供应链全流程进行诊断与优化，增强流程的关联性，推进流程更加通畅地运行，提升供应链的运行效率。

（二）资源调配

供应链运营围绕物力资源、数据资源、资金资源和组织资源等四类资源，进一步开展资源级别的供需匹配，重在分析和引导将合适的资源配置到最佳的位置，最大化发挥供应链资源的价值，提升资源的利用效率。

（三）关系治理

供应链运营发挥旁观者效应，跳出供应链专业管理，以一个类第三方的视角诊断供应链关系特征与状态，并进行关系的治理与改善，以期建立优质、稳定的供应链关系，打造可持续、健康的关系网络，保持供应链的稳定。

三、供应链运营的目标

供应链运营的目标就是高效、高质地完成流程优化、资源调配和关系治理三大任务，实现供应链业务流程更顺畅、供应链资源配置效率更高、链上相关主体之间的关系更融洽，这可以理解为业务层面的目标。本质上，供应链运营的目标就是追求实现供应链的战略目标，即与供应链管理的目标一致。

 读一读

越库配送

越库配送是一种很新的物流运送方式，即商品到达配送中心以后不进库，直接在站台上向需要的客户进行配送。通过越库配送的作业方式，避免了落地作业所导致的二次装卸搬运，减少了仓储所导致的时间及成本的增加，减少了物流中转环节。随着消费者对产品时效性需求的提高，物流企业需要根据货物的特性选择恰当的组织方式以便满足渠道缩短、提高反应速度的要求。对于零担运输公司与快递公司而言，越库配送是常态，但对于一般仓储配送企业来讲，越库配送则属于一种创新。

【素质提升】

《"十四五"现代物流发展规划》的主要目标

到 2025 年，基本建成供需适配、内外联通、安全高效、智慧绿色的现代物流体系。

（1）物流创新发展能力和企业竞争力显著增强。物流数字化转型取得显著成效，智慧物流应用场景更加丰富。物流科技创新能力不断增强，产学研结合机制进一步完善，建设一批现代物流科创中心和国家工程研究中心。铁路、民航等领域体制改革取得显著成效，市场活力明显增强，形成一批具有较强国际竞争力的骨干物流企业和知名服务品牌。

（2）物流服务质量效率明显提升。跨物流环节衔接转换、跨运输方式联运效率大幅提高，社会物流总费用与国内生产总值的比率较 2020 年下降 2 个百分点左右。多式联运、铁路（高铁）快运、内河水运、大宗商品储备设施、农村物流、冷链物流、应急物流、航空物流、国际寄递物流等重点领域补短板取得明显成效。通关便利化水平进一步提升，城乡物流服务均等化程度明显提高。

（3）"通道+枢纽+网络"运行体系基本形成。衔接国家综合立体交通网主骨架，完成 120

个左右国家物流枢纽、100个左右国家骨干冷链物流基地布局建设，基本形成以国家物流枢纽为核心的骨干物流基础设施网络。物流干支仓配一体化运行更加顺畅，串接不同运输方式的多元化国际物流通道逐步完善，畅联国内国际的物流服务网络更加健全。枢纽经济发展取得成效，建设20个左右国家物流枢纽经济示范区。

（4）安全绿色发展水平大幅提高。提高重大疫情、自然灾害等紧急情况下物流对经济社会运行的保障能力。冷链物流全流程监测能力大幅增强，生鲜产品冷链流通率显著提升。货物运输结构进一步优化，铁路货运量占比较2020年提高0.5个百分点，集装箱铁水联运量年均增长15%以上，铁路、内河集装箱运输比重和集装箱铁水联运比重大幅上升。面向重点品类的逆向物流体系初步建立，资源集约利用水平明显提升。清洁货运车辆广泛应用，绿色包装应用取得明显成效，物流领域节能减排水平显著提高。

（5）现代物流发展制度环境更加完善。物流标准规范体系进一步健全，标准化、集装化、单元化物流装载器具和包装基础模数广泛应用。社会物流统计体系、信用体系更加健全，营商环境持续优化，行业协同治理体系不断完善、治理能力显著提升。

展望2035年，现代物流体系更加完善，具有国际竞争力的一流物流企业成长壮大，通达全球的物流服务网络更加健全，对区域协调发展和实体经济高质量发展的支撑引领更加有力，为基本实现社会主义现代化提供坚实保障。

【视野拓展】

中国电信股份有限公司广东分公司："数智"相生，重塑供应链运营模式

【任务实施】

1. 云南白药彩印纸盒主要面临哪些问题？

2. 云南白药彩印纸盒项目要实现哪些目标？

3. 云南白药公司是如何统筹利用资源实现目标的？

【教师评语】

【反思总结】

项目总结

　　当前，数字化转型已成为各国的普遍共识，全球数字经济呈现持续发展趋势，国家间数字经济发展差距逐渐缩小，发达国家更是将关乎数字经济发展的关键和核心技术列入战略必争领域，我国数字经济发展亦取得举世瞩目的成绩。在本项目中，我们认识了数字化的概念和特征，了解了企业数字化转型的意义及步骤，学习了供应链管理及供应链运营的关系，并从对象、任务和目标三方面构建了供应链运营的基本框架。

 **知识巩固**

一、单选题

1.（   ）让企业从传统生产要素，转向以数据为生产要素。

A. 信息化　　　　　　B. 自动化　　　　　　C. 数字化　　　　　　D. 智能化

2. 数字化转型可以帮助企业建立更加敏捷、灵活、创新和协同的组织文化和能力，从而适应不断变化的市场环境和客户需求，属于企业数字化转型的（   ）目标。

A. 提高效率　　　　B. 降低成本　　　　C. 创新业务模式　　　　D. 强化组织能力

3. 以下选项不属于数字化转型关键技术的是（   ）。

A. 云计算　　　　　B. 大数据　　　　　C. 物联网　　　　　D. 机械化

4. 供应链是指围绕（   ），从配套零件开始，制成中间产品和最终产品，最后由销售网络把产品送到消费者手中的，将原材料供应商、制造商、分销商直到最终用户连成一个整体的功能网链结构。

A. 核心企业　　　　B. 原材料供应商　　　　C. 批发商　　　　D. 零售商

5. 供应链不仅是一条连接供应商和最终用户的物流链、信息链、业务链和资金链，更是一条价值链。这句话描述的是供应链的（   ）特征。

A. 关联性　　　　　B. 价值链　　　　　C. 网链结构　　　　D. 需求拉动

6. 精益型供应链来源于（   ），是以核心企业为中心，将从产品设计到用户获得产品整个过程必需的步骤与合作伙伴整合起来的供应链。

A. 准时生产　　　　B. 精益管理　　　　C. 需求拉动　　　　D. 快速响应

7. 供应链运营是偏（   ）的管理，以全局性、整体性为视角，更加侧重从全局角度统筹评估供应链局部活动对整体供应链的影响。

A. 职能性　　　　　B. 流程化　　　　　C. 机械化　　　　　D. 单一性

8. 供应链运营是以流程、资源和关系为三大管理对象，其中关系是（   ）的衍生产物。

A. 流程　　　　　　B. 资源　　　　　　C. 信息　　　　　　D. 网络

9. 流程管理的首要出发点就是（   ），此过程也会产生为管理好客户而衍生的各类复杂关系。

A. 管理市场　　　　B. 管理数据　　　　C. 管理技术　　　　D. 管理客户

10. 供应链运营是伴随着（   ）的发展而发展的，最初与供应链管理融为一体，后来由于协同需要，逐步从供应链管理活动中独立出来。

A. 供应链管理　　　B. 信息技术　　　　C. 管理科学　　　　D. 数字化

二、多选题

1. 数字化的特征包括（   ）。

A. 打通了信息孤岛，释放了数据价值　　　　B. 以数据为主要生产要素

C. 变革了生产关系　　　　　　　　　　　　D. 提升了企业生产力

2. 数字化转型可以帮助企业实现的目标有（   ）。

A. 提高效率　　　　B. 降低成本　　　　C. 创新业务模式　　　　D. 提升客户体验

3. 企业数字化转型的重点项目和应用场景，包括（   ）。

A. 业务流程优化　　　　　　　　　　　　B. 客户体验提升

C. 产品创新　　　　　　　　　　　　　　D. 组织变革

4. 供应链运营需要具备强大的（   ），需要对公司整个供应链的运作负责，设计并改善公司的

物流、供应链系统，制定并完善采购、生产、仓储、配送等管理工作流程，并实施监控和管理。

    A. 计划能力   B. 供应商管理能力

    C. 风险控制能力   D. 数据分析

5. （　　）和（　　）是当前企业运营、供应链运营管理的重要内容。

    A. 资源   B. 流程   C. 客户   D. 市场

6. 供应链运营的主要任务包括（　　）。

    A. 技术创新   B. 流程优化   C. 资源调配   D. 关系治理

7. 供应链运营围绕（　　）等资源，进一步开展资源级别的供需匹配，重在分析和引导将合适的资源配置到最佳的位置，最大化发挥供应链资源价值，提升资源的利用效率。

    A. 物力资源   B. 数据资源   C. 资金资源   D. 组织资源

8. 供应链运营的目标就是高效、高质地完成流程优化、资源调配和关系治理三大任务，实现（　　）。

    A. 供应链业务流程更顺畅   B. 供应链资源配置效率更高

    C. 链上相关主体之间的关系更融洽   D. 业务操作更智能化

9. 供应链运营作为供应链管理的支撑职能，改变单点流程管理的局限，以端到端流程管理为任务。即围绕（　　）等方面，对供应链全流程进行诊断与优化，增强流程的关联性，推进流程更加通畅地运行，提升供应链的运行效率。

    A. 清除   B. 简化   C. 整合   D. 数字化

10. 精益型供应链的核心是减少甚至消除整个流程的（　　），用尽可能少的资源最大程度地满足客户需求。

    A. 成本   B. 数据   C. 浪费   D. 信息

三、判断题

1. 狭义的数字化，是通过利用互联网、大数据、人工智能、区块链、人工智能等新一代信息技术，来对企业、政府等各类主体的战略、架构、运营、管理、生产、营销等各个层面，进行系统性的、全面的变革，强调的是数字技术对整个组织体系的赋能和重塑。体系的赋能和重塑。（　　）

2. 数字化转型是当今企业发展的必然趋势，也是企业未来成功的关键所在。（　　）

3. 区块链是一种模拟人类智能的技术，可以通过机器学习、自然语言处理和计算机视觉等技术解决复杂的问题和任务，从而提高效率和准确性。（　　）

4. 云计算是一种基于互联网的计算模式，可以提供弹性计算、存储、网络和应用服务，帮助企业实现资源共享、灵活扩展，具有成本节约和安全可靠等优势。（　　）

5. 企业需要明确数字化转型的目标和愿景，明确数字化转型的意义和价值，确定数字化转型的重点和方向。（　　）

6. 供应链的概念是从精益生产概念发展来的，它将企业的生产活动进行了前伸和后延。（　　）

7. 供应链的资金流、物流、信息流、业务流和各节点之间关系的协调、供应链的最薄弱环节决定了其整体水平。（　　）

8. 敏捷型供应链又称有效性供应链，是指以最低的成本将原材料转化成零部件、半成品和成品，并以尽可能低的成本实现以供应为基本目标的供应链。它主要体现供应链的物料转换功能。（　　）

9. 供应链管理自下而上为主，以底层业务的评价、计划和监控等为起点，向上传导到管理决策。（　　）

10. 本质上，供应链运营的目标就是追求实现供应链的战略目标，即与供应链管理的目标相一致。 （　　）

 实践训练

商贸物流发展新特征

商务部发布了《中国商贸物流发展报告（2022年）》（简称《报告》）。《报告》显示，商贸物流发展呈现出一些新特征，特征之一是数字化和智能化水平不断提升，智能立体库建设、无人配送市场规模、智能末端配送设施布局等可圈可点；2022年，"直播电商+快递物流""即时零售+即时配送""仓储会员店+配送一体"等商贸物流模式创新将持续推进。

《报告》显示，物流运行保持恢复态势。2022年，全国社会物流总额实现347.6万亿元，按可比价格计算，同比增长3.4%。社会物流总费用为17.8万亿元，同比增长4.4%。

商贸物流网络持续完善。2022年，新增农产品冷库库容1 080万吨；建设各类县级物流和寄递配送中心1 500个，乡镇快递和邮件处理站点7 600个，95%的行政村实现快递直达。城乡商贸物流网络与国家综合运输大通道及物流枢纽衔接更加紧密。

从重点领域发展情况看，商贸物流发展呈现出了一些新特征。

（1）批发零售物流展现新活力。各大企业纷纷布局前置仓、仓储会员店等，传统商超物流向仓配一体转型。即时配送成为电商物流新增长点，用户规模和订单数量保持快速增长，配送商品品类不断扩展。

（2）餐饮、住宿业物流寻求新突破。预制菜和外卖物流需求增加，为餐饮物流复苏注入新动力。酒店等住宿行业充分整合供应链资源，供应链风险识别和应对能力明显提升。

（3）进出口物流量得到新的提升。中欧班列高效运行，开行数量和发送量取得双增长。航空物流稳步复苏，企业进出口航空运输成本回归正常。跨境电商快速发展，海外仓建设扎实推进。

（4）冷链物流补短板取得新成果。2022年，我国冷链物流市场规模达到4 916亿元，同比增长7.2%。公共型冷库总容量和冷藏车市场保有量大幅增长。冷链企业加速从小、散、多、乱向规模化、集中化方向发展。

（5）农产品物流总额实现新增长。农产品批发市场交易量平稳增长，流通效率有效提高，农产品物流需求潜力进一步释放。根据中国物流信息中心统计，2022年，中国农产品物流总额达5.3万亿元，同比增长4.1%。

（6）商贸物流技术标准激发新动能。商贸物流数字化和智能化水平不断提升。智能立体库建设加快推进，无人配送市场规模持续扩大，智能末端配送设施布局更加完善。全社会标准托盘保有量超6亿片，托盘标准化率达到35%，商贸物流效率得到进一步提升。

《报告》对2023年商贸物流发展趋势进行了展望。"直播电商+快递物流""即时零售+即时配送""仓储会员店+配送一体"等商贸物流模式创新将持续推进，业务规模将持续扩大。绿色仓储、绿色包装、绿色配送逐渐成为行业共识，节能环保类物流设施、新能源配送车等接受面更广，商贸物流加速向绿色化转型。

思考：

1. 从《中国商贸物流发展报告（2022年）》中的关键信息可以看出，目前中国商贸物流发展呈现出哪些新特征？

2. 未来中国商贸物流发展又会呈现哪些新趋势？

项目评价

评价项目（占比）		评价标准	分值	得分							
				学生自评	小组互评						教师评价
					第1组	第2组	第3组	第4组	第5组	第6组	
考勤（10%）	无故旷课、迟到、早退（一次扣10分）		10								
	请假（一次扣2分）										
学习能力（10%）	合作学习	小组合作参与度（优6分，良4分，一般2分，未参与0分）	6								
	个人学习	个人自主探究参与度（优4分，良2分，未参与0分）	4								
工作过程（40%）	能够掌握比较供应链管理和供应链运营的异同点	能够掌握供应链管理和供应链运营的内涵、特点等内容（每错一处扣1分）	10								
		能够比较供应链运营的异同点（每错一处扣2分）	10								
	能对供应链进行流程、资源和关系管理	能够根据供应链的类型优化其业务流程（每错一处扣1分）	10								
		能够进行供应链运营过程的资源管理（每错一处扣1分）	5								
		能够编制供应链运营过程的关系管理（每错一处扣1分）	5								
工作成果（40%）	成果完成情况	能够按要求完成每个任务环节（未完成一处扣4分）	20								
	成果展示情况	能够准确展示完成成果（失误一次扣5分）	20								
得分小计											
综合得分（自评得分×20%+小组互评得分×20%+教师评价得分×60%）											

教师评语：

项目二　数字化供应链平台的构建

✔ 学习目标

素质目标	1. 培养爱岗敬业的职业精神。 2. 培养团队协作、互助共学的学习态度。 3. 培养自主创新精神及绿色低碳的意识
知识目标	1. 掌握数字化供应链平台的内涵、特点、优势和构建准备等内容。 2. 掌握数字化供应链平台需求分析过程、功能需求分析、技术需求分析和安全需求分析等内容。 3. 理解数字化供应链平台的设计原则、架构和功能模块等内容
能力目标	1. 能够分析数字化供应链平台的内涵、特点等内容。 2. 能够制定数字化供应链平台需求分析报告。 3. 能够编制数字化供应链平台构建方案

✔ 知识结构

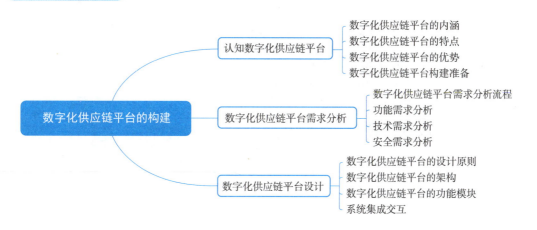

任务一 认知数字化供应链平台

【案例导入】

海尔数字化供应链平台

2017 年，海尔 COSMOPlat 作为国内首个自主研发、自主创新的工业互联网平台发布并对外提供社会化服务。2018 年，COSMOPlat 被评为全国首家国家级工业互联网示范平台。

海尔的这个 COSMOPlat 平台，由设计师、模块商（上游供应商）、互联工厂、车小微（负责物流配送）等环节组成，将传统串联的部门组织，变成共同面向用户的并联系统，每个环节都直接与客户相连。在平台将数据打通之后，海尔与全球供应商的数据都被打通，海尔所有工厂数据也实现了共享，实现了用户、企业和资源的零距离交互。

客户通过定制平台提出定制要求后，"个性化"订单能直达工厂，工厂通过智能系统自动排产，并将生产信息自动传递给各工序生产线与所有模块商、物流商。全流程透明可视。从订单到工厂的生产再到物流的任何一个环节都实时可视，用户通过手机终端就可以实时获取整个订单的生产及送货情况。用户的定制需求和体验信息可以上传至生产线相应工位，实现了对产品品质的提前管控，用户评价与员工薪酬直接关联，并且可以借助大数据分析提供售后服务，通过物联网获取售出产品的自诊断和自反馈信息，可在故障发生前提前预测，实现用户零停机目标，在提升用户体验之余，还能帮助用户节省备用机费用、缩短订单交付周期等。

通过数字化供应链，整个供应链就变成了并联系统，同时也变成了网状结构。每个部门跟客户之间都能直接联系，客户的需求变化可以通过网状结构直接回到各个部门、各个企业，在快速响应的同时提高效率、降低风险。

【任务发布】

小组讨论	结合案例分析：什么是数字化供应链平台？数字化供应链平台的特点是什么？
教师布置任务	
任务描述	1. 学生熟悉数字化供应链平台的相关知识。 2. 教师组织学生随机分组讨论案例并形成书面结论。 3. 各组派出代表进行成果汇报。 4. 根据各组的表现，教师进行成果评价。 5. 教师进行任务总结
问题解答	1. 什么是数字化供应链平台？ 2. 数字化供应链平台的特点是什么？ 3. 举例说明数字化供应链平台会用到哪些数字化技术

【知识准备】

一、数字化供应链平台的内涵

数字化供应链平台是支撑供应链计划、执行、控制和优化的平台化软件工具和业务系统的总称，是企业开展供应链数字化管理的载体。数字化供应链平台应用数字化技术构建，用于支持供应链交易、管理供应商关系和控制相关业务流程。数字化供应链平台可以极大限度地提高业务活动的效率，包括整个供应链的规划和管理。它通过自动化操作帮助企业进行产品开发、采购、生产和物流管理。

数字化供应链平台是使企业更好地采购制造产品和提供服务所需的原材料、生产产品和服务并将其递送给客户的艺术和科学的结合。基于协同供应链管理的思想，它可以配合供应链中各实体的业务需求，使操作流程和信息系统紧密配合，以便做到各环节无缝链接，形成物流、信息流、单证流、商流和资金流五流合一的领先模式，从而实现供应链可视化、管理信息化、利益最大化和管理成本最小化，进而提高总体水平。

 读一读

ERP 与数字化供应链平台的区别

一、含义不同

企业资源计划（Enterprise Resource Planning，ERP）系统是一种主要面向制造行业进行物质资源、资金资源和信息资源集成一体化管理的企业信息管理系统，具有整合性、系统性、灵活性和实时控制性等显著特点。ERP 的管理思想对企业提出了更高的要求，是企业在信息化社会、在知识经济时代繁荣发展的核心管理模式。

供应链管理执行供应链中从采购供应商到最终用户的物流的计划和控制等职能。数字化供应链应用各种数字化技术，对供应链各个环节中的物料、资金、信息等资源进行计划、调度、调配、控制与利用，形成用户、零售商、分销商、制造商和采购供应商全部供应过程的功能整体，所有环节都可以在数字化供应链平台上完成，并凭借互联网的及时性和双向性实现效率的提升。

二、理念不同

ERP 建立在信息技术的基础上，强调准确记录企业中人、财、物各项资源的轨迹，无缝集成企业生产、库存和财务等管理模块，提高企业的"自动化"能力，从而极大地降低人力需求及差错，提高效率。一般来讲，要成功实施 ERP，需要进行企业的业务流程重组（Business Process Reengineering，BPR）。

数字化供应链的核心对象是供应商，数字化供应链平台最初是由 ERP 发展起来的。数字化供应链对物流、信息流、资金流进行计划、组织、协调与控制，使供应中的各个环节无缝衔接。数字化供应链平台覆盖了供应链上的所有环节，加强了对供应链上企业的协调和企业外部物流、资金流、信息流的集成，弥补了 ERP 的不足。

二、数字化供应链平台的特点

（一）开放生态

数字化供应链平台以打造共创、共利、共赢、共享的供应链开放生态为目标，构建原材料供应商、制造商、运输商、经销商及客户（消费者）等不同主体组成的生态体系，深化多主体间资源、能力和业务的协同，实现多方共赢、机会共生和价值共创，促进供应链生态体系整体价值的最大化。数字化供应链平台往往是开放的，除企业自身外，第三方开发人员、原材料供应商和合作伙伴也可使用其 API 和开发工具，快速开发和部署新的应用和服务。

（二）业务连续

业务连续通过数字化供应链平台链接供应链上下游的关键利益相关方，实现计划、采购、生产、交付和退回等业务活动的全流程对接和端到端集成，从而及时、有效地感知、评估与应对供应链的潜在波动和风险，以便保障供应链整体业务的连续性和稳定性。

（三）供求平衡

依托数字化供应链平台，供求平衡在基于完成多元化、个性化客户需求及时获取和精准预测目标的同时，敏捷调整并改善供应链计划、采购、生产、交付和退回等业务管理活动，实现供应链供给端和需求端的精准对接与物流、资金流、数据流的高效协同，从而实现在复杂多变的外部市场环境下供应链系统的整体动态平衡。

（四）数据驱动

遵循数据从产生、管理、分析到应用的通用路径，全面采集、处理、传递和存储供应链上下游关键环节数据，通过建模分析最大限度地挖掘数据价值，实现供应链可预测、可追溯、可实时响应，提升供应链管理透明化和智能化水平。

三、数字化供应链平台的优势

（一）有利于供应链信息透明

数字化供应链平台可以实现供应链信息的透明化和实时化，有效减少信息滞后和信息不对称的情况。企业可以通过平台随时查看供应链各个环节的信息，从而更好地了解供应链的运营情况。

（二）有利于供应链各环节的协同管理

数字化供应链平台可以实现供应链各个环节的协同管理，提高供应链效率和企业运营效率。通过平台，企业可以更好地协调各个环节，从而提高运营效率和产品质量。

（三）有利于降低成本

数字化供应链平台可以降低供应链环节的成本、优化供应链管理、提高企业盈利能力。通过数字化管理，企业可以降低人工成本、减少纸质文档的使用，从而降低管理成本。

（四）有利于提升客户体验

应用数字化供应链平台，通过实时数据赋权，企业可以更好地掌握客户需要和需求，并调整业务流程，以更快的速度实现订单处理和跨渠道交流，从而有针对性地为客户提供个性化的产品和服务。

四、数字化供应链平台构建准备

首先，开展数字化供应链平台相关知识培训，统一思想认识。

其次，企业管理者授权或直接参与数字化供应链平台的构建工作。成立数字化供应链平台构建工作小组，全面负责企业数字化供应链平台的构建工作，参与人员应包括业务部门和信息化部门的人员，必要时可请外部专家共同参与数字化供应链平台的构建工作。

再次，开展业务流程梳理与诊断，评估企业自身的信息化现状与能力。

最后，根据企业自身规模、发展规划和数据保密等要求，确定数字化供应链平台的构建方式（租用或自建），确定平台使用的范围和平台获取数据的权限等。

 读一读

数字化供应链平台的发展趋势

一、从单机版软件到云端

过去，企业卖软件都是装在客户的电脑或者服务器上。如今，随着云计算的发展，供应链软件上云已经成为趋势。根据中国信息通信研究院发布的《云计算白皮书》，中国云计算市场规模正呈稳定增长态势。

二、合作模式从一次性买断变为订阅制

随着供应链软件上云，供应链软件服务商与客户的合作模式，也由之前的一次性买断变为订阅制。之前，软件公司的典型做法是售卖软件，客户支付费用便可终身拥有该软件，每年只需要支付 10%~20% 的维保费（如果不需要维保则无须付费）；转成云模式以后，客户则需要按年付费，客户订阅有价值的软件，如果觉得没有价值，则不再订阅。这种模式无疑需要供应链软件企业真正做出有客户黏性的产品，能够为客户带来价值。

三、供应链软件将更加柔性可配置

由于每家企业都有自己的行业特性和业务特点，并且外部变化因素较大，供应链软件并非"放之四海而皆准"。这就必然要求供应链软件朝着更加个性化的方向发展，具有强大的配置能力，具备一定的柔性，可以通过模组化实现配置。

【素质提升】

中国联通自主创新数字化供应链平台

为了推进供应链创新与实践，实现数字化转型及智慧化升级，中国联通自 2009 年起，按照现代供应链管理理念，结合公司"聚焦、创新、合作"的企业发展战略及全面数字化转型要求，通过对供应链制度、平台与组织进行系统性重构，建立具有央企特色的现代供应链管理体系。中国联通以打造自主创新平台能力、产品和行业应用为核心，以多年服务政企客户积累的行业理解为基石，以遍布全国的营销和服务体系为触角，以解决客户的实际问题为导向，打造5G+ABCDE（人工智能、区块链、云计算、大数据、边缘计算）融合创新的差异化竞争优势。随着管理水平和技术架构的不断升级，中国联通在成功实现供应链数字化转型的基础上，实施供应链智慧化升级，最终形成整合供应全链条的智慧化采购管理平台——联通智慧供应链平台，全面提升企业核心竞争能力，并引领各行各业数字化转型的新趋势、新方向和新征程，加速推动我国数字经济的高质量发展。

自主创新是民族独立、国家发展的根本动力，创新精神是民族的灵魂。对于发展中国家而言，自主创新是实现赶超战略、后来居上、超越发展的根本途径。数字经济为发展中国家通过自主创新实现赶超提供了现实基础。联通供应链平台发展历程如图2-1所示。

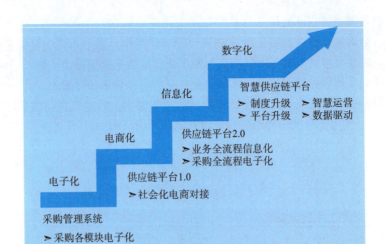

图 2-1　联通供应链平台发展历程

【视野拓展】

吉利汽车数字化供应链平台

【任务实施】

1. 什么是数字化供应链平台？

2. 数字化供应链平台的特点是什么？

3. 举例说明数字化供应链平台会用到哪些数字化技术。

【教师评语】

【反思总结】

数字化供应链平台需求分析

【案例导入】

共享单车的供应链结构

共享单车是当前城市居民"最后一公里"的刚需和城市居民绿色环保出行的首选。随着先进技术的应用，共享单车采用了防盗用的密码锁技术、防丢失的定位技术，对传统的自行车进行升级改造，形成了一个全新的共享单车供应链。

共享单车数字化供应链平台的构建及应用知识结构如图 2-2 所示。

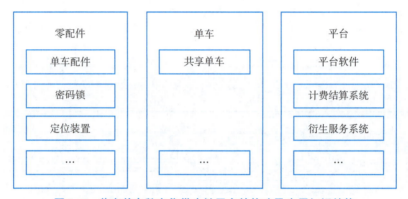

图 2-2　共享单车数字化供应链平台的构建及应用知识结构

共享单车平台集成应用"互联网+物联网"技术，形成"端—云—用户"三位一体的应用架构，其中综合集成密码锁和定位技术的智能锁成为其核心技术。共享单车的供应链结构可以简化为零配件、单车和平台三个部分，用以支撑共享单车服务供应链的正常运营，全方位满足用户便捷出行的需要。共享单车平台有效集聚了用户用车数据、交易数据等数据资源，平台依法依规保护用户的数据隐私和数据安全，在征得用户同意的前提下科学合理地规划使用数据，实现数据价值生成、数据价值传递和数据价值应用。

【任务发布】

小组讨论	分析共享单车数字化供应链平台需求，制定平台需求分析报告
教师布置任务	
任务描述	1. 学生熟悉数字化供应链平台功能需求分析、技术需求分析和安全需求分析等相关知识。 2. 教师组织学生随机分组讨论案例，然后分组制定数字化供应链平台需求分析报告。 3. 各组派出代表进行成果汇报。 4. 根据各组的表现，教师进行成果评价。 5. 教师进行任务总结

续表

教师布置任务	
问题解答	1. 分析共享单车数字化供应链平台的功能需求。 2. 分析共享单车数字化供应链平台的技术需求。 3. 分析共享单车数字化供应链平台的安全需求。 4. 制定共享单车数字化供应链平台需求分析报告

【知识准备】

一、数字化供应链平台需求分析流程

数字化供应链平台需求分析流程如图 2-3 所示。

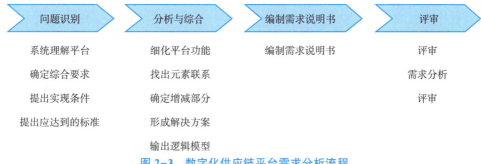

图 2-3　数字化供应链平台需求分析流程

（一）问题识别

从系统的角度理解、确定所要构建的数字化供应链平台的综合要求，并提出这些需求的实现条件及需求应该达到的标准。这些需求包括功能需求（做什么）、性能需求（要达到什么指标）、环境需求（如机型、操作系统等）、可靠性需求（不发生故障的概率）、安全保密需求、用户界面需求、资源使用需求（软件运行时所需的内存、CPU 等）、软件成本消耗与开发进度需求和预先估计的平台可能达到的目标需求。

（二）分析综合

逐步细化所有的平台功能，找出平台各元素间的联系、接口特性和设计上的限制，分析它们是否满足需求，并剔除不合理部分，增加需要的部分。最后综合成系统的解决方案，给出要开发的系统的详细逻辑模型。

（三）需求分析报告的制定

编制描述需求的文档，完成后需要向下一阶段提交。

（四）评审

对功能的正确性、完整性和清晰性，以及其他需求给予评价。评审通过才可以进行下一阶段的工作，否则需要重新进行需求分析。

二、功能需求分析

数字化供应链平台功能与平台需求紧密相关，企业应根据自身业务情况，明确数字化供应链平台的功能需求。企业应能够对供应链的海量数据进行快速检索，如通过关键字、关键词、搜索热点，或按照查询信息的属性、类别、栏目等，可以快速查询相关信息。数字化供应链平台的数据库结构应方便存储平台内各种类型的数据信息。对历史数据的调用可以借助检索表，以便快速找到目标位置，实时调用供应链各环节的信息和用户数据。

常见的数字化供应链平台功能需求逻辑关系如图2-4所示。

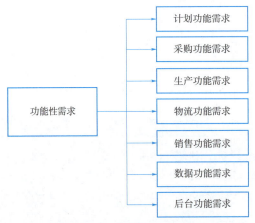

图2-4　数字化供应链平台功能需求逻辑关系　　　**数据分析的流程和应用**

数字化供应链平台最重要的是应具有供应链信息共享的服务，支持销售订单信息、工单配料、库存信息、物料在途信息、来料品质信息、供应商信息、物料消耗信息、产线物料配送信息、工单完工信息和成品仓库信息等信息的共享。

读一读

两种典型的供应链模型

一、供应链运作参考模型

供应链运作参考（Supply Chain Operations Reference，SCOR）模型包含三大实体、五大功能，三大实体分别是供应商、企业和客户；五大功能包含计划（plan）、采购（source）、制造（make）、发运（deliver）和退货（return）。三大实体和五大功能形成了首尾相接、环环相扣、端到端的结构。供应链运作参考模型图如图2-5所示。

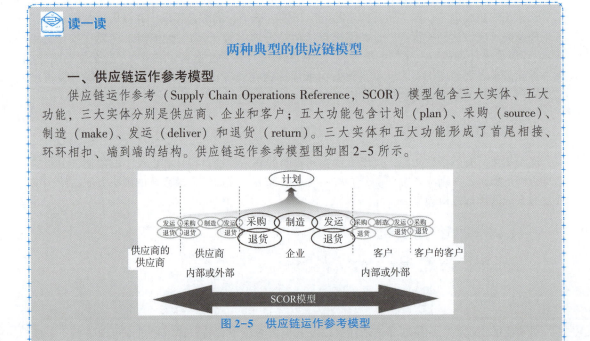

图2-5　供应链运作参考模型

二、销售与运营规划模型

销售与运营规划（Sales and Operations Planning, S&OP）模型的核心是平衡"需求"与"供给"。企业基于战略计划、财务计划设定一个经营目标，并通过制定生产计划、采购计划，完成从需求到供给的闭环。如果在需求和供给侧都能建立有效的流程，就能实现产销协同。销售与运营规划模型聚焦从企业经营目标到需求计划、供应计划、生产计划的制定。销售与运营规划模型如图2-6所示。

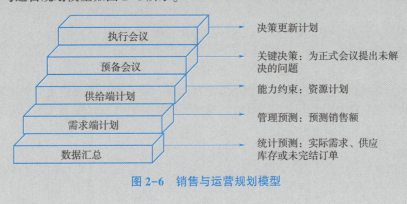

图 2-6　销售与运营规划模型

三、技术需求分析

数字化供应链平台的关键技术与能力包括信息技术、数据仓库、数据挖掘、物联网、大数据分析与决策、云计算、区块链和人工智能等，构建时可根据自身情况明确对数字化供应链平台的技术能力需求。

数字化供应链平台技术需求中最核心的是系统性能及系统可拓展性。

系统性能主要是指系统响应时间。对于响应时间来说，影响其的因素较多。信息、数据资源通过不同机制传递，如 ATM、帧中继等不同类型、不同种类的通信协议等，直接影响了供应链信息在网络中的传输速率和响应时间。服务器对信息反馈的处理时间、各类信息包和协议包的排队时延时间等都不同程度地影响着非功能需求的体验感。而不同数据在数据传输过程中可能丢失或损坏，这同样增加了传输时长，影响数据传输质量。同时，不同网络运营商提供的网络服务质量也不一致，这种情形可以根据地域特点选择优质的运营商，以避免在数据链路底层出现网络延迟等问题。

可扩展性是软件拓展系统的能力。它以添加新功能或修改完善现有功能来考虑软件的未来成长。设计良好的代码允许更多的功能在必要时可以被插入适当的位置。这样做的目的是应对未来可能需要的修改所造成的代码被过度工程化地开发。可扩展性可以通过软件框架实现，如动态加载的插件、顶端有抽象接口的认真设计的类层次结构、有用的回调函数构造及功能很有逻辑性并且可塑性很强的代码结构。可扩展性要求满足企业数字化供应链平台不断发展的要求，还要满足因技术发展需要而应当实现的扩展和升级的需求等。

 读一读

为数字化供应链提供动力的几种关键技术

一、物联网

数据采集包含很多内容，例如，先有 RFID、摄像头、扫描枪，再往上一层是数据集成，然后是信息处理、人机界面，最后把数据整合在一起，实现人机互动平台，就是物联网。物联网可以生成大量的数据，将所有购买的产品、开的汽车连接到居住的环境中。产品和资产会变得更加互连和智能化，因此，将更容易有效地将预测性的自动化活动与业务流程整合在一起。

二、机器学习和人工智能

大数据的浪潮正在通过嵌入式技术、易于使用的机器学习技术使资产更加智能化。机器学习使用复杂的算法从这些数据中学习并理解。机器学习是人工智能的核心。持续监控数据并进行精确智能预测的能力对商业的成功具有巨大影响。组织可利用基于人工智能和业务分析的洞察力支持竞争性功能的实现，如预测性维护和基于使用情况的计费等。

三、预测分析

大数据中包含丰富的非结构化的上下文信息，如天气、交通、社交媒体趋势和需求信号等，这些为企业提供实时 360°全方位的供应链视图。随着整个价值链变得更加透明，企业利用这些信息识别新的机会并降低风险。通过利用这些数据支持预测分析，决策者可以比以往更快地确定趋势并优化操作。

四、区块链

区块链技术是一个分布式的数据库，没有中心，是点对点的网络结构。区块链技术具有不可篡改性，可以保证安全交易，确保可追踪性和所有权链安全，加强网络安全，从而加速供应链数字化。区块链在供应链数字化方面有两大作用，一个是做供应链金融，另一个是做产品追溯。目前最关键的是改进透明度，加大可追溯性，增强性能和安全交易的用例。

四、安全需求分析

企业可根据供应链数据采集、传输和存储保密性的要求，明确对数字化供应链平台安全防护的需求。数字化供应链平台安全需求直接来源于分配给平台的技术安全需求，或者源于对平台安全相关功能和安全相关属性的需求，因为若不满足这些需求可能导致违背分配给软件的技术安全需求的行为。安全需求分析是构建数字化供应链平台的基础。安全需求分析需以风险管理为基础，另外需要建立平台安全需求的定义，确保平台安全需求定义正确。在进行安全需求分析时，不仅要从用户的角度出发考虑系统的功能，还应从攻击者的角度出发考虑系统的漏洞。数字化供应链平台安全需求的通用结构如图 2-7 所示。

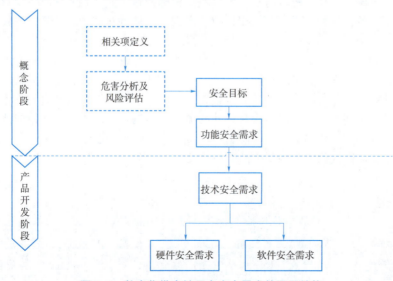

图 2-7　数字化供应链平台安全需求的通用结构

（一）安全需求分类

数字化供应链平台的安全需求一般可以分为安全功能需求和安全保障需求。

1. 安全功能需求

安全功能需求一般包括能够安全执行标称功能的功能，使系统能够达到或维持安全状态和降级状态的功能，与检测、指示和缓解安全有关硬件要素故障相关的功能，与检测、指示和缓解操作系统、基础软件和应用软件本身失效相关的自检与监控的功能，与生产、运行、服务和报废期间的板载和非板载测试相关的功能，允许在生产和服务期间修改平台的功能，与性能和时间关键型操作相关的功能。

2. 安全保障需求

安全保障需求包括安全需求规范和管理、系统和硬件配置、软硬件接口规范、硬件设计规范的相关需求、时间约束、外部接口等。

（二）安全需求分析的原则

1. 权限最少量赋予

总是给安全性用户赋予他们执行任务所需的最少量权限。

2. 保证最弱环节安全性

识别并改善平台安全性最弱的环节，直到安全性风险达到一种可接受的等级。

3. 深度防御

与其依赖一种安全措施来应对平台的所有威胁，不如考虑对防御进行分层来提供更好的防护。

4. 分离划分

应该尽量清晰地分离不同的责任，从而在需要的情况下，把各种责任的权限分配给不同的用户，并划分平台不同部分的职责，以实现独立控制。

5. 简单性

安全性需求较强的平台需要足够简单，以使人们能够保证它的安全并加以验证。

6. 外部实体不受信任

要确保所有外部实体在验证之前都是不受信任的，从而避免意料之外的情况违背安全性原则。

7. 审计敏感事件

大多数平台都包含了大量与安全相关的关键事件，如重新设置密码、分配强大的角色及操作审计轨迹等。这些敏感事件需要安全地进行审计，从而监控对它们的使用。

（三）安全需求分析的步骤

数字化供应链平台安全需求的步骤如图 2-8 所示。

1. 确定敏感资源

首先要确定要确保哪些资源的安全。平台所有的安全性都需要由关键的关注点来驱动。

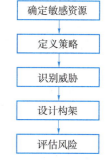

图 2-8 数字化供应链平台安全需求的步骤

2. 定义策略

通过安全策略定义谁应该被信任、对什么系统资源做出什么样的访问及所有在这种访问上的约束，如限制在特定的时间段或者每周特定的几天系统需要确保的完整性及访问敏感资源时所需要的可说明性。策略一般应该根据资源和用户的分组定义，而不是列举大量特定的情况。还应注意策略不是设计，因此需要定义哪种访问会提供给谁。

3. 识别威胁

识别出安全策略可能存在的威胁。识别威胁清晰地定义需要保护什么及需要针对什么威胁进行保护。

4. 设计架构

设计平台范围的安全性基础架构，从而可以在面临所确定的威胁模型中的风险时执行平台安全策略。这一步中，要考虑使用特定的安全技术，像单点登录系统、网络防火墙、SSL 通信链接安全性加密技术和策略管理系统等。

5. 评估风险

为系统设计好安全性基础架构之后，需要重新评估风险，考虑安全性基础架构是否达到了可接受成本和风险之间的平衡。

【素质提升】

报喜鸟集团云翼智造数字化平台

国内知名服装服饰企业报喜鸟集团，通过部署云翼互联智能，创建了云翼智造"三朵云"的架构体系。首先是透明云工厂，即通过智能制造实现产品的柔性化生产，并通过数据驱动的运行优化资源分配、提高运营效率，实现生产全过程的透明可视。其次是定制云平台。构建客户信息集成管理系统，实现线上线下协同和一人一版、一衣一款的模块化、全渠道服务模式。第三是数据云中心。整合服装行业大数据，打通上下游生态产业链，实现与关联方的互连互通和合作共享。另外，它还是能力输出与交付平台，加速新技术与能力，推广云平台所具备的应用快速部署及可扩展的特征。SDK 和 API 等开发工具及其带来的创新应用开发模式，使其成为大数据、AI 等新技术实现快速部署和推广的模式与通道，加速了新技术与能力的推广。

当前，新一轮科技革命带动数字技术强势崛起，产业数字化、数字产业化已成为第四次工业革命的重要驱动要素，建设数字中国是数字时代推进中国式现代化的重要引擎，是构筑国家竞争新优势的有力支撑。加快供应链数字化转型是国内企业在危机中育新机、于变局中开新局的战略性支点。中国拥有全世界最完善的制造产业链，并且从政府到企业都高度重视数字化转型，这让中国更容易实现传统实体产业和数字产业的融合创新。

【视野拓展】

非功能性需求描述案例

【任务实施】

1. 分析共享单车数字化供应链平台的功能需求。

2. 分析共享单车数字化供应链平台的技术需求。

3. 分析共享单车数字化供应链平台的安全需求。

4. 制定共享单车数字化供应链平台需求分析报告。

【教师评语】

【反思总结】

任务三　数字化供应链平台设计

【案例导入】

海尔卡奥斯数字化平台的架构及功能模块

卡奥斯数字化平台是一个以用户驱动实现大规模定制的平台，卡奥斯将全社会一流的资源纳入平台，能够有效连接人、机、物，不同类型的企业可以快速匹配智能制造解决方案。该平台强调用户全流程参与、零距离互连互通、打造开放共赢的新生态等三大特性，用户可以全流程参与产品交互、设计、采购、制造、物流、体验和迭代升级等环节，形成了用户、企业、资源三位一体，开放共赢的有机全生态。卡奥斯是为中国参差不齐的制造企业量身定制的一个平台，它试图最大限度地满足不同制造能力企业的差异化需求，让它们能以尽可能快的速度融入智能制造体系。

卡奥斯数字化平台全流程共有七大模块，包括用户交互定制平台、精准营销平台、开放设计平台、模块化采购平台、智能生产平台、智慧物流平台和智慧服务平台。卡奥斯数字化平台已打通交互定制、开放研发、数字营销、模块采购、智能生产、智慧物流和智慧服务等业务环节，通过智能化系统使用户持续、深度参与产品设计研发、生产制造、物流配送和迭代升级等环节，满足用户个性化定制的需求，为各方协同创造条件，帮助更多中小制造企业借助规范的平台进行转型升级。

卡奥斯数字化平台架构分为四层，如图2-9所示。

图2-9　卡奥斯数字化平台架构

第一层是资源层。以开发模式对全球资源，包括软件资源、服务资源、业务资源和硬件资源等，进行聚集整合，打造平台资源库。

第二层是平台层。支持工业应用的快速开发、部署、运行和集成，实现工业技术软件化及各类资源的分布式调度和最优匹配。

第三层是应用层。通过模式软件化、云化等，为企业提供具体互联工厂的应用服务，形成全流程的应用解决方案。

第四层是模式层。依托互连工厂的应用服务实现模式复制和资源共享，实现跨行业的复制，通过赋能中小企业助力中小企业提质增效、转型升级。

【任务发布】

小组讨论	结合案例分析：海尔卡奥斯数字化平台的架构及功能模块是怎样的？
教师布置任务	
任务描述	1. 学生熟悉数字化供应链平台的设计原则、架构和功能模块等相关知识。 2. 教师组织学生随机分组讨论案例，并完成共享单车数字化供应链平台的设计。 3. 各组派出代表进行成果汇报。 4. 根据各组的表现，教师进行成果评价。 5. 教师进行任务总结
问题解答	1. 常见的数字化供应链平台的架构是怎样的？ 2. 数字化供应链平台一般需要具备哪些功能模块？ 3. 完成共享单车数字化供应链平台的设计

【知识准备】

一、数字化供应链平台的设计原则

（一）可靠性

随着平台上线运行，平台需要处理海量的用户信息，还需要进行动态数据的实时抓取，因此平台总体结构的设计必须可靠、稳定，以便对出现的问题进行快速修改、调整。其程序设计需要科学严谨并可以在保障平台可靠性的前提下进行修改和维护。

（二）安全性

安全性原则主要是指平台数据需要足够安全。针对平台自动抓取信息和人工录入信息等，需要对其逻辑结构进行严谨的设计，并保障在遭到外部恶意攻击时平台可以有效应对，及时处理出现的问题。

（三）可拓展性

可扩展性原则是系统、平台在程序设计中最主要的原则。可拓展性主要是指在程序开发过程或程序维护过程中可以随时部署和添加新功能的能力，这就要求程序设计从长远考虑，在整体结构设计中加以体现。借助软件结构和系统框架可以有效解决平台可拓展性问题，加载动态插件/组件、类层次结构设计及顶端有抽象接口的整体设计等都属于可拓展性的范畴。

（四）完备性

完备性原则主要体现在两个方面，一方面是平台程序及其相关结构功能设计的完整性；另一方面是程序设计本身的完整性，如程序编写后，需对注释等信息进行详细标注，以方便后续人员进行维护和管理。软件结构的完备性还体现在程序总体结构的简洁设计上。

二、数字化供应链平台的架构

一般情况下，可将数字化供应链平台分为 5 层。图 2-10 所示为一种数字化供应链平台结构。

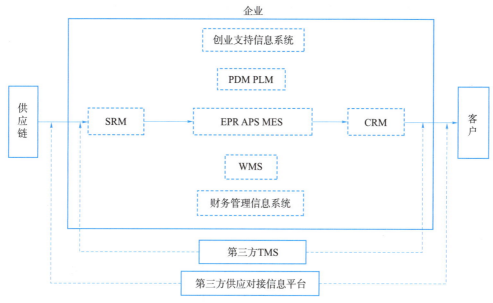

图 2-10　一种数字化供应链平台结构

（一）电子化

企业建立企业资源管理系统，使用信息化手段代替人工记录管理企业资源，如物流、资金流、订单流、商流等，这是企业进入数字化供应链的基础。

（二）平台化

ERP 有其局限性，可以智能管理数据本身，但并不能管理企业实物及各个作业活动，如仓库的上架拣货、运输的调度签收等。因此，企业开始依次建立仓库管理系统（WMS）、运输管理系统（TMS）、财务管理系统（FMS）、费用管理系统（BMS）等业务系统。每个部门开始具备各种作业方式和服务方式的条件，并具备服务不同类型内外部客户的能力。

（三）协同化

依次建设平台化所需的各项业务系统会导致各个系统、部门完全独立，对于上下游没有统一的服务门户而言，任何业务流程的改变，都将所有业务系统重构。于是，企业开始思考将企业的采购、物流等供应链职能部门和信息化系统进行整合，建设一个可协同的供应链平台，从而进行统一接单、统一调度、统一跟踪、统一结算和统一分析。

（四）智能化

业务系统和协同化发展到一定成熟度时，就需要企业思考如何将格式化、常规化的供应链活动及作业资源进行抽象、分析和优化，如机器人代替人工进行物料搬运，信息系统代替人工进行订单分析和自动生成仓储运输作业计划，物料根据生产节拍、配送路径、LEAD-TIME 等维度自动指导供应商或场外仓库进行配送和交付等。

（五）数字化

数字化是整个架构的最后一层，需要前四层都落实到位，才具备实施数字化供应链运营的条件。其主要包含建设大数据平台、使用 AI 或 RPA 收集作业数据、抽取数据进行分析和数据建模可视化等。

📖 读一读

用友精智数字化供应链平台

用友精智数字化供应链平台是综合型、融合化、生态式的数字化供应链平台，它基于新一代企业数字化整体架构，全面支撑数字化管理、智能化生产、服务化延伸、网络化协同、个性化定制和平台化设计六种新模式，深度支撑工业经济与数字经济的融合发展。其中，智能物联网平台是基于 5G 的物联网技术平台，为其提供物联能力，助力企业基于供应链数据实施商业创新。

用友精智数字化供应链平台总体架构如图 2-11 所示。

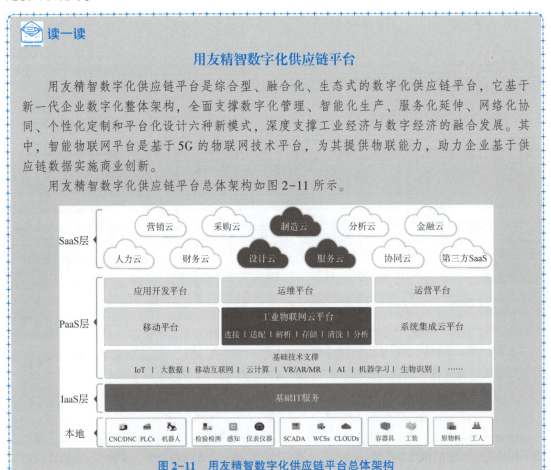

图 2-11　用友精智数字化供应链平台总体架构

三、数字化供应链平台的功能模块

数字化供应链平台一般配备以下功能模块。

（一）计划模块

计划是供应链管理的策略性部分。企业需要有一个策略来管理所有的资源，以满足客户对企业的产品需求。好的计划是建立一系列的方法监控供应链，使它能够有效、低成本地为顾客递送高质量和高价值的产品或服务。

（二）采购管理模块

数字化供应链平台可以支持企业进行采购管理，包括采购寻源管控、供应商全生命周期管理、采购全流程在线化协同管理、采购数据分析、采购风险预警和采购与相关业务的协同等。选择能为企业的产品和服务提供货品和服务的供应商，和供应商建立一套定价、配送和付款流程并创造方法监控和改善管理，再把对供应商提供的货品和服务的管理流程结合起来，包括提货、核实货单、转送货物到企业的制造部门和批准对供应商的付款等。

（三）生产管理模块

生产管理安排生产、测试、打包和准备送货所需的活动，是供应链中测量内容最多的部分，包括产品质量水平、产品产量和工人的生产效率等的测量。

（四）物流管理模块

数字化供应链平台可以支持企业进行物流管理，包括运输需求和运力资源发布、货源信息和运力信息实时展示、供需双方快速匹配与交易、用户订单收据调整、仓库网络建立、货品计价系统建立、付款接收等。此外，还需要支持运输载体和产品物资的位置信息、订单状态、产品配送、应急处置等多种数据和信息的查询与跟踪。

（五）销售管理模块

数字化供应链平台可以支持企业进行销售管理，包括订单管理、发货管理和售后服务管理等。具体可包括基于知识图谱的客户信息管理、基于数据的营销计划制定与营销机会推理分析、基于产品实际使用数据开展的产品升级、营销数据统计、售后服务过程可视化管理、售后问题反馈与追溯、退换货全流程监控与追踪等。通过数字化管理销售过程，企业可以更好地控制订单和发货情况，提高客户满意度和销售效益。

（六）数据分析模块

数字化供应链平台可以支持企业进行数据分析，包括供应链数据分析、业务数据分析等，提供数据以支持决策。企业可以通过平台获取各种数据进行数据分析，从而更好地了解运营情况，制定更好的策略。

（七）后台管理模块

后台管理主要包括权限管理、流程管控、账户管理和个性化定制等，还包括业务流程建模设计、执行监控和流程优化仿真等。可以对不同级别、不同层级用户进行添加、修改和删除，并分配用户权限，修改用户级别等。

四、系统集成交互

数字化供应链平台需要实现与企业内外部相关业务系统的交互集成。

（一）经营管理相关系统

数字化供应链平台可以对接企业商业智能、ERP、财务管理、人力资源管理、绩效管理和销售管理等信息系统，实现供应链数字化管理与企业决策管理、财务管理、员工绩效管理、固定资产管理和销售管理等业务集成。

（二）制造执行相关系统

数字化供应链平台可以对接制造执行系统（MES）等系统，支持生产计划自动编排和下发、物料仓库数量监控，从而实现产能精准预测、物料数量精细化管理等需求。

（三）企业外部相关业务系统

数字化供应链平台可以对接供应链上下游合作伙伴的供应链管理、ERP、MES 等系统，并与相关工业电子商务平台、工业品超市等外部系统互连互通。

【素质提升】

大唐集团数字化平台助力生产效率与碳效率双提升

数字技术在助力全球应对气候变化进程中扮演着重要角色。数字技术正在与能源电力、工业、交通、建筑等重点碳排放领域深度融合，致力于提升能源与资源的使用效率，实现生产效率与碳效率的双提升，数字化正在成为我国实现碳中和的重要技术路径。

作为全国五大发电集团之一的大唐集团积极布局物联网、数字孪生、云计算、人工智能和 5G 等先进技术，建设连通全国发电资产的工业大数据平台，通过大数据的监控和挖掘，提高煤电清洁和高效生产水平，实时保障电厂最优化运行，以提升集团运营效益。大唐集团的发电资产遍布全国各省，其工业大数据平台打破了机组、电厂及子公司间的信息孤岛，整合发电机组设备层数据、集团业务系统数据及地理信息、天气预报数据等，实现了电厂数据挖掘和知识发现的全流程集成。其中智慧燃料、智能生产两个应用模块能够有效帮助火力发电减碳降本。智慧燃料模块综合实时的燃料消耗、发电量、燃料库存和市场价格及运输车辆路线信息等数据，综合考虑单位燃料成本、锅炉燃烧效率和氮排放量等因素，一方面可以为电厂提供多目标优化的配煤掺烧方案，另一方面可以优化燃料竞价采购方案，从而降低燃料成本。通过智能生产模块，大唐大数据平台聚合了集团国内外所有发电设备的运行数据，可以实现对发电设备的实时状态监测，提高了事故预测识别能力，还可以辅助现场人员优化运维策略。

【视野拓展】

数字赋能产业链，浙商中拓构建大宗商品供应链平台

【任务实施】

1. 常见的数字化供应链平台的架构是怎样的？

2. 数字化供应链平台一般需要具备哪些功能模块？

3. 完成共享单车数字化供应链平台的设计。

【教师评语】

【反思总结】

 项目总结

　　数字化供应链平台是一种利用信息技术实现供应链数字化转型的工具。在本项目中，我们学习了数字化供应链平台的内涵、特点和优势，以及在已知的条件下如何分析数字化供应链平台的需求并对数字化供应链平台进行设计。通过数字化供应链平台的支持，企业可以优化供应链的各个环节，提高供应链的效率和灵活性，降低供应链的成本和风险，进而提升企业的竞争力和市场份额。

知识巩固

一、单选题

1. "互联网+"行动计划的核心是（　　）计划。

A. 生产　　　　　　B. 销售　　　　　　C. 生态　　　　　　D. 技术

2. 云计算是一种基于（　　）的计算方式。

A. 互联网　　　　　B. 云存储　　　　　C. 并行计算　　　　D. 分布式计算

3. （　　）向用户提供应用程序。

A. PS　　　　　　　B. IaaS　　　　　　C. SaaS　　　　　　D. PaaS

4. 下面（　　）是大数据服务的简称。

A. Daas　　　　　　B. IaaS　　　　　　C. SaaS　　　　　　D. PaaS

5. 从供应商的上游至下游，跟随一个特定的单元或一批产品运行路径的能力，属于可追溯性的（　　）方面。

A. 跟踪　　　　　　B. 追溯　　　　　　C. 控制　　　　　　D. 协调

6. 在供应链执行管理系统模型的（　　）中，企业选定自己的合作伙伴，确定合作对象和合作内容。

A. 基础作业层　　　　　　　　　　　B. 委托实现决策层

C. 运作管理层　　　　　　　　　　　D. 执行信息管理层

7. 信息风险属于（　　）。

A. 内部供应链风险　　　　　　　　　B. 组织风险

C. 相关网络风险　　　　　　　　　　D. 外部供应链风险

8. 需求信息在供应链传递中被扭曲了的现象是（　　）。

A. 需求变异放大现象　　　　　　　　B. 曲棍球棒现象

C. 双重边际效应　　　　　　　　　　D. 物料齐套比率差现象

9. 供应链执行管理系统模型的（　　）的主要功能是及时收集来自合作伙伴的计划执行信息，并进行处理与评价。

A. 执行信息管理层　　　　　　　　　B. 委托实现决策层

C. 运作管理层　　　　　　　　　　　D. 基础作业层

二、多选题

1. 云计算的特点有（　　）。

A. 按需、自动　　　　　　　　　　　B. 可度量的服务

C. 广阔的网站访问　　　　　　　　　D. 快速灵活

2. 供应链管理的两个支持平台是（　　）。

A. 计划支持　　　　B. 供应支持　　　　C. 物流支持　　　　D. 信息支持

3. 供应链是一个网络系统，由（　　）组成。

A. 供应商　　　　　B. 供应商的供应商　　C. 用户　　　　　　D. 用户的用户

4. 在数字化供应链平台设计的过程中应遵循的原则是（　　）。

A. 简洁性原则　　　B. 系统性原则　　　　C. 动态性原则　　　D. 战略性原则

5. 数字化供应链平台加强了对供应链上企业的协调和企业外部（　　）的集成。

A. 物流　　　　　　B. 信息流　　　　　　C. 资金流

D. 工作流　　　　　E. 组织流

6. 供应链的设计可以采用（　　　）等。

A. 网络图形法　　　　　　　　　　　B. 数学模型法

C. CIMS—OSA 框架法　　　　　　　D. 头脑风暴法

7. 企业采用信息技术后的信息流特点是（　　　）。

A. 信息流的采集与物流的过程同时发生

B. 信息采用计算机集中存储、统一加工处理，消除了部门与部门交接处的冗余加工处理

C. 用计算机传递、加工处理信息及时、准确

D. 能够快速反馈信息并由此控制和调节物流

8. 供应链的设计目标项目主要包括（　　　）几项。

A. 进入新市场　　　　　　　　　　　B. 开发新产品

C. 客户关系管理　　　　　　　　　　D. 市场营销分析

E. 降低成本和供应链的集成管理

9. 供应链优化模型的建立，会受到供应链各个组成部分及其运行环境的限制，主要包括（　　　）。

A. 市场限制　　　　B. 技术限制　　　　C. 库存能力限制

D. 企业能力限制　　E. 政府政策的限制

10. 从宏观角度分析，不属于数字化供应链平台的设计原则的是（　　　）。

A. 推迟原则　　　B. 创新性原则　　　C. 多样化原则　　　D. 战略性原则

三、判断题

1. 业务需求具有明显的目的性和较高的抽象性，经过明确和细化的处理，可以直接转化为系统需求。　　　　　　　　　　　　　　　　　　　　　　　　　　　　　　　　（　　　）

2. 对于需求不确定性比较小的项目，用户参与可以取得比较好的效果，但对于需求不确定性比较大的项目，用户参与反而可能带来阻碍作用。　　　　　　　　　　　　　（　　　）

3. 成功的需求获取任务不仅要求成功地执行每一次具体的需求获取行为，还要求成功地处理多次获取行为之间的关系。　　　　　　　　　　　　　　　　　　　　　　　　（　　　）

4. 在供应链的设计过程中，创新性并不是一个很重要的原则。　　　　　　　（　　　）

5. 创新型产品的需求特征可以预测。　　　　　　　　　　　　　　　　　　（　　　）

6. 功能型产品的需求特征不可预测。　　　　　　　　　　　　　　　　　　（　　　）

7. 在供应链环境下，能力的利用由企业内部扩展到企业外部。　　　　　　　（　　　）

8. 供应链的建模应有战术性观点，以减少不确定性的影响。　　　　　　　　（　　　）

9. 在设计一个供应链系统时，要按照自顶向下的原则进行。　　　　　　　　（　　　）

10. 供应链的各个节点的选择要遵循强强联合的原则，以达到实现资源外用的目的。

（　　　）

🖃 实践训练

> 恒远公司是一家生产自行车的企业，销售网点遍布全国大多数省市。假设你是这家企业的供应链运营人员，现需调研自行车行业供应链运营现状，并为这家企业编制数字化供应链平台构建方案。请给出你的解决方案。

项目评价

评价项目（占比）		评价标准	分值	得分								
				学生自评	小组互评						教师评价
					第1组	第2组	第3组	第4组	第5组	第6组	
考勤（10%）	无故旷课、迟到、早退（一次扣10分）		10								
	请假（一次扣2分）										
学习能力（10%）	合作学习	小组合作参与度（优6分，良4分，一般2分，未参与0分）	6								
	个人学习	个人自主探究参与度（优4分，良2分，未参与0分）	4								
	认知数字化供应链平台	能够准确描述数字化供应链平台的内涵、特点、优势和构建准备（每错一处扣1分）	5								
		能够结合案例说明数字化供应链平台应用到的数字化技术（每错一处扣2分）	5								
工作过程（40%）	数字化供应链平台需求分析	能够分析数字化供应链平台的功能需求、技术需求和安全需求（每错一处扣1分）	7								
		能够制定数字化供应链平台需求分析报告（每错一处扣1分）	8								
	数字化供应链平台设计	能够分析数字化供应链平台的架构及功能（每错一处扣1分）	7								
		能够设计数字化供应链平台（每错一处扣1分）	8								
工作成果（40%）	成果完成情况	能够按要求完成每个任务环节（未完成一次扣4分）	10								
	成果展示情况	能够准确展示完成的成果（失误一次扣5分）	15								
	成果展示情况	能够准确展示完成的成果（失误一次扣5分）	15								
得分小计											
综合得分（自评得分×20%+小组互评得分×20%+教师评价得分×60%）											

教师评语：

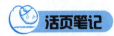 活页笔记

项目三　供应链环境下的采购运营

✓ 学习目标

素质目标	1. 培养职业人的职业荣誉感。 2. 培养职业人的创新精神。 3. 培养中国人实现中华民族伟大复兴的使命担当
知识目标	1. 了解企业的竞争战略和采购战略。 2. 了解供应商搜索渠道。 3. 掌握供应商的开发流程和评估方法。 4. 理解供应商关系管理的含义
能力目标	1. 能够为不同的竞争战略匹配供应链模式和采购战略。 2. 能够根据企业实际为其制定供应商开发标准。 3. 能够对供应商分类并进行差别化管理

知识结构

匹配供应链战略与采购战略

【案例导入】

三只松鼠的差异化竞争战略

在电商竞争日趋激烈的今天，一家名不见经传的卖坚果的公司异军突起，创造了坚果类食品的一个个奇迹数字，这家公司就是三只松鼠。三只松鼠是由安徽三只松鼠电子商务有限公司于2012年强力推出的一个互联网森林食品品牌，定位于森林食品，代表天然、新鲜及非过度加工，其主要经营坚果、茶叶、蜜饯和干果等森林产品。三只松鼠在竞争中取胜主要归因为它的差异化战略，具体体现在以下几点。

（1）差异化的企业文化定位。

三只松鼠有着自身精确的企业文化定位，除了售卖产品，还售卖人文关怀和主流文化。三只松鼠从消费者的角度考虑，提供消费者喜欢吃的零食，并且保证零食的多样化。

（2）差异化的品牌营销形象。

三只松鼠采用的是品牌形象虚拟化，并且还是最亲民的卡通虚拟化，人们在消费的同时，看到可爱的松鼠会感到十分快乐。这和坚果休闲零食的特质是符合的，也富有创意。

（3）差异化的精准定位，并一以贯之。

三只松鼠定位90、00后年轻消费群体和慢食生活群体的高端零食市场，并注重产品的品质和口感。

（4）差异化的创新产品策略。

三只松鼠不断推出新品，不断满足顾客的需求，同时不断提高自身在市场中的竞争力。

（5）差异化的整合营销策略。

三只松鼠通过各种渠道和方式进行营销，包括线上和线下，通过各种活动甚至赛事提高品牌的知名度和美誉度，通过提高消费者的品牌偏好，扩大了同其他同类产品的销售差距。

【任务发布】

小组讨论	结合案例分析：三只松鼠采取的是哪一种竞争战略？在这种竞争战略下，三只松鼠适合采取何种供应链模式及采购战略？
教师布置任务	
任务描述	1. 学生熟悉竞争战略、供应链模式及采购战略的相关知识。 2. 教师组织学生分组讨论案例，形成书面结论。 3. 各组派出代表进行成果汇报。 4. 根据各组的表现，教师进行成果评价。 5. 教师进行任务总结
问题解答	1. 三只松鼠采取的是哪一种竞争战略？ 2. 在这种竞争战略下，三只松鼠适合采取何种供应链模式及采购战略？

【知识准备】

　　企业战略分为三个层次，即企业的总体战略、竞争战略和职能战略。企业战略结构如图3-1所示。企业总体战略是企业的整体战略总纲，确定了企业的价值观、使命和愿景，决定了企业的长期发展方向。企业的竞争战略是在企业总体战略的指导下，针对特定业务领域，由经营单位制定的获得竞争优势的战略计划。企业的职能战略是各职能部门根据企业战略及竞争战略计划制定的具体实施战略。

　　供应链战略是职能战略之一。职能战略位于竞争战略下层，供应链战略又是职能战略中的一种，因此，供应链战略受企业竞争战略影响，并由企业竞争战略导出。

图3-1　企业战略结构

一、企业竞争战略

　　如今企业竞争异常激烈，在市场竞争中，每个企业都有独属于自己的企业竞争战略。战略将企业资源汇总并凝聚成系统力量，以全力以赴参与竞争并获得竞争优势地位。一旦企业竞争战略确定，企业的任何经营运转都应当为战略实现而服务，采购与供应链也同样如此。

　　从采购环节来看，采购战略是为生产制造与服务战略服务的，而生产制造与服务战略则是为市场竞争战略服务的。因此，当"采购—生产—销售"连成一环时，再加入计划环节，事实上也就构成了内部供应链的概念，整个供应链才能为实现企业战略服务。因此，企业应该将目光放大至全局，从企业竞争战略角度思考问题。企业竞争战略导出供应链战略，供应链战略决定制造与服务战略和采购战略等。

　　企业构建竞争优势的战略有很多，系统归类起来不外乎成本领先战略、差异化战略、集中化战略三种战略。

1. 成本领先战略

　　成本领先战略是指通过有效途径，使企业的全部成本低于竞争对手的成本，以获得同行业平均水平以上的利润。成本领先是指企业与竞争对手相比具有相对的成本优势，只要企业所进行的价值活动的总成本低于竞争对手的总成本，它就具有成本优势；只有企业经营活动的总成本在行业内低于所有竞争对手，才真正具有了成本领先地位。而企业低于竞争对手成本部分的则转化为企业利润。

2. 差异化战略

差异化战略又称特色优势战略，是指企业为了使自己的产品与竞争对手相比具有明显的区别而采取的一种战略。差异化战略的重点是打造被行业和消费者均认可的、在行业内独树一帜、具有明显竞争优势的产品和服务。

实现差异化战略，可以降低消费者对价格的敏感度，培养用户对品牌的忠诚度。因此，差异化战略也是一种可以使企业获得经济利润的有效竞争战略。

差异化战略的具体手段多种多样，有产品差异化、服务差异化、人事差异化和形象差异化等。

（1）产品差异化战略。产品差异化的主要因素有特征、工作性能、一致性、耐用性、可靠性、易修理性、式样和设计。

（2）服务差异化战略。服务的差异化主要包括送货、安装、顾客培训和咨询服务等因素。

（3）人事差异化战略。训练有素的员工应能体现出下面的六个特征：胜任、礼貌、可信、可靠、反应敏捷和善于交流。

（4）形象差异化战略。通过对产品的名称、颜色、标识、标语、环境和活动等要素的设计，塑造独特的产品形象，以获得竞争优势。

3. 集中化战略

集中化战略是指在市场细分后，企业将其经营活动主要集中于某一特殊领域的客户群、某一产品线的细分区段或某一地区的细分市场，通过为这个小市场的购买者提供比竞争对手更好、更有效的服务来建立竞争优势的一种战略。集中化战略同成本领先战略、差异化战略的区别在于集中化战略的注意力在整体市场的一个细分市场，其他战略则以广大市场为目标。

企业可以通过差异化战略服务于某一细分市场，又可以通过低成本战略实现这一目标。因而集中化战略具体有两种形式，一种是成本集中化战略，即在细分市场中寻求低成本优势；一种是差异集中化战略，即在细分市场中寻求差异化优势。

 读一读

五力分析模型

五力分析模型主要用于分析行业的竞争态势，是企业制定竞争战略的工具。五力分析模型是美国管理学家迈克尔·波特（Michael Porter）于20世纪80年代初提出的，用于竞争战略的分析。它指出了行业中存在的五种影响竞争力的力量，可以有效地分析客户的竞争环境。这五种力量分别是供应商的讨价还价能力、购买者的讨价还价能力、潜在竞争者进入的能力、替代品的替代能力和行业内竞争者现在的竞争能力。五种力量的不同组合变化最终会影响行业利润潜力的变化。

二、基于企业竞争战略的供应链模式

企业竞争战略的选择和应用是以企业的核心竞争力为基础的。企业构建其核心竞争力的方式有很多，但归纳起来主要有四种——技术创新、客户体验、产品质量和成本领先，见表3-1。

表 3-1　各类企业的竞争优势

竞争优势	代表企业
技术创新	华为
客户体验	IMAX 电影
产品质量	海尔
成本领先	小米手机

在市场对企业产品和数量有不同需求的情况下，根据市场需求的"种类—数量"品类策略，确立四种企业竞争战略定位，如表 3-2 和图 3-2 所示。

表 3-2　企业竞争战略定位

象限	产品需求种类	产品需求数量	竞争战略定位
第一象限	多	多	产品质量
第二象限	少	多	成本领先
第三象限	少	少	客户体验
第四象限	多	少	技术创新

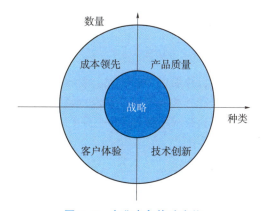

图 3-2　企业竞争战略定位

从表 3-2 和图 3-2 可以看出，依据企业制造与服务的产品品类差异，企业应寻找出适合自己的竞争战略定位参与市场竞争。

同时，我们也可以根据由市场需求的"种类—数量"品类策略确定的四种竞争战略定位，导出适应不同竞争战略定位的供应链类型，见表 3-3。

表 3-3　不同竞争战略定位下的供应链类型

象限	产品需求种类	产品需求数量	竞争战略定位	供应链类型
第一象限	多	多	产品质量	渠道供应链
第二象限	少	多	成本领先	精益供应链
第三象限	少	少	客户体验	柔性供应链
第四象限	多	少	技术创新	敏捷供应链

结合表 3-3 的内容，我们再以图的形式展现不同竞争情形下的供应链类型，如图 3-3 所示。

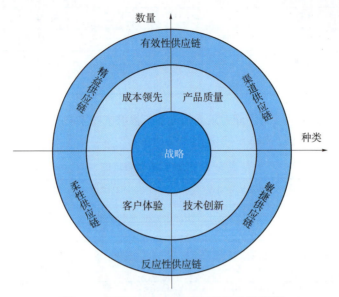

图 3-3　不同竞争战略定位下的供应链类型

企业为有效参与市场竞争，在不同的竞争战略定位下，应选择不同类型的供应链以支持其竞争战略。

1. 渠道供应链

渠道供应链适用于产品数量多，种类也多的情况。企业供应链往往需要一个庞大的团队来管理，并需要对产品质量、交期、服务和成本等要素进行管控。由于涉及的产品线丰富，管理成本高但效果大打折扣，所以很多企业采用将具有共性的产品品类汇聚给几个渠道商管理的方式，以节约成本、提高效率。

2. 精益供应链

精益供应链适用于产品数量多、种类少的情况。这种市场需求导致竞争比较激烈，最后只能由价格决定胜负。这种市场竞争下的供应链强调总成本最低。精益供应链源于精益管理，是将产品从设计到送至消费者手中的整个过程所需的步骤和资源充分整合利用，以最低的成本满足客户需求。

3. 柔性供应链

柔性供应链适用于产品数量少，种类也少的情况。这种市场需求导致个性化定制的商业模式。由于个性化市场通常需要根据客户需求调整产品设计及生产，所以高端定制品行业需要柔性供应链来及时响应客户需求。

4. 敏捷供应链

敏捷供应链适用于产品数量少、种类多的情况。企业通常采取标准化及模块化生产，并按客户需求进行成品组装。实现模块化生产及定制化响应的有效结合。

与企业不同竞争优势匹配的供应链模式分别是渠道供应链、精益供应链、柔性供应链和敏捷供应链四种。其中，渠道供应链和精益供应链属于有效性供应链，柔性供应链和敏捷供应链属于反应性供应链。因此，与企业竞争战略匹配的供应链战略也可以分成有效性供应链战略和反应性供应链战略。

读一读

PEST 分析模型

PEST 分析模型是宏观环境分析的基本工具，用于分析企业所处的宏观环境对战略的影响。宏观环境因素分析要结合不同行业和企业的特点及经营需要，分析的具体内容虽然有所差异，但一般都包括政治、经济、社会和技术四个方面的因素，需要评价这些因素对企业战略目标和战略制定的影响。因政治（politics）、经济（economic）、社会（society）和技术（technology）四个因素的英文单词首字母分别为 p、e、s、t，故该模型称为 PEST 分析模型。

三、与企业竞争战略和供应链战略匹配的采购战略

（一）采购战略的含义

采购战略是关于采购需求、供应商分析、采购策略与交付商务等方面的具有指导性、全局性和长远性意义的整体管理方案。具体来讲，采购战略是企业根据其长远目标和竞争战略确定的一系列关于采购职能指导性、全局性和长远性的目标、计划和策略。

（二）采购战略与企业竞争战略、供应链战略的逻辑关系

供应链战略位于企业竞争战略的下层，由企业竞争战略导出。采购战略位于供应链战略的下层，由供应链战略导出。采购战略与企业竞争战略、供应链战略的逻辑关系如图 3-4 所示。

图 3-4　采购战略与企业竞争战略、供应链战略的逻辑关系

（三）采购战略与企业竞争战略、供应链战略的匹配

企业的不同竞争战略决定了不同的供应链类型，不同的供应链类型又需要不同的生产与服务方式来支持，见表 3-4。

表 3-4　供应链类型和生产与服务方式的关系

象限	产品需求种类	产品需求数量	竞争战略定位	供应链类型	生产与服务方式
第一象限	多	多	产品质量	渠道供应链	按库存生产
第二象限	少	多	成本领先	精益供应链	按订单生产
第三象限	少	少	客户体验	柔性供应链	按订单设计
第四象限	多	少	技术创新	敏捷供应链	按订单装配

企业竞争优势、供应链模式和生产与服务方式相结合，可以导出不同的采购战略，如图3-5和表3-5所示。

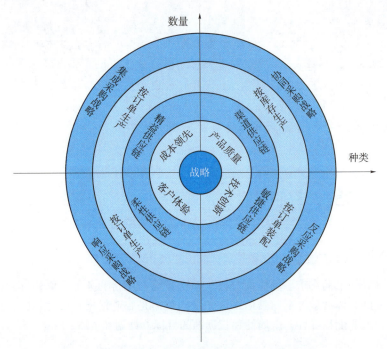

图3-5　采购战略与企业竞争战略、供应链战略的匹配

表3-5　采购战略与企业竞争战略、供应链战略的匹配

象限	产品需求种类	产品需求数量	竞争战略定位	供应链类型	生产与服务方式	采购战略
第一象限	多	多	产品质量	渠道供应链	按库存生产	协同采购
第二象限	少	多	成本领先	精益供应链	按订单生产	集成采购
第三象限	少	少	客户体验	柔性供应链	按订单生产	响应采购
第四象限	多	少	技术创新	敏捷供应链	按订单装配	反应采购

结合图3-5与表3-5，可以非常清楚地看到，不同的企业竞争战略需要不同的采购战略来支持。"种类—数量"品类策略决定了企业的竞争战略，最终通过供应链类型推导出企业的四种采购战略。

(四) 四种采购战略

1. 协同采购战略

协同采购战略是基于有效性供应链导出的采购战略，主要是针对功能性产品实行的以效率为目标的采购战略。协同采购包括企业内部协同和企业外部协同。企业内部协同是指企业各部门之间配合进行高效的采购行为。企业外部协同是指企业和合作伙伴之间在共享库存、需求等信息的基础上，为满足终端消费者需求，根据供应链运营状况实时调整采购作业的过程。

2. 集成采购战略

集成采购战略也是基于有效性供应链导出的采购战略，主要是针对功能性产品实行的以成本为目标的采购战略。集成采购战略是指把采购当作独立的产品或服务来经营的一种模式，强调系统化、规模化的采购服务，以降低采购成本。

3. 响应采购战略

响应采购战略是基于反应性供应链导出的采购战略，主要是针对创新性产品实行的一种重视速度的采购战略。响应采购战略根据客户的个性化需求进行定制化的采购，以实现客户的满意度。

4. 反应采购战略

反应采购战略也是基于反应性供应链导出的采购战略，是针对创新性产品实行的一种以反应速度为目标的采购战略。反应采购战略根据客户需求快速反应，为满足客户需求进行采购。

【素质提升】

上海通用汽车公司的零库存供应链管理

上海通用汽车有限公司（SGM）由美国通用汽车公司和上海汽车工业总公司联合投资建立，是迄今为止最大的中美合资企业。作为世界上最大的汽车制造商，美国通用汽车公司拥有世界上最先进的弹性生产线，能够在一条流水线上同时生产不同型号、不同颜色的汽车，每小时可生产27辆汽车。在如此强大的生产力支持下，SGM在国内首创订单生产模式，紧密根据市场需求控制产量。同时，SGM的生产用料供应采用标准的准时生产（Just-In-Time，JIT）运作模式，由国际著名的Ryder物流咨询公司为其设计实行零库存管理，即所有汽车零配件（CKD）的库存存于运输途中，不占用大型仓库，而仅在生产线旁设立再配送中心（RDC），维持288台套的最低安全库存。这就要求采购、包装、海运、进口报关、检疫、陆路运输和拉动计划等一系列操作之间的衔接必须十分紧密。

中国远洋运输（集团）公司（COSCO）承担了该公司全部进口CKD的运输任务，负责从加拿大的起运地到上海的交货地的全程门到门运输，以及进口CKD的一关三检、码头提箱和内陆运输。

中国远洋运输（集团）公司和上海通用汽车有限公司的通力合作，保障了上汽通用汽车有限公司的零库存运营，极大地降低供应链中占用的资金，降低企业的运营成本。

【视野拓展】

鞍钢股份有限公司物流管理中心、鞍钢实业集团铁路工程有限公司
——基于智能低碳的采购物流信息化平台构建

【任务实施】

1. 三只松鼠采取的是哪种竞争战略？

2. 在这种竞争战略下，三只松鼠适合采取何种供应链模式及采购战略？

【教师评语】

【反思总结】

任务二　开发与评估供应商

【案例导入】

选择适合自己的供应商

云南白药牙膏自2004年上市以来，经过14年的飞速发展，取得了突出的市场业绩，成为中国牙膏市场的第一民族品牌。由于云南白药牙膏在市场上备受欢迎，市场上相继出现了假冒伪劣产品，且近几年来，该现象尤为严重。为了实现防伪和降本两大目标，云南白药牙膏采购中心通过与供应链上下游沟通和市场调研，分步制定了包装盒的优化策略。

云南白药集团通过更换牙膏盒印刷纸张、取消独立说明书、采用防伪纸取代普通纸等优化手段，实现了防伪、降低成本、供应商成品率提高等目标。

蓝芯防伪纸自2010年启用以来，与全息激光标共同起到了较好的牙膏纸盒防伪效果。由于专利到期和造纸技术的不断发展，在2016年出现了仿冒的蓝芯纸假货，严重损害了消费者利益，也给云南白药集团的打假工作造成了巨大的阻碍。全息激光标取消，蓝芯纸防伪失效，品牌形象重塑和市场反馈共同对采购提出了寻找新一代防伪方式的迫切需求。

为此，采购中心与上游纸厂和中间纸加工供应商一起开展了专项工作，最后得出结论：只有高技术门槛、高经济门槛才能保证一定时间周期的防伪效果。因此，项目组将着眼点放在纸厂造纸环节上，经过大量的技术筛选和测试，最终选定了具有专利保护和特殊技术含量的芯层喷字防伪纸，成功解决了纸盒用纸的防伪问题，并且取得了芯层喷字防伪纸在国内牙膏行业的独家使用及保护权，在满足防伪要求的同时保证了产品的独特性。

【任务发布】

小组讨论	结合案例分析：云南白药集团是如何选择和发展供应商的？
教师布置任务	
任务描述	1. 学生熟悉掌握供应商开发和评估的知识。 2. 教师组织学生分组讨论案例，然后分组完成供应商选择与评估方案。 3. 各组派出代表进行成果汇报。 4. 根据各组的表现，教师进行成果评价。 5. 教师进行任务总结
问题解答	1. 云南白药集团选择发展供应商的思路具有什么特点？ 2. 云南白药集团选择发展供应商时的关注点是什么？

【知识准备】

通常采购部门为完成采购计划，会在企业原有的合格供应商目录中选择。原有的合格供应商不能满足企业需求时，企业才会根据采购需求重新开发供应商。

良好的开始是成功的一半！从供应链的角度看，供应链主要由供应商、生产商、批发商和零售商构成。供应商是整个供应链的源头，因此，供应商开发显得尤为重要，也被称为战略寻源。

一、供应商开发的流程

保证供应商开发的有效展开及成功进行，建立一个完整的供应商开发框架流程至关重要。

经过管理实践与调查研究，总结出的有效供应商开发流程分为"建立供应商评估标准—搜索供应商—评估供应商"三步。首先建立供应商评估标准的供应商开发流程有以下好处。

（1）明确开发目标，对接采购战略。

（2）提高供应商的开发效率与针对性。

（3）防止被供应商影响，偏离品类开发与供应策略。

（4）防止被供应商"洗脑"与教育。

二、供应商开发评估标准建设

供应商开发评估标准建设是供应商管理的核心要件。合格的供应商要在各方面满足企业需求，即企业供应商开发评估标准必须基于企业竞争战略需求，是企业竞争战略、供应链模式、采购战略及供应市场分析的综合体现。

总体来说，供应商开发评估的基本标准是 QCDS 原则，也就是质量、成本、交付与服务差异化原则。但根据企业战略需求的不同，实际标准需要根据企业实际进行具体化，例如供应商的战略、质量计划、生产能力、客户满意度和设备规模等。基于企业需求的供应商开发评估标准见表 3-6。

表 3-6　基于企业需求的供应商开发评估标准

采购战略	协同采购战略	集成采购战略	响应采购战略	反应采购战略
关注驱动点	质量>价格>客户体验>个性创新	价格>质量>个性创新>客户体验	客户体验>质量>个性创新>价格	个性创新>价格>质量客户>体验
差异化关注点	一体化工厂计划与排程； 高周转低库存； 原材料和制造流程标准化； 面向制造设计与采购	品质系统方案； 在产品和批量上可追溯； 已售产品生命周期管理； 人员、设备、流程、环境等资源保障	客户订单可视化； 客户协同计划； 客户参与设计； 客户化反馈； 互动界面与接口； 柔性化优化	面向供应商设计； 供应商协同创新与计划； 模块化应用； 单元制方案； 产品集成能力； 新产品导入计划
共同关注点	领导作用、质量计划、组织能力、人力资源、环保政策、能力管理、决策文化、品质战略、客户满意度、硬件基础等			

表 3-6 给出的开发标准，只是一般化的基于企业需求的供应商开发评估标准，实际应用的具体指标可根据企业所处行业的特点、公司战略和产品特点等进行综合评估设计。

　读一读

供应商开发评估标准的原则

供应商开发标准建设的总原则，是全面、具体、客观。企业建立和使用的供应商开发标准，必须能够对供应商做出全面、具体、客观的评价。在总原则之下，企业还需要关注以下四大原则。

一、简明科学性原则

在无法拿到充足供应商数据的前提下，供应商开发评估标准需要以简明科学性为原则，通过简单的供应商评价和选择，找到合适的供应商目标。

二、灵活可操作性原则

由于缺乏足够的数据，供应商所处的环境也各不相同，因此，供应商开发评估标准也要保持一定的灵活操作性，以免在实际操作中难以变通。

三、稳定可比性原则

一旦供应商开发评估标准得到确定，就要按此标准对供应商进行评估，以减少主观因素的作用。

四、学习更新原则

随着企业采购需求的变化和评估技术的更新，供应商开发评估标准也应随之更新。

三、供应商搜索潜在渠道

供应商搜索的关键问题在于搜索渠道的拓展。如果供应商搜索渠道狭窄，可供企业选择的供应商数量就有限。在这种情况下，想要找到最具有竞争力的供应商也十分困难。针对这一难点，以下 20 种供应商搜索潜在渠道，可供企业根据自身情况进行选择。

1. 国内外采购指南

采购指南是专业性较强的采购传统媒体，尤其在某些专项领域，如钟表、纺织、石油行业等，都有相应的采购指南刊物和杂志。

2. 国内外产品发布会

产品发布会是一种常见的市场推广方式，对于市场影响力大的企业尤其重要，经常将其作为市场推广方式。例如，有些公司会为新产品召开发布会，此外，也有很多公司在展销会上做新品发布等。

3. 国内外新闻传播媒体

带有传统色彩的新闻传播媒体（报纸、杂志、广播电台、电视等）如今仍占有较大份额，尤其是在专业领域和垂直细分领域，新闻传播媒体提供的供应商信息也非常丰富。

4. 互联网

互联网是最经济、最快捷，也是目前运用最广的供应商搜索途径。无论是搜索引擎、各类 B2B 网站，还是新媒体等，都可用于供应商开发。

事实上，互联网正在改变传统供应商的开发模式乃至合作模式。但互联网的虚拟性及互联网公司的逐利性，也让互联网渠道存在虚假信息等风险。因此，采购人员需要通过其他手段作补充和验证。

5. 国内外产品展览会

产品展览会是国际采购职业人开发供应商的标准模式。一般而言，采购人员每年可能有 3 个月都在参加各类相关产品展览会。

6. 政府组织的各类商品订货会

由当地政府组织，或带有政府特色的商品订货会，一般具有国家特性或区域特性，甚至带有文化特性，如宁夏的"中国—阿拉伯国家博览会"等。企业可以根据自身情况参加，以寻找合适的供应商。

7. 国内外行业协会

行业协会掌握了大量同类企业会员的名录，对会员企业的经营状况、产品和口碑的了解较为全面，因此，企业可以借此选择更加优质的供应商。

8. 国内外各种厂商联谊会和同业工会

联谊会和同业工会类似商会，聚集了以行业或地区为代表的优秀供应商，企业可以保持参与和沟通。

9. 政府相关的统计报告和刊物

在政府相关的统计报告和刊物中，可以挖掘出当期的优秀企业或典型代表，这些供应商通常具有较好的资质和较强的合作性。

10. 专业第三方机构

第三方采购或第三方信息平台（如小蜜蜂采购在线等），作为专业的采购团队和数据信息共享方，有大量的供应商资源可以供企业选择，并且根据企业的个性化采购需求，第三方机构也能做出合适的推荐。

11. 厂商介绍

每天有大量主动上门推销的销售人员，这也是采购开发供应商的渠道之一。

12. 内部员工介绍

内部员工介绍形式的渠道在国内使用较为普遍，但由于涉及内部员工，企业此时一定要坚持采用公平、公正、公开的方式进行选择，避免由于内部关系出现标准倾斜而被其他供应商诟病。

13. 竞争对手供应商

从竞争对手那里查看其供应商资源同样是一种方法。尤其是针对市场竞争力较强的竞争对手，企业可以通过与其供应商合作来提升自身竞争力。

14. 招标采购

通过招标的方式发布采购需求，通过法定的招标程序进行评选，选择合适的供应商。

15. 竞赛

采购方通过组织竞赛的方式吸引供应商参与，并在这一过程中，选择自己中意的合作者，与其达成合作关系。

16. 关系网

基于资源的集聚性，企业或采购人员可以从自身关系网着手，寻找相关供应商。

17. 市场宣传

通过市场宣传的方式，企业可以将自身的采购需求进行公示，以吸引潜在的供应商。

18. 在线商品交易所

某些物料采购市场已经形成成熟的在线商品交易所，企业可以登录这些平台来寻找供应商。

19. 客户供应商

借助客户的供应商渠道，采购方可以"顺藤摸瓜"，找到潜在供应商。

20. 定制

如产品特殊，客户需求量大，难以找到专门的供应商，采购方也可以通过有能力的供应商定制。在供应商开发过程中，企业并非必须用尽每一种方法，选择哪种方式可以根据自身对信息源的获取难易程度来决定。当然，随着信息技术与大数据的发展，供应商开发将有更多的选择渠道。

四、供应商评估方法

供应商搜索的过程也是企业初筛的过程，而评估标准正是企业建立的供应商开发评估标准。供应商评估切忌没有量化指标。因此，根据供应商开发评估标准，企业需要以取得量化结果为目标，按照各评估要素进行量化打分，并根据要素权重，对每家供应商进行综合打分，从而实现量化筛选。

基于供应商提供的各项资料，企业需要对其资质进行深度评估。供应商评估方法主要有主观判断法和客观判断法。

主观判断法是一种主观性较强的判断方法，是指依据评估人员的个人印象和经验，对供应商资质进行判断的方法。这种判断方法的特点是运作方式简单、快速、方便，但缺乏严格的科学标准，其评估依据也较为笼统、模糊，对评估人员个人经验要求比较高。

客观判断法需要以制定标准为前提，并依据标准对供应商进行量化评估。具体而言，客观判断法包括调查法、现场打分评比法、供应商绩效考评法、供应商综合审核法和总体成本法等方法。

1. 调查法

企业可以根据自身采购制度，事先制定标准格式的调查表格，在对供应商评估时将其分发给不同的供应商填写，在限期内获得反馈后再对供应商进行比较。

2. 现场打分评比法

对供应商的深入评核，不能只在纸面上进行，还需要到供应商现场进行。现场打分评比法就是预先准备评估问题并将其格式化，然后安排评估小组到供应商现场进行检查确认的方法。

3. 供应商绩效考评法

对核心产品供应商的评核可以采用供应商绩效考评法，根据供应商过往的供应数据，如供货、质量和价格等信息进行评估和评比。

4. 供应商综合审核法

针对重要供应商的评估，需要采取供应商综合审核法，对供应商资质进行全面评估，其涉及质量、工程、企划和采购等方面，具体而言，可以将调查法和现场打分评比法结合使用。

5. 总体成本法

当企业采用总体成本法控制采购成本时，可以采取总体成本法对供应商进行评核。采用这种方法，需要供应商的通力合作，采购方也需要组织强有力的综合专家团队，对供应商的财务及成本进行全面、细致的分析，找出可行的成本控制方法，并要求供应商配合实施，最终实现双赢。

 读一读

供应商评估不可缺少的四要素

供应商评估的方法多样、内容繁杂，但无论采用何种评估方法，以下四项关键因素缺一不可。

（1）公司评核，包括公司声誉、历史、财务状况、管理层、地区或位置等内容。

（2）产品评核，主要从产品的质量和价格两方面进行。

（3）生产设备评核，主要评核供应商生产量及能力、质量系统、员工素质和后勤支援等内容。

（4）服务评核，主要包含送货是否准时、送货量是否符合指定要求、技术支援和训练是否达标等。

【素质提升】

云南白药集团与供应商实现技术合作与共享

云南白药集团的产品包装材料有很多种型号，这主要是因为机器设备将多种不同的材料进行复合后，不同的材料组合能够生产出不同的性能材料。即使复合过程中胶水、溶剂的不同，也会使包装材料产生不同的性能，因此包装材料型号众多。

2017 年，国家新法规（残留溶剂量从之前的 10 mg 降低到 5 mg）实施，要求现有生产企业提供的干式复合工艺生产的产品残留溶剂量达到新的标准（5 mg）。

早在 2015 年，云南白药集团就洞察了这一趋势，并携手重点供应商进行探索，对已有工艺进行优化，经过多次测试和反复试验，终于成功应用在规模化生产和规模化订单上。

新工艺最终成功应用在云南白药产品上，提前达到了无溶剂的标准。经过跟踪，采用干式复合工艺能够提高生产效率，并且有效减少了有机溶剂的排放。在与供应商的技术合作和共享中，云南白药集团的采购成本也降低了。

【视野拓展】

单一供应商还是多个供应商

【任务实施】

1. 云南白药集团选择发展供应商的思路具有什么特点？

2. 云南白药集团选择发展供应商时的关注点是什么？

【教师评语】

【反思总结】

供应商关系管理

【案例导入】

TCL 公司的供应商关系管理

TCL 公司在产品开发初期就引导供应商参与新产品的早期开发。在这一机制下，电视机芯的供应商会专门派遣技术小组进驻 TCL 公司，参与新电视产品的开发与设计，配合设计部门完成早期的开发工作。

与此同时，采购部门也会与设计部门、销售部门共同分析，确定产品动能和产品成本。TCL 公司将这种设计开发流程称为可采购性设计策略，也正是借助该策略，TCL 公司能够与供应商建立紧密的战略合作关系。

【任务发布】

小组讨论	结合案例分析，TCL 公司是借助何种战略与供应商建立紧密战略合作关系的？
教师布置任务	
任务描述	1. 学生熟悉供应商关系管理的相关知识。 2. 教师组织学生分组讨论案例并形成书面结论。 3. 各组派出代表进行成果汇报。 4. 根据各组的表现，教师进行成果评价。 5. 教师进行任务总结
问题解答	1. 结合案例分析，TCL 公司是借助何种战略与供应商建立紧密战略合作关系的。 2. 该战略有哪些好处？

【知识准备】

供应链往往是从供应商的供应商到客户的客户的价值链。供应链管理是对贯穿其中的产品流、信息流和资金流的集成管理，以最低的成本给客户创造最大的价值。在制造业，70% 左右的产品成本来自供应商。从表面上看，供应商在赚 70% 的钱；实际上，供应商在为 70% 的供应链增值活动负责，供应商绩效决定了供应链的绩效。没有供应商就没有供应链，没有供应商管理也就没有供应链管理。

一、供应商关系管理的含义

供应商关系管理（Supplier Relationship Management, SRM）是企业供应链的基本环节，是用来改善与供应链上游供应商关系的管理理念和管理系统，是供应商管理的最高层次。

供应商关系管理主要包括两个方面的含义。

（1）供应商关系管理理念是实现价值共赢。通过改善与供应链上游供应商的关系，在同供应商的充分沟通与协作中，实现供应商的价值整合。借助供应商使供应能力提升，实现企业采购竞争力的提升，进而推动整个供应链的价值共赢。

（2）供应商关系管理系统是以多种信息技术为支持手段的一套管理软件与技术系统。供应商关系管理系统将电子商务、数据挖掘和协同技术等信息技术紧密集成在一起，为企业产品的策略性设计、资源的策略性获取、合同的有效洽谈和产品的有效管理提供优化的解决方案。

二、供应商关系管理的特征

随着经济环境的变化，供应商关系管理不断出现新的内容，从传统供应商关系管理发展到现代供应商关系管理，在许多方面有了很大的创新和发展。传统与现代供应商关系管理的特征比较见表3-7。

表3-7　传统与现代供应商关系管理的特征比较

比较内容	传统供应商关系管理	现代供应商关系管理
供应商数目	多	少
供应商关系	短期的买卖关系	长期的合作伙伴关系
企业与供应商沟通	仅限于采购和销售部门	双方多部门
采购合同的谈判	仅限于价格谈判	多目标谈判
供应商对企业的支持	无	供应商参与企业上游活动
企业对供应商的支持	无	企业支持供应商提升能力
信任程度与责任感	信任度低，仅限于供货责任	高度信任，共同承担产品责任

三、供应商关系的分类

管理好供应商，才能管理好供应链。对供应商不仅要选择，更要管理。供应商分类是对供应商差异化、精细化管理的体现，就是要设法把有限的资源投入到回报最高的供应商上。

（一）供应商分类的步骤

供应商分类包括品类管理和供应商分类两个步骤。

1. 品类管理

品类管理即把有共性的采购对象归并到一起，设置专门的采购、技术和质量团队来管理。如纸箱、纸袋、包装盒等，都属于包装类；铝制件、不锈钢件等离不开机械加工，属于机加件类。这两类采购项目不一样，所要求的商务知识和技术知识也不相同，因此不能相提并论。

2. 供应商分类

在同一品类内，把供应商分成不同的级别，以便进一步区分对待。比如，万科集团把供应商分为一线、区域和集团采购三级，一线供应商只能和一线公司做生意，区域供应商可以服务特定的大区公司，而集团供应商则没有地域限制。随着能力的提高，合作深度可以推进，供应商可以逐步提高级别，从而得到万科更多的业务。

不同品类的供应商是没有可比性的，但在相同的品类里，不同级别的供应商是有可比性的——它们都在同样的品类做同样的事，应该做得同样好。

（二）供应商关系的分类

根据供应商的绩效可以把供应商分为战略供应商、优选供应商、资格未定供应商、消极淘汰供应商和积极淘汰供应商五类，如图3-6所示。

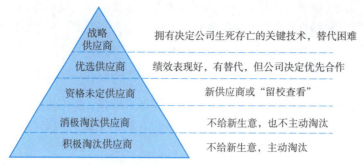

战略供应商	拥有决定公司生死存亡的关键技术，替代困难
优选供应商	绩效表现好，有替代，但公司决定优先合作
资格未定供应商	新供应商或"留校查看"
消极淘汰供应商	不给新生意，也不主动淘汰
积极淘汰供应商	不给新生意，主动淘汰

图3-6　基于绩效的供应商分类

1. 战略供应商

战略供应商指那些决定公司生死存亡的供应商，是典型的"有能力，也有脾气，不好惹"的供应商，因为它们有独特的技术、产品或工艺。它们可能是唯一的供应商，也可能被替换，但替换成本高、风险大、周期长，因此，要珍惜战略供应商。

2. 优选供应商

优选供应商的绩效好，但是可以被替代。企业之所以愿意优先跟它们做生意，是因为它们的表现好。例如，机械加工件有很多供应商都能做，但公司优先选择供应商A，把新生意给这个供应商，就是因为供应商A的总体表现优秀。

优选供应商与战略供应商有根本区别。战略供应商的身份更多是天生的——它们往往有难以替代的技术、产品或工艺；而优选供应商的身份则是挣来的，它们必须在价格、质量、交货和服务等各方面都出类拔萃。

 读一读

新生意给什么供应商

供应商分类的一大目的是区别对待，如新生意的授权。那么，新生意究竟给哪些供应商呢？答案是战略供应商和优选供应商。

战略供应商和优选供应商是公司的增长型伙伴，是要优先考虑的；然后考虑资格未定供应商，绝不能给消极淘汰供应商，积极淘汰供应商就更不用考虑了。

对于采购方来说，企业最大的议价权，或者说对供应商的制约权是新生意。一流的企业在新生意上做文章。它们通过新生意奖励供应商，为企业增加最大的价值。二流的企业在现有生意上做文章，比如，把现有生意从一个供应商转移给另一个供应商，以淘汰为手段，但这导致新产品寻源工作不到位，后续会引发一系列绩效问题。

---

3. 资格未定供应商

资格未定供应商分两种情况。要么是新供应商，企业对其表现还不了解，给予一定的期限进行考察；要么是原来的优选或战略供应商，绩效考核没有达标，进行整改期间被调整为资格未定供应商。

4. 消极淘汰供应商

消极淘汰供应商不会再得到新生意，但企业也不主动把现有生意转移走。随着老产品的下市，这样的供应商就自然而然淘汰出局。对这种供应商要理智对待，如果绩效还可以，则不要破坏现有的平衡。从供应商的角度来说，产品已经在生产，额外的投入不多，也愿意继续支持企业；从采购方的角度来说，重新选择供应商可能成本太高。因此，维持现状是最好的选择。

5. 积极淘汰供应商

积极淘汰供应商不但得不到新生意，而且连现有生意都得转移走。这是供应商管理中最极端的情况。对这类供应商要提前做好准备，因为一旦供应商知道自己现有的生意要被转移走，就有可能采取极端措施，如抬价、中止供货，甚至绩效变得很差。因此，在撤走积极淘汰供应商的生意之前，一定要确保另一个供货渠道已经开通。

 读一读

管理资源应更多聚焦战略供应商

战略供应商要么拥有关键技术，要么拥有战略资源，要么规模很大，议价能力强，采购方注定需要投入大量资源来维护与战略供应商之间的商务关系。这类供应商往往走在技术的最前沿，技术、工艺难度高，尚未经过验证，质量问题注定多，采购方需要投入资源来帮助其改善。

在战略供应商管理面临的问题中，相当一部分源自采购方的设计和规范要求，必要时要调整采购方的规范要求等，因为战略供应商一般能力强，脾气大。采购方需要与战略供应商协作，一起解决问题。

（三）供应商合作伙伴关系

供应商合作伙伴关系是指双方在相互信任的基础上，为了共同的、明确的目标而建立起的一种长期合作的伙伴关系，它是企业与供应商之间形成的最高层次的合作关系。成功的供应商合作伙伴关系要求双方相互协调、相互依赖、共享信息、共担风险、共用技术与革新，同时需要企业高层管理者的合力支持。

维护供应商合作伙伴关系是采购企业与供应商在执行合同的过程中，为巩固并不断发展完善供货、合作甚至联盟关系而做出的努力。对供应商合作伙伴关系的维护，应当从以下三个方面入手。

（1）建立双方不同层级管理者沟通机制。

采购企业与供应商在合作过程中，建立一个从基层管理到高层领导之间的沟通机制，并且让合作伙伴关系得到切实执行和落地。第一，高层互访。在高度互信的基础上，实现高层人员定期互访。只有双方高层人员相互熟悉、相互信任，合作伙伴关系才能在企业内部决策中得以实现。第二，企业中层管理者之间根据彼此的发展需要，设定精准的共同发展计划，维护长期稳定、面向未来和可持续发展的合作关系。第三，采购部门与供应商进行频繁接触，可以采取驻厂的模式加强合作，通过在价格、质量和服务等方面建立平等互利机制，实现合作共赢。

（2）定期举办供应商联谊大会。

如果企业的供应商数量较多，那么可以定期举办供应商联谊大会，例如在年中、年终及重大项目结束后举办，以加强供应商与企业之间的情感互动，为进一步合作拓宽渠道。在供应商联谊大会上，可以进行以下活动。第一，对业绩优秀的供应商进行表彰，使优秀供应商感受到企业对自己的重视。第二，及时分享未来的规划，尤其对不同的供应商产业，要进行详细说明，让供应商感受到未来进一步合作的潜力。第三，在联谊会上对供应 商实施调研，会后对相关信息进行反馈，让供应商意识到自身的不足，以及与其他供应商相比存在的差距和提升的空间。

（3）建立定期评估与反馈制度，实施动态管理。

采购企业在与供应商合作过程中，可以建立定期评估与反馈制度。通过双方的合约，建立合理、公正、公开的供应商考核评价指标体系，定期对供应商的绩效进行评估，并且将评估结果进行实时反馈，实施公开透明的评价机制。根据评估结果，对供应商进行分类，实施动态管理。这是优化合作伙伴的重要手段。

【素质提升】

苏宁电器客户服务的数字化改革

苏宁电器是全国20家大型商业企业集团之一。更为人称道的是苏宁的信息化工作。苏宁电器基于专网实现采购、仓储、销售、财务、结算、物流、配送、售后服务和客户关系一体化的实时在线管理。为了适应管理和处理日益庞大的市场数据的要求，苏宁电器建立全面、高效、科学的日常决策分析报表与查询系统，从而有效控制物流库存、大幅提高周转速度，使库存资金占用减少、盘点及时有效。通过电脑进行区域配送派工，完善售后服务系统（包括送货管理、安装管理和维修管理），为客户服务中心提供强有力的基础服务。

苏宁电器在全国100多个城市客户服务中心利用内部 VOIP 网络及呼叫中心系统建成了集中式与分布式相结合的客户关系管理系统，建立了 5 000 万个顾客消费数据库。通过企业辅助管理系统，对全国连锁店面及物流中心进行实时图像监控，总部及大区远程实时监控连锁店、物流仓库、售后网点及重要场所运作情况，实现全国连锁网络"足不出户"的全方位远程管理。

苏宁电器实现了全会员制销售和跨地区信息管理，20 000 多个终端同步运作，提高了管理效率。客户服务中心拥有 CRM 等一套庞大的信息系统，将自动语言应答、智能排队、网上呼叫、语音信箱、传真和语言记录功能、电子邮件处理、屏幕自动弹出、报表功能等多项功能纳入其中，建立了一个覆盖全国的智能管理平台。

依托数字化改革，苏宁电器会员制服务全面升级，简化消费者的购物环节，方便顾客。另外，苏宁电器针对客户的个性化优惠变得切实可行，例如，苏宁电器可以给某些有着良好购买记录的顾客直接现金优惠，也可以根据对方的购买习惯打包进行捆绑式销售，这些都给顾客带来了实际效益，并且让利是可见的、实时的，比大规模没有针对性的促销更有利。

【视野拓展】

万达的供应商管理进化之道

【任务实施】

1. 结合案例分析：TCL 公司是借助何种战略与供应商建立紧密战略合作关系的？

2. 该战略有哪些好处？

【教师评语】

【反思总结】

什么才是好的供应商

管好供应商才能管好供应链

任务四　分析与控制采购成本

【案例导入】

整合后的供应商不降价

A 公司最近两年推行资源整合政策，对于采购来说，就是精简供应商、集中采购额。该策略有效，一轮供应商整合后，A 公司的供应商从 3 000 多家减少到 800 多家，采购人员的日常管理负担也明显减轻。就一个项目经理负责的品类来说，以前有 190 多个供应商，大大小小、海内海外都有，现在减少到 30 多个，日常管理上容易多了。

但与此同时，供应商也变得更加强势。原来一些供应商规模已经相当庞大，再加上现在这个政策，它们知道未来的生意将主要集中在有限的几家，这使 A 公司在价格谈判中比较被动。

例如，在目前的年度降价谈判中，该项目经理最大的海外供应商一拖再拖，已经拖延近半年，每次都以各种理由推脱，结果来了中国以后，却将报告变成了诉苦，如原材料上涨，但只字不提降价的事。此外，对于海外供应商，A 公司的采购额估计连其 5% 的生意额都不到，议价能力也确实有限。

国内的供应商由于在下一代产品上拿到的生意太少，对年度降价缺乏合作意愿。A 公司前些年从中低档产品赶超，高速发展 10 年后，已经做到每年上百亿元的营收，下一步的战略目标是进入高端市场。原来的国内供应商虽然这些年随着 A 公司的发展壮大，规模有所扩大，但管理、技术和质量一直未能达到高水平，难以帮助 A 公司进入高端产品市场。因此，在高端产品开发中，A 公司吸纳了更多的海外供应商，很多关键零部件改为由海外供应商供货。而国内的老供应商由于未能获得更多新业务，本就颇有微词，对于合作降本的积极性就更低了。当然，这些老零件的年度降价都已经进行了三四年，剩下的利润确实有限。

【任务发布】

小组讨论	结合案例分析：A 公司在采购降本方面遇到了什么问题？
教师布置任务	
任务描述	1. 学生熟悉采购成本控制的相关知识。 2. 教师组织学生分组讨论案例，然后分组完成该公司采购降本问题的解决方案。 3. 各组派出代表进行成果汇报。 4. 根据各组的表现，教师进行成果评价。 5. 教师进行任务总结
问题解答	1. A 公司在采购降本方面遇到了什么问题？ 2. 要避免产生该问题，应如何做？

【知识准备】

说到降低采购成本，低段位的采购通常采用谈判、比价、议价、货比三家、以量换价、强制压价的方式，更有甚者以故意拖欠货款的方式来达到降低成本的目的。这些做法短期内也许可以获得账面成本的降低，但从长期看，这反而会带来供应关系的恶化，根本不是有效降低采购成本的方法。

一、采购成本的构成

在企业竞争日益激烈的今天，企业必须控制其经营成本，过量的采购会使商品积压而占用大量的资金。因此，采购成本的控制不仅是采购管理，也是企业经营管理的重点所在。商品的采购成本不仅指商品本身的价值，还包括采购带来的采购管理成本。

1. 材料成本

材料成本是指材料的进价成本，又称为购置成本，是指材料本身的价值，等于采购单价与采购数量的乘积。在一定时期进货总量既定的条件下，无论企业采购次数如何变动，材料的进价成本通常是保持相对稳定的，因此属于决策无关成本。

2. 采购管理成本

采购管理成本是指企业向外部的供应商发出采购订单的成本费用，是企业为了实现一次采购而进行的各种活动的费用，如办公费、差旅费、运输费、检验费和仓储管理费用等支出。采购管理成本中有一部分与订货次数无关，如专设采购机构的基本开支等，这类固定性进货费用属于决策无关成本。另一部分与订货次数有关，如差旅费等与进货次数成正比例变动，也就是说采购管理成本包括与下列活动相关的费用，如检查存货水平、编制并提出采购申请、对多个供应商进行调查比较、选择最合适的供应商、填写并发出采购单、填写核对采购单、结算资金并进行付款。

二、降低采购成本的误区

1. 关注价格

降低成本是提高企业收益的关键手段，在各项财务指标的增长中，采购成本发挥的杠杆作用巨大，甚至强于业绩增长。然而，在谈及成本降低时，大多数企业只关注价格——似乎只有降低购买价格，才能实现采购成本的降低。

采购价格是采购成本的重要构成部分，但在具体实践中，企业能做的往往只是通过各种比价手段，分析供应商的报价是否合理、是否超出了行业平均水平。在这一过程中，企业可以在一定程度上实现购买成本的降低。但采购成本不仅包括物料价格，还包括运输成本、包装成本和装卸费用等，而在生产销售中还涉及品质成本、售后成本和客户投诉处理成本等各项内容。

如果对于采购成本的降低，企业只关注采购价格的降低，却无法实现采购总成本的降低，这样的采购成本管理是不合理的，更是无效的。

2. 过分依赖供应商成本报表

在实践过程中，为了有效控制采购成本，确保采购成本的合理，很多企业也有对供应商成本报表钻牛角尖的情况。借助供应商成本报表，企业的确能够了解供应商的生产成本、管理成本和人工成本等，并可以对此加以分析，从而协助供应商降低生产成本，进而降低采购成本。但是，实际上供应商的成本报表对降低采购成本的效果极其有限。一方面，供应商成本报表各项内容的可控性十分有限；另一方面，成本报表上各项数据的真实性也难以确保。

3. 忽视动态市场与供应要素

物料价格并非一成不变，即使是最常见的原料，也可能发生价格波动。因此，企业必须以动态的眼光看待物料价格的变动。在对采购价格进行对比时，企业也切忌忽略动态市场与供应要素。如果只是简单地将当期价格进行环比或同比分析，其价格比对结果不但没有意义，反而还会给供应商留下不专业的职业形象。

三、降低采购成本的策略方法

降低采购成本的方法基本归为两大类，即完善成本结构和制定合适的降本方案。发现成本的非合理项目、完善成本结构，从而实现成本降低，使用这种方法的前提是供应商必须提供完整的、成本结构可靠的财务数据。制定合适的降本方案，需要通过对产品全要素、全过程的了解，结合国际企业成功降本的方法，制定有步骤、有策略的综合降本方案。相对于完善成本结构来讲，寻找合适的降本方法、制定降本方案更具有可行性。

(一) 建立长期的战略伙伴关系

长期的战略伙伴关系是供应商和采购商之间达成的较高层次的合作关系，它是指在相互信任、相互支持的基础上，供需双方为了实现共同的价值目标而采取的共担风险、共享利益的长期互惠互利的合作共赢关系。

这是最经济、最有效、最直接且最能挖掘成本潜能的一种降本方案。具体来讲，良好的战略伙伴关系包含以下含义。

(1) 以长期发展为理念，开展相互信赖相互支持的合作关系。

(2) 伙伴关系有明确目标导向，双方共同确认并且在各个层次都有设置相应的沟通接口。

(3) 基于双方关心的目标，双方共同制定行动与改进计划。

(4) 供需双方相互信任、共担风险，打通合作壁垒，共享信息。

(5) 共同设计、共同生产、共同开发客户。

(二) 集中采购

集中采购是集中公司所有采购权限，将大宗的、标准化的物料进行统一计划、统一采购、统一调度与分配的采购方式，是有效降低采购成本的方法之一。

集中采购正在被集团公司和政府部门广泛应用。集中采购使各部门、下属企业的需求得以集中，增加采购量不仅可以提高议价能力、降低单位采购成本，而且可以增加采购金额，从而提升自己在供应商客户中的级别，是一种基本的战略采购方式。集中采购也能够有效减少采购时间和运营费用，并节省运输费、质检费等间接费用。此外，集中采购压缩了各部门的采购主动权，避免各部门与供应商串通，导致腐败、贿赂行为的发生。

 读一读

集中采购不是万能药

集中采购虽然可以降低采购成本，但如果只是为了节省成本，盲目实行集中采购，结果可能事倍功半。在集中采购中，需要解决以下两个问题。

一是集中采购的度。对于某一类物料，到底是全部归总部集中采购，还是适当授权，应灵活处理。集中与灵活、总部与分部，需要一段时间的磨合和总结，不能期望一蹴而就。即使模式定下来之后，随着采购额、供应商和公司战略的变化，也要及时调整集中与灵活的比例。

二是小批量的情况。批量大的物料向来是集中采购的重点对象，集中度一般较高。随着相对容易集中的物料越来越少，小批量、多品种的物料就登上舞台。有些物料对于采购方来说是小量，但对于分销商来说未必，可以考虑集中总包给专业的分销商或电商平台，虽然采购价可能高一点，但可以节省大量的采购资源。

（三）联合采购法

联合采购法简称团购，就是联合相关有共同需求的企业，将零散项目集合起来，形成大规模采购，以此实现提高规模经济效益和降低采购成本的采购方式。

对于联合采购，可以自行组织采购，也可以委托专业第三方采购服务机构进行。在政府、行业协会、商会等社会组织中，联合采购的方式较为常见。

众所周知，小批量采购难以获取较好的价格优惠，但对于很多中小企业而言，由于其自身规模的限制，其采购量难以达到一定规模，因此在采购市场上长期处于劣势地位。此时，联合采购则能聚少成多，通过将采购需求整合到一起，有效弥补企业采购规模小、单位分散和采购经验不足等缺陷，从而实现规模效益，降低采购价格并节约管理费用。

事实上，联合采购法不仅适用于中小企业，同样也适用于大型企业。

（四）价值分析法

价值分析法是通过团队智慧对产品可靠性功能进行分析，使产品在生命周期的范围内以最低的总成本实现产品综合价值的提高，从而提升产品竞争力。价值 $V=$ 功能 F /成本 C 。

所谓价值分析，其实就是通过对产品或服务进行功能分析，使其以最低的总成本，可靠地实现产品或服务的必要功能，从而提高产品或服务的价值。其主要思想在于通过对选定研究对象的功能及费用分析，提高其价值。这里的价值，指的是功能与成本之间的比值，数学表达式是：价值=功能/成本。

看一看

描述采购需求　　　分析采购标的物　　　公开招标与邀请招标　　　集中采购与分散采购

【素质提升】

现代物流——提质降本增效

现代物流一头连着生产、一头连着消费，在市场经济中的地位越来越凸显。中国物流与采购联合会公布的数据显示，2023 年 8 月，中国物流业景气指数为 50.3%，继续保持在景气区间。近年来，我国物流业发展迅速，例如快递量越来越大，快递速度越来越快。但是，全链条运行效率低、成本高仍然是一个比较突出的问题。如何进一步提质增效降本，让企业和更多人受益，就成了亟待破解的问题。

在重庆铁路口岸，一趟装载着一批新能源汽车的中欧班列即将开往欧洲。班列上的集装箱里面安装了一种专业的物流器具——汽车支架。支架虽小，功能却很大。据介绍，车架技术的应用可以大大增加一个 40 英尺①集装箱的运输能力，原来一个 40 英尺的集装箱最多只能装两辆汽车，通过这样的技术，可以装 3~4 辆汽车。这样，单箱运力提高了近一倍，单辆汽车的物流成本降低了近 50%。

---

① 　1 英尺=304.8 毫米。

在国际贸易中，集装箱都有标准尺寸，如果运输小轿车，通常只能前后装两辆车，可有了汽车支架就不一样了，可以把上面的高度空间也充分利用起来。这些汽车支架是重庆物流企业联合车企等相关机构共同研发的，目的就是帮助车企降低物流成本。

过去为了降成本，更多的是采用企业内部单一环节降成本的方式，这样降低成本的空间是非常有限的。而现在降成本，更多的是协同作战，联合供应链的上下游，共同提高运能、效能，从而降低全链条的物流成本。如汽车支架技术，其设计、投用只是第一步；如何实现共享循环才是最核心的，也是全链条降低成本的关键所在。

10年来，我国社会物流成本水平稳步下降，2022年社会物流总费用与GDP的比率为14.7%，较2012年下降3.3个百分点。按照我国的经济体量来计算，3.3个百分点相当于接近4万亿的经济价值，这就是我们实实在在得到的效益。

二十届中央财经委员会第一次会议强调，要加快建设以实体经济为支撑的现代化产业体系。这离不开现代物流的有力支撑。提质增效降本是一个长期系统的工作，涉及多个环节，还需要各地各部门共同努力，协同联动、挖掘潜力，更好地促进实体经济的发展。

【视野拓展】

采购经理的降价策略

【任务实施】

1. A公司在采购降本方面遇到了什么问题？

2. 要避免产生该问题，应如何做？

【教师评语】

【反思总结】

项目总结

　　采购是企业与供应商的桥梁，在管理供应商和供应链中处于独特的位置。在本项目中，我们学习了如何根据企业竞争战略匹配供应链战略及采购战略；供应商开发的流程、如何基于企业需求建立供应商开发标准、供应商评估的方法；供应商关系管理的含义、特征，供应商关系的分类，供应商合作伙伴关系建设的方法；采购成本构成及降低采购成本的方法。

 知识巩固

一、单选题

1. 与成本领先战略匹配的供应链类型是（   ）。

A. 渠道供应链　　　　B. 精益供应链　　　　C. 柔性供应链　　　　D. 敏捷供应链

2. （   ）是供应商管理的核心要件。

A. 确定供应商开发流程　　　　　　　　B. 开发评估标准建设

C. 搜集供应商资料　　　　　　　　　　D. 明确评估方法

3. （   ）是最经济、最快捷，也是目前运用最广的供应商搜索途径。

A. 产品发布会　　　　B. 行业协会　　　　C. 互联网　　　　D. 内部员工

4. 对核心产品供应商的评核适合采用的考评方法是（   ）。

A. 调查法　　　　　　　　　　　　　　B. 现场打分评比法

C. 供应商绩效考评法　　　　　　　　　D. 总体成本法

5. （   ）指那些决定公司生死存亡的供应商，是典型的"有能力，也有脾气，不好惹"的供应商。

A. 战略供应商　　　　　　　　　　　　B. 优选供应商

C. 资格未定供应商　　　　　　　　　　D. 积极淘汰供应商

6. 企业新的战略供应商属于（   ）。

A. 战略供应商　　　　　　　　　　　　B. 优选供应商

C. 资格未定供应商　　　　　　　　　　D. 积极淘汰供应商

7. 以下选项中，（   ）属于采购管理成本中一部分与订货次数无关的成本。

A. 检查存货水平　　　　　　　　　　　B. 编制并提出采购申请

C. 供应商调查　　　　　　　　　　　　D. 专设采购机构的基本开支

8. 最经济、最有效、最直接且最能挖掘成本潜能的一种降本方案是（   ）。

A. 建立长期的战略伙伴关系　　　　　　B. 集中采购

C. 联合采购　　　　　　　　　　　　　D. 价值分析法

9. 小批量采购难以获取较好的价格优惠，但对于很多中小企业而言，由于其自身规模的限制，其采购量难以达到一定规模，因而在采购市场上长期处于劣势地位。此时，适合采取的采购降本方式是（   ）。

A. 建立长期的战略伙伴关系　　　　　　B. 集中采购

C. 联合采购　　　　　　　　　　　　　D. 价值分析法

10. 价值分析法是通过团队智慧对产品（   ）进行分析，使产品在生命周期的范围内以最低的总成本实现产品综合价值的提高，从而提升产品竞争力。

A. 可靠性功能　　　　B. 生产工艺　　　　C. 成本构成　　　　D. 市场需求

二、多选题

1. 企业战略分为三个层次，即企业的（   ）。

A. 总体战略　　　　B. 竞争战略　　　　C. 职能战略　　　　D. 采购战略

2. 企业构建竞争优势的方式有很多，系统归类起来主要包括（   ）。

A. 技术创新　　　　B. 客户体验　　　　C. 产品质量　　　　D. 成本领先

3. 企业的竞争战略包括（   ）。

A. 成本领先战略　　　　B. 差异化战略　　　　C. 集中化战略　　　　D. 创新战略

4. 差异化战略又称特色优势战略，是指企业为了使自己的产品与竞争对手相比具有明显的区别而采取的一种战略。差异化战略的具体手段有（　　　）。

A. 产品差异化 　　　　　　　　　　　B. 服务差异化

C. 人事差异化 　　　　　　　　　　　D. 形象差异化

5. 根据由市场需求的"种类—数量"品类策略，确定的四种竞争战略定位，导出适应不同竞争战略定位的供应链类型，包括（　　　）。

A. 渠道供应链 　　　　　　　　　　　B. 精益供应链

C. 柔性供应链 　　　　　　　　　　　D. 敏捷供应链

6. 基于有效性供应链导出的采购战略是（　　　）。

A. 协同采购战略 　　　　　　　　　　B. 集成采购战略

C. 响应采购战略 　　　　　　　　　　D. 反应采购战略

7. 供应商开发的基本标准是（　　　）原则。

A. 质量 　　　　　　　　　　　　　　B. 成本

C. 交付 　　　　　　　　　　　　　　D. 服务差异化

8. 供应商分类包括（　　　）两个步骤。

A. 品类管理 　　　　　　　　　　　　B. 供应商分类

C. 供应商选择 　　　　　　　　　　　D. 供应商评价

9. 企业的新生意应该给（　　　）供应商。

A. 战略供应商 　　　　　　　　　　　B. 优选供应商

C. 资格未定供应商 　　　　　　　　　D. 积极淘汰供应商

10. 供应商关系管理的误区包括（　　　）。

A. 供应商关系管理只是采购部门的事 　　B. "一刀切"的供应商关系管理方法

C. 压缩供应商利润就是为企业谋利 　　　D. 只需要维持基本的合作关系即可

三、判断题

1. 集中化战略是指在市场细分后，企业将其经营活动主要集中于某一特殊领域的客户群、某一产品线的细分区段或某一地区的细分市场，通过为这个小市场的购买者提供比竞争对手更好、更有效的服务来建立竞争优势的一种战略。（　　　）

2. 采购战略是关于采购需求、供应商分析、采购策略与交付商务等方面的具有指导性、全局性和长远性意义的整体管理方案。（　　　）

3. 先制定标准，再依据标准对供应商进行量化评估，属于供应商评估的主观判断法。（　　　）

4. 供应商关系管理是企业供应链的基本环节，是用来改善与供应链上游供应商关系的管理理念和管理系统，是供应商管理的最高层次。（　　　）

5. 不同品类的供应商是没有可比性的，但在相同的品类里，不同级别的供应商是有可比性的。（　　　）

6. 优选供应商的绩效好且不可替代。（　　　）

7. 在撤走积极淘汰供应商的生意之前，一定要确保另一个供货渠道已经开通。（　　　）

8. 如果对采购成本的降低，企业只关注采购价格的降低，却无法实现采购总成本的降低，这样的采购成本管理是不合理的，更是无效的。（　　　）

9. 集中采购使各部门、下属企业的需求得以集中，增加采购量不仅可以提高议价能力、降低单位采购成本，而且可以增加采购金额，从而提升自己在供应商客户中的级别，是一种基本的战略采购方式。（　　　）

10. 联合采购法仅适用于中小企业，不适用于大型企业。（　　　）

 **实践训练**

供应链环境下企业采购模式的优化

作为物流活动的起点，采购涵盖了从供应商到需求之间的货物、技术、信息或服务流动的全过程。企业通过实施有效的计划、组织与控制等采购管理活动，合理选择采购方式、采购品种、采购批量、采购频率和采购地点，以有限的资金保证经营活动的有效开展，在降低企业成本、加速资金周转和提高企业经营质量等方面发挥着积极作用。

一、采购在企业生产及供应链中的重要地位

采购成本是企业成本控制中的主体和核心部分。对于典型的制造型企业来说，采购成本（包括原材料和零部件）占产品总成本的60%。例如，汽车行业的采购成本约占一辆汽车成本的80%。可见采购成本直接影响着企业最终产品的定价和企业的利润，良好的采购将直接增加企业的利润和价值，有利于企业在市场竞争中赢得优势。

同时，合理采购对提高企业竞争能力、降低经营风险也具有极其重要的作用。一方面，科学的采购不仅能降低产品生产成本，而且是产品质量的保证；另一方面，合理采购能保证经营资金的合理使用和控制，从而以有限的资金有效开展企业的经营活动。

随着经济全球化和信息网络技术的高速发展，全球经济运行方式和流通方式产生了巨大变化，企业采购模式也随之不断发展。供应链中各制造商通过外购、外包等采购方式从众多供应商中获取生产原料和生产信息，采购已经从单个企业的采购发展到了供应链上的采购。

在供应链中，采购使供应链各节点间的联系和依赖性进一步增强，对于降低供应链运作成本、提高供应链竞争力起着越来越重要的作用。

二、企业采购的现状和存在的问题

我国企业采购已经基本实现市场化运作，现行采购模式主要有三种：传统的粗放式采购方式、公开招标采购方式和电子商务采购方式。其中，传统的粗放式采购模式仍然是企业采用的主要采购模式。在这种传统采购模式下，大部分企业的采购职能被忽视，采购部门只是一个普通的职能部门，承担事务性的采购工作。企业采购已经暴露出了以下问题。

第一，采购成本数据库没有形成，无法对采购品种进行分类管理。在采购管理领域，通常企业80%的采购成本集中在20%的采购品类上，因此，应当对采购品种进行分类管理。

第二，供需双方信息不对称，采购活动盲目性强。采购商和供应商之间不能进行有效沟通，互相封锁供应商信息、生产情况和市场行情。

第三，采购部门与其他部门相互独立、分离，影响作业流程的协调性。传统的采购部门与其他部门相互独立，保持着明显的界限。但在业务流程中，各部门都是重要的组成部分，部门之间的分离导致了业务流程的协调性较差。

第四，对供应商关系没有进行科学管理。当供应商流失或变更时不能主动应变，影响企业生产运作；与关键供应商之间的沟通与合作尚停留在交易层面，未注重深层次合作关系的培养；供应商的评估体系、供应商激励机制和淘汰机制还未形成。

思考：

（1）采购在企业生产及供应链中有哪些重要的地位？

（2）在传统采购模式下，企业采购业务存在哪些问题？

（3）在供应链环境下，企业采购模式应如何优化？

项目评价

评价项目（占比）	评价标准	分值	学生自评	得分 小组互评 第1组	第2组	第3组	第4组	第5组	第6组	教师评价
考勤（10%）	无故旷课、迟到、早退（一次扣10分）	10								
	请假（一次扣2分）									
学习能力（10%）	合作学习 小组合作参与度（优6分，良4分，一般2分，未参与0分）	6								
	个人学习 个人自主探究参与度（优4分，良2分，未参与0分）	4								
工作过程（40%）	能够根据企业实际为其制定供应商开发标准 能够分析企业所需的供应商类型（每错一处扣1分）	10								
	能够为企业指定供应商开发标准（每错一处扣2分）	10								
	能够对供应商进行分类和分级管理 能够对供应商进行分类分级管理（每错一处扣1分）	10								
	行差别化管理 能够对不同类别的供应商进行差别化管理（每错一处扣1分）	10								
工作成果（40%）	成果完成情况 能够按要求完成每个任务环节（未完成一处扣4分）	20								
	成果展示情况 能够准确展示完成成果（失误一次扣5分）	20								
得分小计										
综合得分（自评得分×20%+小组互评得分×20%+教师评价得分×60%）										

教师评语：

项目四　供应链环境下的生产运营

✓ **学习目标**

素质目标	1. 增强民族自豪感，增强制度自信、文化自信。 2. 培养学生的共赢理念和社会责任感。 3. 培养学生认真严谨、团结互助的工作作风
知识目标	1. 掌握供应链生产运营的内涵、生产运营模式构建的基础、供应链生产运营的主要特点等内容。 2. 掌握按库存生产 MTS、按订单生产 MTO、按订单组装 ATO 和按订单设计 ETO 四种供应链生产模式的内涵和特点等内容。 3. 掌握供应链生产计划与控制的内涵、作用和内容。 4. 理解供应链生产计划编制的约束条件
能力目标	1. 能够应用比较研究法分析不同供应链生产模式的异同及优劣。 2. 能够根据企业实际为其选择合适的供应链生产模式。 3. 能够编制供应链生产计划

✓ **知识结构**

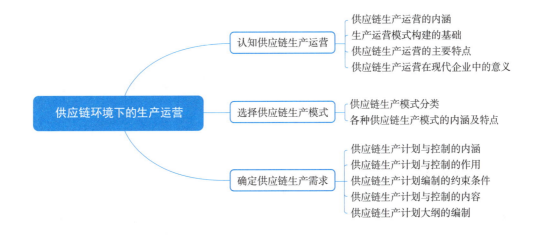

认知供应链生产运营

【案例导入】

联想的供应链运营

在供应链和采购方面，联想采取一体化的运作体系，通过把采购、生产、分销及物流整合成一个统一的系统，在战略层、执行层实现整个集团的统一策略和协调。从供应链的角度看，联想有300多家供应商和5 000多家国内的客户渠道。在国内，联想的主要生产基地分布于北京、上海和惠阳的3个工厂，生产的主要产品除了台式电脑、笔记本和服务器之外，还包括其他数码产品，这反映出一个非常复杂的供应链体系。联想的物料采购主要分为国际性采购和国内采购，国际性的物料通过中国香港分别转运到惠阳、上海和北京；国内的物料则会直接发到各个工厂，再由各个工厂制成成品发到代理商和最终用户。这是联想的供应链双链模型，通过接收链和交互链的协同运作，满足客户的需求。

近年来，联想正在进行供应模式的转变。在运作模式上，目前联想还不是一个完全按订单生产的企业，这也与集团面对的客户群有关。联想目前主要客户的60%~70%来自个人和中小型企业。因此，联想的运作模式采取的是安全库存加订单生产的方式，保留1~2天的成品安全库存，更注重根据订单快速响应客户和市场需求。

【任务发布】

小组讨论	结合案例分析：联想供应链生产运营是怎样的？
	教师布置任务
任务描述	1. 学生熟悉供应链生产运营的相关知识。 2. 教师组织学生随机分组讨论案例并形成书面结论。 3. 各组派出代表进行成果汇报。 4. 根据各组的表现，教师进行成果评价。 5. 教师进行任务总结
问题解答	1. 供应链生产运营的主要特征是什么？ 2. 举例说明供应链生产运营管理对企业的意义

【知识准备】

一、供应链生产运营的内涵

供应链生产运营是指在供应链环境下，对生产公司主要产品和提供主要服务的系统进行的设计、运行、评价和改进，对运营过程的计划、组织、实施和控制，以及与产品生产和服务创造密切相关的各项管理工作的总称。运营管理的对象是运营过程和运营系统。运营过程是一个投入、转换和产出的过程，是一个劳动过程或价值增值的过程，它是运营管理的第一大对象，运营必须考虑如何对这样的生产运营活动进行计划、组织和控制。运营系统是指上述变换过程得以实现的手段。它的构成与变换过程中的物质转换过程和管理过程相对应，包括一个物质系统和一个管理系统。运营管理的目的就是建立一个高效的运营系统，为企业提供有竞争力的产品或服务。供应链环境下的生产运营过程如图4-1所示。

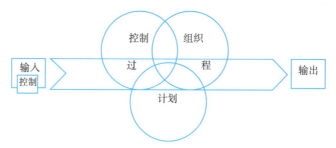

图4-1　供应链环境下的生产运营过程

二、生产运营模式构建的基础

（一）生产运营管理的范围更加宽泛

传统的生产运营管理只是着眼于生产系统内部的管理问题，是以关注生产过程的计划、组织和控制等为主的制造管理。随着社会经济的不断发展和管理科学的不断发展，现代生产运营管理在整个国民经济中第三产业所占的比重越来越大，其范围已经从传统的制造企业扩大到非制造企业，其研究的内容也已经扩大到经营管理活动。这里尤为突出的一点是生产运营管理与经营管理活动之间的联系相互渗透，并逐步向一体化的方向发展。这是由于企业提供的产品或服务的质量、多样性、成本和交货期等生产运营管理的结果直接影响到企业的竞争力。企业的生产运营管理决定了企业经营决策的实现与否，关系到企业的生存与发展，企业在制定经营战略时无法忽视生产运营管理战略的重要性。

（二）新技术在生产运营管理中的广泛运用

例如，ERP管理系统在生产运营管理中的应用，使客户管理、项目管理、供应链管理和生产管理工作高度集成，该系统通过对企业资源的优化达到资源效益的最大化。工业机器人的应用使生产过程更加标准、节拍更加准确、产出更加高效、质量更加稳定。智能物流系统的应用大大提高了存储效率和库存周转效率，减少了对人力资源的需求等。近几十年以来，计算机技术已经给企业的生产运营管理活动带来了巨大的变化和收益，这些技术的潜在效力是传统的生产运营管理无法比拟的。

三、供应链生产运营的主要特征

（一）供应链生产运营的范围进一步扩大

现代运营管理的范围已经从生产制造业扩展到非制造业。有形产品的生产及无形服务的提供都是运营管理研究的对象。这使生产运营管理理论的应用更加广泛，同时也为其研究内容的进一步扩展提供了基础。随着经济发展的全球一体化，现代企业运营管理对象已经不再局限于单一公司或区域，全球化运营成为现代运营管理的新特征。

（二）供应链生产运营内容愈加丰富

供应链生产运营包括运营战略的制定、运营系统设计及运营系统运行等。为了满足市场的多样性需求，现代企业既要致力于专业化的生产运营，又要保证生产运营的多样性，并且要努力实现两者的有机统一，从而使柔性运营系统得到广泛的推广。信息技术突飞猛进的发展与实际应用为运营管理增添了新的有力手段，一系列管理模式和管理方法上的变革应运而生，使其内容更加丰富、范围更加扩大、体系更加完整。

四、供应链生产运营在现代企业中的意义

现代企业只有不断地改进自身的生产运营系统设计，同时有效计划、组织、实施和控制各项相关的运营管理工作，才能有效地整合并利用企业内部和外部的关键性资源，以最低的产品和服务成本、最核心的竞争优势、最合理的生产流程支持自身完成企业的竞争战略及总体战略。在这个投入、转换和产出的运营过程中，企业管理者需要更多地考虑怎样生产和创造适合消费者的产品或服务，怎样合理地安排产品生产和服务流程，如何有效地对这个流程进行控制。只有这样才能找出哪些因素对企业的竞争优势构成影响，在此基础上找出企业本身的竞争优势，并从自身的竞争优势中找出自身具备的竞争能力，以使自身的生产成本达到最低，从而更好地与竞争对手进行竞争。在企业的日常活动中，生产运营管理担负着重要使命。例如，如何满足多变的市场需求；如何准确及时地处理客户的订单；如何保持均衡的生产计划和活动；如何避免材料的短缺同时避免库存的积压；如何使过程中的物流和信息流有效地匹配；如何有效地降低产品成本；如何有效地完成提高产品质量的任务。

数字供应链系统在构建数字化柔性生产网络方面具有重要意义。它能够提高供应链的协同效率和运作效果，实现订单的快速传递和部门协同合作。通过集中采购、自动流转和智能化调配，企业能够降低成本、提高效率，并实现全流程的数字化管理。数字供应链系统的引入将为企业带来更多机会和优势，助力企业实现可持续发展。

 读一读

企业发展历程的三个阶段

分析国内外知名企业的发展历程，不难发现，这些企业都是依靠精细化运营实现更好的盈利，进而促进企业快速发展的。一家刚创立的初始公司发展成为知名企业，经过了漫长的发展历程。通常认为这个发展历程可以分为三个阶段。

第一阶段的特点是大规模生产，并用生产线代替手工操作。这一阶段的运营重点是根据客户的订单计划安排物料、采购和组织生产等工作。

第二阶段的特点是小批量生产，客户定制化要求高，必须有专门的设计人员。这一阶段的运营重点是销售，包括广告宣传、促销、产品质量控制和供货及时性等。

第三阶段的特点是物流配送、服务等一系列业务活动越来越复杂，资金投入也日益增加。因此，第三阶段是最佳供应链设计的一个转折点，这一阶段需要具备高度的预测能力和柔性，并需要实现持续改进。根据预测进行智能决策，根据决策迅速做出正确的判断，从而确保每一个决策都是经过深思熟虑的。为了达到这些目标，数字化供应链系统需要具备四个方面的能力：识别和分析信息、实时决策、全球视野、基于实际运作进行优化。

看一看

产品的概念

产品的一生

【素质提升】

中粮集团：稳定全球供应链，打造舌尖上的一带一路

作为具有领导地位的国际大粮商，中粮集团在农产品贸易流程、标准对接等多方面发力创新，积极促进和引领"一带一路"农粮产业合作的升级变革。

中粮集团联合 ADM、邦吉、嘉吉、路易达孚集团、嘉能可农业等国际粮商，在瑞士日内瓦成立了名为 Covantis S. A（诺华 S. A）的数字化农业国际贸易公司，提供农业区块链解决方案，致力于用大宗农产品的国际贸易标准化、数字化和现代化，取代依赖纸质合同、发票和人工付款的交易流程，使全球农产品贸易变得简单、安全和高效。

中粮集团还积极参与推进 ISO 小麦、稻米和大豆国际标准的制修订工作，实现我国涉农领域主导修订国际标准零的突破。通过对国际粮食贸易重要指标的调整，每年为我国节约大量外汇开支，获得国家标准创新贡献奖。同时，中粮集团还建立农产品食品指标比对分析系统，对标美加、欧盟、澳大利亚和日本等发达国家地区的先进国际标准，重点开展"中国粮油食品质量安全标准欧盟国家适宜性研究"，为提升我国农产品、粮油食品标准提供数据支持。

因地制宜地提供技术指导、促进沿线国家农业增产，也是中粮集团在"一带一路"合作中的重要努力方向。近年来，中粮集团从泰国、柬埔寨、缅甸和老挝等"一带一路"沿线国家进口优质大米，并通过提供农业科技指导，帮助多国稻谷总产、单产大幅提高，加工产能大幅增加，同时还带动烘干、仓储和物流设施系统建设，受到多个国家的一致赞誉。

【视野拓展】

一汽大众供应链运营实例

【任务实施】

1. 供应链生产运营的主要特征是什么？

2. 举例说明供应链生产运营管理对企业的意义有哪些。

【教师评语】

【反思总结】

任务二　选择供应链生产模式

【案例导入】

海尔打造柔性自动化生产线

我国民族企业海尔早在 2012 年就开始了互连工厂的实践，致力于打造按需设计、按需制造、按需配送的体系。为实现从大规模制造向个性化定制的转型，海尔转型为开放的平台，以模块化为基础的互连工厂是为用户提供个性化定制体验的主体，而用户交互定制平台和模块商资源平台则为用户提供了个性化定制体验。

在海尔沈阳冰箱工厂，为了满足不同用户的定制需求，通过产品、布局、设备和组织运营的模块化布局，海尔打造出了一条可柔性选配产品、可扩展加工能力、可换模响应需求的自动化生产线。准确获取用户定制信息后，工厂内的工人只需要把这些门体随机放进吊笼里，生产线就可以根据用户定制信息进行自动检索和自动换模。为了实现大规模定制选配组合，该工厂将 100 多米的传统生产线改装成 4 条 18 米长的智能化生产线，目前工厂内一条生产线就可以支持 500 多个型号的柔性大规模定制，从而快速柔性满足用户的多样化选购需求。"一方面，用户可以根据自己的喜好选择冰箱的颜色、款式、性能和结构等，定制一台自己的冰箱；另一方面，通过可视化操作，用户可以随时查询自己的冰箱在生产线上的位置，如生产到了哪一个工序、有没有出厂等。"相关负责人说。

据了解，全球首创的第三类冰箱——海尔匀冷冰箱就是在沈阳工厂生产出来的。通过全球用户、研发资源及模块商资源全流程并联交互，迭代出满足用户个性化需求的产品。市场数据显示，海尔匀冷冰箱已走进全球 200 多万用户家庭。据欧睿国际最新调查数据显示，海尔冰箱以 17% 的品牌零售量连续 7 年蝉联全球第一。互连工厂将推动海尔冰箱产业优势进一步放大。

【任务发布】

小组讨论	结合案例分析：海尔采取的是哪种供应链生产模式？采取这种供应链生产模式的原因是什么？
教师布置任务	
任务描述	1. 学生熟悉供应链生产模式的相关知识。 2. 教师组织学生随机分组讨论案例并形成书面结论。 3. 各组派出代表进行成果汇报。 4. 根据各组的表现，教师进行成果评价。 5. 教师进行任务总结
问题解答	1. 分别举例说明几种供应链生产模式的特点。 2. 海尔采取的是哪种供应链生产模式？采取这种供应链生产模式的原因是什么？

【知识准备】

一、供应链生产模式分类

现今企业竞争异常激烈，企业紧盯市场，市场紧盯客户，然而客户需求呈现出易变、不确定、复杂和模糊的特点。美国学者迈克尔·波特教授在 1980 年提出，为了应对市场的多变性，企业一般会根据自身的资源和实力构建不同的竞争战略。竞争战略通常有三大类，即低成本战略、差异化战略和重点集中战略。

基于企业战略及供应链运营参考模型（Supply Chain Operations Reference Model，SCOR 模型），企业可以选择合适的供应链生产模式。一般来说，供应链生产模式包含四种类型，又称 SAPD 模型，即 Stock——按库存生产（Make To Stock，MTS）、Assembly——按订单组装（Assemble To Order，ATO）、Production——按订单生产（Make To Order，MTO）和 Design——按订单设计（Engineer To Order，ETO）。企业生产 SAPD 模型如图 4-2 所示。

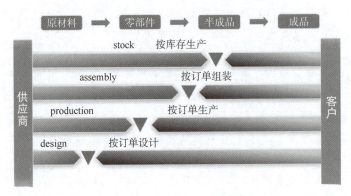

图 4-2　企业生产 SAPD 模型

读一读

供应链生产模式的演变

18 世纪盛行的生产模式是手工作坊，19 世纪的主要生产模式是机械作坊。20 世纪初，福特公司建立的汽车装配流水线具有划时代的意义，标志着以高效自动化专用设备和流水线生产为特征的大规模生产方式的出现。大规模生产方式缩短了生产周期，提高了生产效率，可以在降低成本的同时保证产品质量。但大规模生产方式的缺陷在于产品单一、定制化程度低，忽视了顾客的个性化需求。然而，新的市场竞争要求企业不仅能够提供优质且满足用户特殊要求的产品，而且必须快速、及时和价廉，这凸显了生产批量小与生产率要高、质量要好、成本要低之间的矛盾。针对这一矛盾，20 世纪末，美国哈佛大学教授 B. Joseph Pine 系统阐述了大规模定制生产的概念，后与 D. M. Andserson 合作论述了为大规模定制生产开发敏捷产品的问题。

20 世纪 80 年代，摩托罗拉采纳了持续改善管理思想，使废品率降到了百万分之 3.4，当竞争对手仿效摩托罗拉的做法增强竞争力时，摩托罗拉通过大规模定制再次在竞争中占据了领先地位。摩托罗拉开发了一个几乎全自动的制造系统，在销售代表用便携式计算机签下订单的一个半小时之内，工厂就可以制造出 2 900 万种不同组合的寻呼机中的任何一种，这彻底改变了竞争的本质，使摩托罗拉占有全世界市场 40% 以上的份额。采用大规模定制生产模式获得竞争优势、取得大量利润的例子还有很多，如日本的松下自行车公司、生产气控系统的特洛伊公司等。

二、各种供应链生产模式的内涵及特点

（一）按库存生产

按库存生产是在客户订单下达前进行生产，对市场的需求预测要求较高。通常采用协同规划、预测与补给（CPFR）和销售与运营计划（S&OP）提高需求预测的准确性。按库存生产需要有一定的库存水平。在运作层面也可以通过供应商管理库存（VMI）来控制库存。

在按库存生产这种供应链生产模式中，客户基本上对最终产品规格的确定没有什么建议或要求，他们的投入很少。生产商生产的产品并不是为任何特定客户定制的。这类产品可能属于大众化的市售通用规格消费商品，也可能是企业的自有品牌产品。它随着市场的需求并参考本身的库存存量决定是否安排生产计划。该模式产品销量稳定，客户需求预测稳定或者准确率较高，市场波动性不是特别大，企业生产库存的风险可控。客户的采购提前期较短，属于推动式生产。因此，产品具备品种多、数量大的特性。相应的可以做好渠道供应链战略。

由于产品数量大、品种繁杂，所以相对于成本等其他层面来说，按库存生产时企业会更关注采购物品的质量问题，一旦质量有所纰漏就意味着大批量产品都存在隐患，会导致后期管理成本变高。

（二）按订单生产

按订单生产是根据顾客的订单原本的设计制造顾客所需的产品，而生产计划则是依据所收到订单中指定的产品物料清单（BOM）规划生产排程及购买原料，可以完全依据顾客的特殊要求制造其所需产品，并且可以将存货降至最低。但在现实情况中还是基于市场需求预测进行生产，为了缩短订单履行周期和避免不能如期发货的风险，通常基于预测生产半成品，在收到客户订单之后，再进行半成品组装，通过这种方式平衡库存和降低订单履行时间的矛盾。这也会导致客户的采购提前期比较长。大部分机械产品属于此类生产方式。

在这种供应链生产模式下，客户订单分离点（CODP）位于产品的生产阶段，变型设计及其下游的活动是由客户订单驱动的。通常产品数量大但品种少，可以有针对性地建立精益供应链战略。

（三）按订单组装

按订单组装是指客户对零部件或产品的某些配置给出要求，生产商根据客户的要求提供为客户定制的产品。因此，生产商必须按照 BOM 保持一定数量的零部件库存，以便当客户订单到来时，可以迅速按订单装配出产品并发送给客户。为此，需要运用某些类型的配置系统，以便迅速获取并处理订单数据信息，然后按照客户需求组织产品的生产装配来满足客户需要。生产企业必须备有不同部件并

准备好多个柔性的组装车间，以便在最短的时间内组装出种类众多的产品。

在这种模式下，客户采购提前期相对较短。其主要特点是品种多、数量少。客户订单大规模定制化属于典型的多品种、小批量模式，可以建立敏捷供应链来应对。ATO 模式关注的是交期问题，通过提高物料的齐套率来缩短客户等待时间。个人计算机和工作站、办公家具、汽车等产品属于此种模式。

（四）按订单设计

按订单设计是指根据客户订单中的特殊需求，重新设计能够满足特殊需求的新零部件或整个产品。客户订单分离点（CODP）位于产品的开发设计阶段。较少的通用原材料和零部件不受客户订单的影响，产品的开发设计及原材料供应、生产和运输都由客户订单驱动。企业在接到客户订单后，按照订单的具体要求，设计能够满足客户特殊要求的定制化产品，供应商的选择、原材料的要求、设计过程、制造过程及成品交付等都由客户订单决定。

按订单设计属于个性化定制，这种生产模式的特点是品种少、数量少，但是设计工作和最终产品往往非常复杂。在生产过程中，每一项工作都要特殊处理，因为每项工作都可能有不一样的操作、不一样的费用，需要不同的人员完成。由于是按订单设计，所以客户的采购提前期很长，企业可能连原材料都没有。为了满足客户多变的定制化需求，需要建立柔性供应链来应对。

从企业内部来说，各部门要充分协同，简化流程，并建立基础数据库，以保证产品模块化、标准化，在能够满足客户需求的前提下，尽量避免或少用长交期物料和瓶颈物料。在销售端，首先要和客户沟通清楚，明确客户的真正需求而不是被客户主观意愿左右，通过对客户需求进行分析来减少工程复杂度，这样在后端采购执行时就会变得相对容易。在生产方面，要借助快速换模（SMED）理念布置产线，以提高生产线应对的柔性。在外部供应商方面，则可采用早期供应商介入（ESI）方式，利用供应商资源和优势共同解决产品设计问题。

不同供应链生产模式的订货提前期如图 4-3 所示。

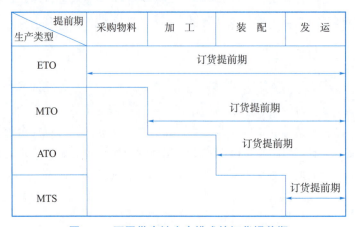

图 4-3　不同供应链生产模式的订货提前期

 读一读

制造业的三种类型——OEM、ODM 和 OBM

OEM（Original Equipment Manufacturer），即原始设备制造商，是一种代工生产方式。设备制造商利用自己的核心关键技术负责开发设计并管控整个销售渠道，但具体的生产加工任务则交给其他企业去做。

ODM（Original Design Manufacturer），即原始设计制造商，是生产者进行整体设计并拥有知识产权的生产方式。其设计的产品也有被其他企业相中后，再经双方协议挂上其他企业品牌销售的情况，如此可以节省再次设计的成本，就称前者（设计制造商）为后者（其他企业）的 ODM。

OBM（Original Brand Manufacturer），即原始品牌生产商，指生产商自行创立产品品牌，生产、销售拥有自主品牌的产品。

【素质提升】

自救+互救，中国挺进全球供应链

疫情期间，中国采取了一系列的政策措施，为稳定全球供应链贡献中国力量。疫情之下没人能独善其身，中国迅速开始了一场自救与互救行动。首先，中国拥有全球配套最完备的制造业体系，这就意味着企业上下游可以协同作战、跨界生产，于是一些油企、车企和家电企业纷纷上马生产口罩等防疫物资，不仅满足了国内供应，还为境外的国家提供援助。其次，中国的疫情得到有效遏制，企业纷纷加快复工复产，物流、运输和海关三剑合璧，保障供应链畅通运转。第三，中国推出一系列政策，推动全产业链复工复产。

截至 2020 年 3 月底，中小企业复工率已经超过 72%，中央企业复工率已经超过 90%，石油石化、通信、电力和交通运输等行业开工率已经超过 95%，有的甚至已达到 100%。也正因如此，看好中国的跨国公司越来越多。丹麦乐高集团年内计划在中国继续开设 80 家零售门店，特斯拉在复工复产后继续扩大上海超级工厂产能。中国扩大对外开放、推动复工复产的举措，既为维护全球供应链稳定贡献了中国力量，也为国际企业分享发展红利提供了中国机遇。

【视野拓展】

开启供应链数字化之旅，感受全新的生产模式

【任务实施】

1. 给出各种供应链生产模式，并分别举例说明各种供应链生产模式的特点及适合哪些行业。

2. 结合案例回答：海尔采取的是哪一种供应链生产模式？采取这种供应链生产模式的原因是什么？

【教师评语】

【反思总结】

任务三 确定供应链生产需求

【案例导入】

爱贝公司是一家童车制造公司。该公司在按库存生产环境下生产一种儿童平衡车，现在需要为其确定供应链生产需求，计划展望期是1年，按月划分时区。该公司经过调研分析，预测下一年销售量是36 000辆，当前库存为7 000辆，年末库存目标是2 000辆，拖欠订单数量是4 000辆。

此外，爱贝公司还生产儿童自行车，儿童自行车在按订单生产环境下生产，现在该公司准备编制供应链生产需求计划，计划展望期是1年，按月划分时区。爱贝公司当前未完成订单是10 000辆，期末未完成订单数量为700辆。

在此境况下，爱贝公司应该如何作出决策呢？

【任务发布】

小组讨论	结合案例分析：在两种生产环境下，爱贝公司应该如何确定供应链生产需求？
教师布置任务	
任务描述	1. 学生熟悉供应链生产计划与控制的相关知识。 2. 教师组织学生随机分组讨论案例，然后分组完成公司供应链生产需求计划编制方案。 3. 各组派出代表进行成果汇报。 4. 根据各组的表现，教师进行成果评价。 5. 教师进行任务总结
问题解答	1. 爱贝公司在库存生产环境（MTS）下，供应链生产需求计划编制的约束条件有哪些？ 2. 爱贝公司在订单生产环境（MTO）下，供应链生产需求计划编制的约束条件有哪些？ 3. 在此两种情况下，爱贝公司的供应链生产需求计划应当如何编制？

【知识准备】

一、供应链生产计划与控制的内涵

供应链生产管理是指供应链中生产商管理生产并协调与其他供应链合作伙伴之间关系的各种活动，主要解决如何计划与控制供应链中的生产活动问题。

供应链生产计划与控制（Production Material Control，PMC）是指对生产计划与生产进度的控制，以及对物料的计划、跟踪、收发、存储和使用等各方面的监督与管理和呆滞料的预防处理工作。供应链生产计划与控制主要有PC和MC两方面的工作内容。PC指生产计划和生产进度的管理，MC指物料的计划、采购、跟踪、收发、存储和使用等方面的监督与管理，及废料的

预防与处理工作。供应链生产计划与控制是一个企业的"心脏",掌握着企业生产及物料运作的总调度和命脉,直接影响生产部、生产工程部、采购部、货仓部、品控部、开发与设计部、设备工程部、人力资源部及财务部的成本预算控制等,其制度和流程决定企业盈利与否。

二、供应链生产计划与控制的作用

供应链管理思想对企业管理的最大影响是对现行生产计划与控制模式构成了挑战,因为企业的经营活动是以顾客需求为驱动、以生产计划与控制活动为中心展开的,只有通过建立面向供应链管理的生产计划与控制系统,企业才能真正从传统的管理模式转向供应链管理模式。

PC 生产控制的主要职能是生产计划与生产进度的控制;MC 物料控制的主要职能是物料计划、请购、物料调度和物料控制等。生产计划是务虚,以数据作业为主,是基于未来的设计、规划,可以建模、计算和优化;生产控制是务实,是基于数据的实物的执行,是物流、作业和控制,是交付、效率和成本的体现。生产计划和控制是一个完整的体系,是生产运作的关键环节。生产计划与控制是制造企业有效运作的"火车头",也是企业的"中枢大脑"。计划与控制的本质就是协同各部门准确、稳定、快速地完成交付,兑现向客户做出的承诺。

三、供应链生产计划编制的约束条件

供应链管理环境下的生产计划与传统生产计划有显著不同,在供应链管理环境下,与企业具有战略伙伴关系的企业的资源通过物资流、信息流和资金流的紧密合作成为企业制造资源的拓展。企业在编制生产计划的过程中,主要面临以下三方面的问题。

(一)柔性约束

为减少市场环境的不确定性和供应链本身的不确定性,管理者需要采取多个对策来提升供应链的柔性。供应链柔性是一种能力,具有这种能力,供应链就能快速、经济地处理生产经营活动引起的不确定性。

从流程的角度看,供应链柔性应当包括供应系统柔性、制造和物流系统柔性及相应的信息系统柔性。而从经营管理的角度看,供应链柔性还应当包括合作关系、利益分配、合作和人力资源等方面的柔性,增加供应链柔性会给供应链管理带来很多影响。

在编制供应链生产计划时,企业应当充分考虑供应链中各种柔性的约束条件。在实际供需合同中,柔性需要双方一致确认。对于需求方来说,柔性代表着对未来变化的预期;而对于供应方来说,柔性则是对自身需求波动承受能力的估计。

供应链生产计划的编制需要充分结合合同的柔性,采取相应策略。从另一个角度分析,面对下游企业的柔性,上游企业计划产量的确定需要充分结合下游企业需求的预期变化。同时,上游企业需要在库存费用和缺货费用之间找到一个平衡点。下游企业在制订生产计划时要让需求接近合同规定,这样才能帮助供应企业达到最优产量。

(二)生产进度

生产进度是企业检查生产计划执行情况的重要依据。在企业滚动制定生产计划的过程中,无论是修正原来的计划,还是制订新计划,生产进度都是很重要的信息。此外,在供应链管理环境下,生产进度计划属于可共享的信息。

生产进度的作用主要体现在以下两点。

（1）供应链上游企业通过了解对方的生产进度情况，可以实现准时供应。企业生产计划是在对未来需求预测以后制订出来的。企业生产计划和生产过程的实际进度是不一样的，生产计划信息不可能实时反映物流的运行状态。但是，生产进度信息是可以实时反映的，供应链企业可以借助现代网络技术同所有合作方共享生产计划信息，然后上游企业就能通过网络和软件了解下游企业真实的需求信息，从而可以准时提供物资给下游企业。在此情况下，下游企业可以避免没有必要的库存，上游企业则可以灵活主动地安排生产和调拨物资。

（2）能够促进供应链各个环节的高效协同。原材料和零部件供应是企业生产的首要条件之一，它们的供应同生产进度有很大关系。生产进度能够帮助企业了解原材料和零部件的供应状况。当供应链上游企业修正原来的计划时，会考虑下游企业的生产情况，这就离不了生产进度的相关信息。在供应链管理下，下游企业也可以了解上游企业的生产进度，从而进行适当的调节，供应链各个环节就能紧密衔接在一起，不会出现供需脱节的情况，供应链整体利益就能够得到有力保证。

（三）生产能力

供应链管理要求整条供应链上有关企业的生产能力相互衔接、相互匹配。每个企业乃至整个供应链生产能力的大小都会对供应链的生产规模和水平造成影响。生产能力大小也会制约企业生产计划的编制。对于单个企业来说，在编制生产计划时要考虑两项内容：一是企业必须考虑上下游企业生产能力的约束；二是企业可以借助外部资源，利用上下游企业生产能力弥补自身资源和生产能力的不足。

四、供应链生产计划与控制的内容

（一）产能评估

作为制造型企业，需要考虑如何科学地进行自身生产能力评估，对产能有一个充分而客观的认识，以便于编制实际生产计划中人、物、机的配合。生产能力需要根据当期现实情况加以分析和平衡。若以超出产能的工作量承载，会有量而不能保质，难以满足顾客对质量和功能的要求，也会造成在制品与库存的增加。如果产能太少不能满足顾客的订单需求，也会造成成本浪费。

对涉及生产设备较多的企业进行产能评估时应注意以下三点。

（1）企业生产设备制造流程和承受能力。其主要是指设备满负荷运转的能力，要预留材料准备的前置时间，即物控、采购和入仓的时间准备。

（2）产品生产总标准时间。每个制造过程的标准时间是有效产能标准和人力负荷能力，即依据计划产量、标准工时计算的总工时和人员数。

（3）生产配置、环境场地和承载能力。当出现紧急订单时，应评估设备在安全运转情况下的承受程度，然后运用分班制或加班方式，从人力上考虑增加员工人数来提高设备使用率。

产能评估内容如图4-4所示。

（二）订单评审

订单评审可以分为外部评审和内部评审。

外部评审指的是根据市场预测、客户诚信、订单量大小、利润和收款周期等进行评审，评审目的是是否接单；内部评审指的是根据公司生产人员、机器设备、生产工艺和采购周期等对订单交期、产品规格和品质要求等方面进行评审，评审目的是回复客户订单交期，并保证按回复交期交货。

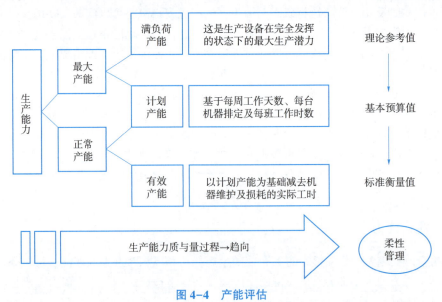

图 4-4　产能评估

订单评审适用范围包括所有客户订单及订单更改的评审。

(三) 生产计划

生产计划一方面是指为满足客户要求的三要素"交期、品质、成本"而制定的计划；另一方面又指使企业获得适当利益，而对生产三要素"材料、人员、机器设备"的确切准备、分配及使用的计划。

1. 生产计划分类

(1) 按时间周期分类，生产计划按时间周期分类情况，见表 4-1。

表 4-1　生产计划按周期分类

划分种类		对象	期间	期别
大日程 （长期）	长期生产计划	产品群	2~3 年	季
	年度生产计划	产品群	1 年	月
中日程 （中期）	中期生产计划	产品别	季，半年	周，月
	月生产计划	产品别，零件别	周	日
小日程 （短期）	周生产计划	产品别，零件别	周	日
	日生产计划	产品别，零件别	日	小时

(2) 按计划层级分类，可分为主生产计划（MPS）和次生产计划。

2. 生产计划需满足的条件

(1) 应综合考虑各有关因素的结果。

(2) 是有能力基础的生产计划。

(3) 计划粗细必须符合活动的内容。

（4）计划下达必须在必要的时期。

3. 生产计划系统需具备的特征

（1）应简单明了，从最高管理者到基层管理人员都能了解和使用。

（2）通过适当努力，目标可以达成。目标不至于太松，也不会太严，排程表有适当宽裕时间，可以应付一些突发事件。

（3）能提供给使用者可靠的资料。使用人员可以完全相信其正确性，并可以据此决定问题发生时如何协调。

（4）能及时显示排程偏差，促使管理人员做必要的修正，因为偏差是排程不能达到预期目标的最主要原因，所以发生偏差后管理人员必须重视，修正时间通常非常紧迫，必须严格控制。

（5）必须具备相当的弹性，以便可以更改又不会中断或破坏原本的排程。

（四）物料计划

物料计划指为配合企业生产或服务的顺利进行，对物料需求事先加以分析，以了解计划物料的需用状况。以下为物料计划的处理程序和物料控制的步骤。

1. 物料计划的处理程序

（1）销售计划。

（2）制成品库存计划。

（3）生产计划。

（4）用料分析计划。

（5）物料存量计划。

（6）物料需求计划。

（7）物料请购。

2. 物料控制的步骤

（1）进行物料分析。根据生产计划表，填制物料分析表并计算出所需材料的标准用量。

（2）查找库存。

（3）查找订购方式：订单订购/定期定购/定点订购。

（4）填写物料请购单。

（5）材料请购、订购。

（6）物料进度控制。

（7）进货验收。

（8）备料准备与生产。

（五）出货计划

出货计划是为规范成品从入库到出库的过程跟踪、控制所作的计划，包括自发货指令下达到仓库成品发货的全过程。

五、供应链生产计划大纲的编制

生产计划大纲是主生产计划的依据。依据不同类型的生产环境，可以编制相应的生产计划大纲。

（一）库存生产环境（MTS）下的生产计划大纲编制方法

库存生产环境（MTS）指先生产成品产生库存待售，一般是用大量的零部件和原材料制造少品种的最终产品，如电冰箱。

具体编制步骤如下。

（1）把预测数量分配到在计划展望期的每一时区上。

（2）计算期初库存水平，计算公式如下。

$$期初库存 = 当前库存水平 - 拖欠订货数$$

（3）计算库存水平的变化，计算公式如下。

$$库存变化 = 目标库存 - 期初库存$$

如为正值则表示库存增加，如为负值则表示库存减少。

（4）计算总生产需求量，计算公式如下。

$$总生产需求 = 预测数量 + 库存改变量$$

即把预测数量与库存改变量的代数和作为计划期内的总生产需求量。

（5）把总生产量和库存改变按时间段分布在整个展望期上。

（二）订单生产环境（MTO）下的生产计划大纲编制方法

订单生产环境（MTO）指先有订单后组织生产，一般是用少量的原材料和零部件生产多品种的产品，如钢材。

具体编制步骤如下。

（1）把预测数量分配到计划展望期的各个时段上。

（2）按交货日期把未完成的订单数量分配到计划展望期的相应时间段内。

（3）计算未完成订单的改变量，计算公式如下。

$$拖欠订货数变化 = 期末目标拖欠量 - 期初拖欠量$$

未完成订单减少，变化量为负，反之为正。

（4）计算总生产需求量，计算公式如下。

$$总生产需求 = 预测量 - 拖欠订货数变化$$

（5）把总产量和预订未完成的订单按时间段分布在整个展望期上，分配时通常要求按均衡生产原则，且月生产量应保证满足月末完成订单的数据。

 读一读

产品生命周期管理

所谓产品生命周期管理（Product Lifecycle Management，PLM），就是指从人们对产品的需求开始，到产品淘汰报废的全部生命历程。PLM是一种先进的企业信息化思想，它让人们思考在激烈的市场竞争中，如何用最有效的方式和手段为企业增加收入和降低成本。

以PLM为核心的企业信息化要突出可持续发展战略思想，要支持连续创新，要充分利用企业的智力资产。企业组织和实施PLM战略的总体框架是围绕六个主要的需求来构造的，简称PLMACTION。这六个需求介绍如下。

调整（Alignment）——平衡企业信息化投资花费，增加对PLM的投资。

协同（Collaboration）——与业务伙伴交换洞察力、想法和知识，而不是 CAD 数据。

技术（Technology）——获取新的技术来建立智力资产生态系统。

创新（Innovation）——开发客户驱动的、行业"杀手铜"类的创新产品。

机会（Opportunity）——致力于跨学科的集成，追求产品新的生命周期机会。

智力资产（Intellectual property）——把产品知识作为战略财富加以对待和充分利用。

【素质提升】

我国智能制造发展路径和目标

推进智能制造，关键要立足制造本质，紧扣智能特征，以工艺、装备为核心，以数据为基础，依托制造单元、车间、工厂、供应链和产业集群等载体，构建虚实融合、知识驱动、动态优化、安全高效的智能制造系统。作为一项持续发展、迭代提升的系统工程，智能制造需要长期坚持，分步实施。到 2025 年，我国规模以上制造业企业基本普及数字化，重点行业骨干企业初步实现智能转型。到 2035 年，我国规模以上制造业企业全面普及数字化，骨干企业基本实现智能转型。

【视野拓展】

计划人员工作理念和行为准则二十条

【任务实施】

1. 爱贝公司在库存生产环境（MTS）下，供应链生产计划编制的约束条件有哪些？

2. 爱贝公司在订单生产环境（MTO）下，供应链生产计划编制的约束条件有哪些？

3. 自选一种生产环境，为爱贝公司确定供应链生产需求。

【教师评语】

【反思总结】

项目总结

　　供应链生产管理是指供应链中生产商管理生产并协调与其他供应链合作伙伴关系的各种活动，主要解决如何计划与控制供应链中的生产活动问题。在本项目中，我们学习了按库存生产（MTS）、按订单生产（MTO）、按订单组装（ATO）和按订单设计（ETO）四种供应链生产模式和供应链生产计划与控制，以及在已知条件下如何选择供应链生产模式、编制供应链生产计划。

知识巩固

一、单选题

1. MRP 中的 BOM，指的是（　　　）。

A. 物料清单　　　　　　　　　　　　B. 加工工艺数据

C. 生产能力资源数据　　　　　　　　D. 工厂日历

2. 下列不属于大量生产特点的是（　　　）。

A. 品种少　　　　B. 设备专用　　　　C. 周期长　　　　D. 成本低

3. 一个乳制品公司，购买自己的养牛场、包装制品厂，这属于（　　　）。

A. 向后集成　　　　B. 向前集成　　　　C. 向左集成　　　　D. 向右集成

4. 单件小批生产的特征为（　　　）。

A. 生产的是通用产品　　　　　　　　B. 重复生产

C. 按订单生产　　　　　　　　　　　D. 品种多

5. 制定 MRP 所需的关键信息因素包括库存记录、物料清单和（　　　）。

A. MPS　　　　B. BOM　　　　C. POH　　　　D. ATP

6. 制定生产大纲时，下述哪种方法是实际生产中应用最多的（　　　）。

A. 线性决策法则　　　　　　　　　　B. 线性规划

C. 反复试验法　　　　　　　　　　　D. 模拟法

7. 对于预测（　　　）。

A. 时间长的准　　　　　　　　　　　B. 时间短的准

C. 时间短的不准　　　　　　　　　　D. 以上不确定

8. MTO 的订单获取是（　　　）。

A. 随机的　　　　B. 确定的　　　　C. 重复的　　　　D. 以上不确定

9. 在供应链生产计划与控制内容中，年度生产计划是指（　　　）。

A. 长期计划　　　　B. 中期计划　　　　C. 短期计划　　　　D. 临时计划

10. 供应链生产计划中的产量是指（　　　）。

A. 最大产量　　　　B. 优化产量　　　　C. 合格品数量　　　　D. 入库数量

二、多选题

1. 生产运作流程的过程要素包括（　　　）。

A. 投入　　　　　　　　　　　　　　B. 产出

C. 任务　　　　　　　　　　　　　　D. 物流和信息流

E. 库存

2. 下列属于生产运作流程构成要素的是（　　　）。

A. 投入　　　　　　　　　　　　　　B. 产出

C. 任务　　　　　　　　　　　　　　D. 物流与信息流

E. 库存

3. 柔性制造系统的优点有（　　　）。

A. 具有很强的柔性制造能力，适用于多品种生产。

B. 缩短制造周期，加速资金周转。

C. 提高设备利用率，减少占地面积。

D. 减少直接生产工人数量，提高领导生产率。

E. 减少在制品数量，提高对市场的反应能力。

4. MTO 企业产品价格的确定可采用（　　　）

A. 成本导向法 　　　　　　　　　B. 市场导向法

C. 最低价格 　　　　　　　　　　D. 垄断价格

5. 延期交货带来的影响是（　　　）。

A. 经济损失 　　　　　　　　　　B. 信誉受损

C. 失去顾客 　　　　　　　　　　D. 计划失效

6. 下列关于柔性竞争的说法中正确的是（　　　）。

A. 兼顾效率和适应性。　　　　　　B. 快速而低成本的转产。

C. 生产类型的快速转换。　　　　　D. 生产系统具有高度灵活性。

7. 自制—外购决策应基于哪些方面考虑（　　　）。

A. 成本　　　　B. 质量　　　　C. 生产能力　　　　D. 生产技术

8. 企业的三大职能是（　　　）。

A. 生产　　　　B. 开发　　　　C. 营销　　　　D. 理财

9. 下列说法中哪些是错误的（　　　）。

A. 产品越大，越复杂。　　　　　　B. 产品越小，越简单。

C. 产品越复杂，生产起来就越复杂。　D. 产品越简单，生产起来就越简单。

10. 下列哪些因素会对生产作业计划产生影响（　　　）。

A. 增减设备 　　　　　　　　　　B. 计划失误

C. 供应商提前供货 　　　　　　　D. 设备故障

三、判断题

1. 柔性即应变能力，重点包括顾客化的产品与服务、产量的柔性。 （　　）

2. 生产能力是指一个设施的最大产出率。 （　　）

3. 生产过程包括工艺过程、运输过程、自然过程和等待停滞过程。 （　　）

4. 主生产计划说明哪些物料何时出产多少。 （　　）

5. 生产能力与生产任务不平衡就无法进行生产计划。 （　　）

6. 市场需求波动对生产系统影响很大。 （　　）

7. 通常所说的"某企业年产汽车 30 万辆"是按照假定产品计算的。 （　　）

8. 未来变化莫测，计划跟不上变化，制定战略没有意义。 （　　）

9. 不同用户对同一种产品在要求上没有多大差异。 （　　）

10. 提高效率可能导致低成本。 （　　）

实践训练

小米手机供应链生产模式

小米手机的生产模式可以称为类PC生产模式。小米手机用户通过网络下单，企业获得市场需求，然后通过供应链采购零部件，如向夏普采购屏幕、向高通采购芯片、向索尼采购摄像头，再通过其他厂商采购非关键零部件。手机组装由富士康和英华达两家公司代工，模具由富士康代工，而组装由英华达代工。但是，手机供应链比PC产业链更为复杂，很多关键零部件需要提前预订，从下单到出货，各种部件时间不等。屏幕的采购时间最长，一般为三个月，电池的采购时间一般为两个月，芯片的采购时间至少为两个月，摄像头则至少为一个月。从零部件预订到整机出库，时间至少需要三个月。由于小米手机的市场需求大，特别是一些爆款产品，处于供不应求的状态，供需尚不能完全对接。随着智能手机产业发展的不断成熟，很多零部件将会逐步衍化为通用件，基本没有定制件，不需要定制时间，这无疑会大大缩短从零部件预订到整机出库的时间，实现真正的"按需定制"。

小米手机供应链生产模式如图4-5所示。

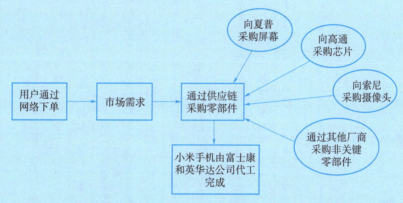

图4-5 小米手机供应链生产模式

思考：

（1）小米手机的供应链生产模式是什么样的，属于哪种供应链生产类型？

（2）结合案例，调研并选择一家生产商，为其设计供应链生产运营方案。

项目评价

评价项目（占比）		评价标准	分值	得分							
				学生自评	小组互评						教师评价
					第1组	第2组	第3组	第4组	第5组	第6组	
考勤（10%）		无故旷课、迟到、早退（一次扣10分）	10								
		请假（一次扣2分）									
学习能力（10%）	合作学习	小组合作参与度（优6分，良4分，一般2分，未参与0分）	6								
	个人学习	个人自主探究参与度（优4分，良2分，未参与0分）	4								
工作过程（40%）	认知供应链生产运营	能够分析供应链生产运营的内容、生产运营模式构建的基础和主要特征等内容（每错一处扣1分）	5								
		能够分析企业供应链生产运营的主要内容（每错一处扣1分）	5								
	选择供应链生产模式	能够分析四种供应链生产模式的内涵及特点等内容（每错一处扣1分）	5								
		能够评价企业供应链生产模式（每错一处扣1分）	5								
	编制供应链生产计划	能够分析供应链生产计划与控制的内涵、作用和内容（每错一处扣1分）	5								
		能够分析供应链生产计划编制的约束条件（每错一处扣1分）	5								
		能够编制供应链生产计划（每错一处扣1分）	10								
工作成果（40%）	成果完成情况	能够按要求完成每个任务环节（未完成一处扣4分）	20								
	成果展示情况	能够准确展示完成成果（失误一次扣5分）	20								
得分小计											
综合得分（自评得分×20%+小组互评得分×20%+教师评价得分×60%）											

教师评语：

活页笔记

项目五　供应链环境下的销售运营

学习目标

素质目标	1. 培养客观、理性、辩证的思考分析能力。 2. 树立社会责任、使命和担当意识
知识目标	1. 理解供应链需求的特性。 2. 掌握需求预测的特点及提高预测准确性的各种方法。 3. 理解新零售的概念及新零售相对传统零售的特点。 4. 掌握新零售供应链的管理内容
能力目标	1. 能够应用常见的基本预测方法进行供应链需求预测。 2. 能够围绕新零售供应链管理的主要内容和常见方法评价优化具体案例

知识结构

供应链环境下的销售运营

供应链需求预测
- 供应链的销售需求
- 供应链需求预测
- 需求预测的常见方法

供应链环境下的新零售运营
- 新零售的概念
- 新零售下消费者的全渠道购买模式
- 新零售的本质——人货场重构
- 新零售企业供应链的结构及要求
- 新零售供应链的管理内容

任务一　供应链需求预测

【案例导入】

建立准确需求计划的原因

20世纪80年代出现的准时生产（Just-In-Time，JIT）和近期出现的快速响应（Quick Response，QR）理论使许多组织认为已经没有必要再投入时间和金钱来建立准确的需求计划了。JIT哲学是否真的能够达到理想效果还处在争论中。从事后人们的认识来看，鞭挞这种理论的重要原因是对JIT的误解，而非JIT本身的失败。尽管21世纪将会出现很多支持实时业务的复杂技术，仍不能回避"大多数组织需要准确而有效的需求计划"这个事实。有许多原因支持这个事实。

（1）提前期的不平衡。顾客服务的提前期，即顾客在订货和收到产品之间准备等待的时间经常短于组织生产和分销产品所需的提前期。原因很简单，公司生产和运送产品的时间总是比顾客准备等待的时间要长。有些组织已花费了大量金钱来缩短这两个时间之间的差距，采取的行动包括改变制造流程来缩短生产提前期，以及将运作地点设置更靠近顾客来缩短分销提前期。尽管这些行动总能取得成功，却不能将提前期缩短为零，因此，仍然需要一个需求计划来保证产品在顾客的服务提前期内送达。

（2）营销管理。今天许多行业的成熟度意味着组织增长的唯一途径是增加市场份额。组织主要通过促销活动和其他营销行为来做到这一点。尽管营销行为可能很有效，但通常很昂贵，并且如果计划不周，它们对增长的影响就很有限。组织寻求的努力不会超过索尼公司为PlayStation2所做的营销活动，顾客需求远远超过了供应，一个准确的需求计划有助于组织做出正确决策，即在合适的时间、向合适的地点提供合适数量的合适产品。

（3）中期运作计划。许多运作资金的集中性质和在全球供应链中运输产品的长提前期，意味着现在就要做出购买决策以满足顾客的中期需要。准确的需求计划对做出正确的决策很重要。

（4）财务计划和预算。任何组织都需要定期做财务计划和预算。缺乏准确的需求计划会使预算与实际运作条件相去甚远。

【任务发布】

小组讨论	选择一家生产型或销售型企业，调查其采用的市场需求预测方法有哪些
教师布置任务	
任务描述	1. 学生熟悉供应链需求预测的相关知识。 2. 教师组织学生随机分组讨论任务并形成书面结论。 3. 各组派出代表进行成果汇报。 4. 根据各组的表现，教师进行成果评价。 5. 教师进行任务总结
问题解答	1. 所调查企业采用的市场需求预测方法有哪些？ 2. 这家企业为什么选择这些市场需求预测方法？ 3. 编制这家企业的市场需求预测方案

【知识准备】

一、供应链的销售需求

供应链上的企业都是直接供应和需求的关系，供应链的重点是供应和需求之间的协调，包括产能、速度、信息、库存缓冲和批量等。通过需求与供应管理，把这些内容组合在一起，使其协调发展是供应链管理的重点。

根据需求的重复程度，可分为单周期需求和多周期需求。单周期需求对应的是一次订货活动。这种需求的特征是偶发性的，物品生命周期短，很少重复订货，如订报纸、订蛋糕均属于单周期需求。多周期需求是在一定时间内反复发生的需求，如企业的生产活动中所需的零配件等。多周期需求又分为独立需求和相关需求。独立需求是需求变化独立于人们的主观控制之外，其出现的数量和概率是随机的、不确定的、模糊的，如某种产品的市场需求。相关需求是指需求数量和时间与其他变量存在一定的关系，可以通过一定的规律进行推算，如零配件和计划生产成品的数量。由此可见，一个企业生产的产品是根据市场需求预测或客户订单得到的，是独立需求。而生产过程中的在制品及需要的原材料，是可以通过其在产品中的结构关系和生产比例进行确定的，该需求属于相关需求。

（一）供应链需求特性

供应链管理思想使企业从关注自身生产转变到关注市场需求。在这种环境下，要管理一个需求拉动的供应链，就要了解和把握市场需求信号，并及时做出准确的预测。而多样化的产品、竞争的环境和产品周期的缩短等都注定了需求的多样化和不确定性，这主要表现在以下几个方面。

1. 需求的时间特性和空间特性

需求的时间特性表现为需求是随时间变化的，这种变化归因于市场销售量的增长或下降、需求模式的季节性变化及多种因素导致的波动。需求的空间特性表现为管理者在规划设施位置、平衡物流网络中库存水平和按地理位置分配运输资源时，需要了解的需求所发生的空间位置。

2. 需求的不规则性与规则性

不同产品的市场需求随时间变化的模式是不同的。需求的变动可能是规则的，也可能是不规则的。导致需求模式规则性变动的因素有长期趋势、季节性因素和随机性因素等。如果随机波动在时间序列中变化部分的占比很小，利用规则性预测方法就可以得到较好的预测结果。

3. 需求的派生性与独立性

需求的独立性是指需求来自一些独立的顾客，这些顾客多数是独立采购，其采购量只占企业分拨总量的很少一部分。需求的派生性是由某一特定的生产计划要求派生出来的，这是一种从属性的需求。如从某供应商处购买新轮胎的数量就是汽车厂要生产的新汽车数量的一定倍数。

4. 需求的不确定性与可预测性

在瞬息万变的动态市场中，需求不仅包括一般产品和服务，还包括个性化的产品和特殊的服务需求。需求受季节性因素、宏观经济形势和气候等环境因素及本企业与竞争对手产品价格、促销、新产品或替代产品等企业行为因素的影响。需求预测通常是比较困难的，但是企业做出一些有用的预测也不是不可能的。顾客的需求是受一系列因素影响的，如果能够确定这些变化因素是如何影响未来需求的，那么在一定程度上，这些需求就是可以进行预测的。

（二）供应链销售需求处理

在整个供应链的环节中，销售是放在整个核心活动的第一位的，如图5-1所示。

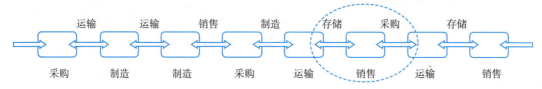

图 5-1　供应链核心活动

很多业务依赖于对不断发生的市场变化的充分认识，并为这种认识所驱动和引导。而销售在供应链中的实际表现主要体现为订单处理。订单处理涵盖从订单预订到订单发货的全部流程。其具体的活动涉及各种不同的行业，甚至同一行业的不同企业，属于订单处理范畴的行为包括客户验证、数据录入、信用度检查、定价、设计变更、可用性检查、送货时间估计、发货通知和延误通知等多个方面。订单处理的意义在于以下三个方面。

（1）订单处理功能会对顾客的看法产生巨大的影响。及时准确的订单处理过程和结果可以令顾客的满意度和忠诚度上升，产生各种综合效益。因此，对这项功能进行良好的管理是非常重要的。

（2）由于目前信息技术的迅猛发展，加大信息技术的投资以改善订单处理功能可以得到较好的回报。像其他任何过程一样，订单处理系统可以非常容易地在一段时间后对某些问题做出特定的修改，这样做的结果是有时一个错综复杂的处理过程可以变得很简单。

（3）不断改进的技术可以增加与客户互动的机会。例如，从一个标准的价格或提前期转向根据目前的供应情况和近期客户的需求来有选择地制定价格或提前期。

由此可见，订单处理在供应链中是十分重要的，这是因为客户的满意度和忠诚度至关重要，并且订单处理极其依赖信息技术。

二、供应链需求预测

在供应链中的采购、库存等环节均希望能采取"拉式"模型，即接到客户订单后再进行采购库存等生产组织，这样其需求就可以明确，从而减少供应链中的库存和削弱"牛鞭"效应。但是，这对大多数企业来说是不可实现的。为了尽力实现向"拉式"模型发展，无法接到订单再生产的企业只能期望于需求预测。

（一）需求预测的特点

（1）需求预测通常是不准确的。即使在最佳的预测条件下，任何一种预测方法都不能准确预测出未来的需求，许多因素会对预测产生根本的影响。但是，企业应当使用恰当的预测方法来得出接近的预测值。

（2）对近期的预测更趋于准确。影响预测变量的因素在短期内不可能有较大的改变。例如，沃尔玛在每天晚上将当天销售的宝洁产品的数据以电子方式传送给宝洁公司。宝洁公司利用这些信息调整需求预测。在采用这种新的经营方式以前，宝洁公司可能在每个月的基础上更新需求预测，它使用的信息至少是一个星期以前的。预测准确性是通过获取更多及时更新的信息来提高的。

（3）对产品组合和服务组合的预测更准确。对产品组合和服务组合的预测要比对某一特殊产品或服务的预测更为容易和准确。以深绿色轿车与所有汽车的需求为例，流行色和个人喜好对深绿色轿车的需求会产生明显的影响。但是，流行色和个人喜好对轿车的总需求并没有什么大的影响。

（4）合作预测更准确。通过与上下游企业共同合作、共享信息做出的预测通常准确率更高。但是，在组成供应链的企业之间，甚至在同一企业内部的不同部门之间，其利益诉求经常都是不一致的，这导致建立合作预测的体系需要大量的时间成本和资金成本。不过，在一般情况下，合作能给供应链带来的利益是能够大大超过初期的投入成本的。

（二）提高预测准确性的方法

预测始终存在着误差，这几乎是不可避免的。为了提高预测的准确性，企业一般采取组建专门团队、获得精确有效的资料、使用不同的分析方法、使用各种有效的计算机软件等方法。常见的有以下4种方法。

1. 引入预警机制

预警机制鼓励一些（或更多）客户为他们未来的需求进行提前预订。这种影响需求的策略在某种程度上提高了预测的准确性。例如，一家家具公司开始为那些可以提前60天下订单的客户提供比较优惠的购买价格，这种选择在建筑市场中尤其具有吸引力，因为在建筑大型住宅项目时，建筑商提前很长一段时间就会知道精装修的各单元的家具应该在什么时候准备好，所以建筑商很少在家具公司规定的两个星期的提前期之前就下订单；一家灯泡制造商也建立了一个相似的程序，它为可以提前5个星期下订单的客户提供3%的折扣。这样做使生产更加稳定和可预见，每年可以节省100万美元。

2. 利用大数定律

大数定律是指随着数量的增加，相对的波动性会降低，即当事件发生的次数足够多时，事件发生的频率无限接近该事件发生的概率。因此，可以利用该定律寻找改变运作的方法，以便计划可以在更大的范围内实现。以惠普公司为例，过去惠普公司常常在工厂里为外国市场定制自定义的打印机，它们的价格比这个领域中其他所有公司都要低，但是在需求和供应的匹配上存在着严重的差异。例如，没有足够的打印机配置给英国市场，与此同时，配置给法国市场的打印机却过多。后来，惠普公司改变了运作方式，它将打印机套件先运到欧洲的一个仓库，然后根据顾客的需求进行装配。这种改变虽然增加了生产成本，但是却有效地提高了供给和需求的匹配度，从供应链的整体角度来看，此举每个月为惠普公司节约了300多万美元。

那么，大数定律是如何提高预测的准确性的呢？实际上，它是依靠改变供应链运作的方式来提高在单元预测方面的聚合程度，从而提高预测准确性的。例如，戴尔公司的运作就是建立在面向订单生产的基础上的。客户可以登录它的网站，选择喜欢的计算机并提交订单，然后客户的计算机就可以组装出货了。戴尔公司没有必要为成千上万可能获得订单的计算机型号一一做需求预测。相反，戴尔公司和它的供应商对那些需求量相对较小的计算机品类，可以根据顾客喜好以很多不同方式结合基本组件进行需求预测。

3. 减少信息延迟并且设置提前期

有一个称为"小号厄运"的定律，它描述了这样一种现象：离预测事件发生的时间越长，预测的准确性就越低。通过这个定律可以发现，如果能够找到一些方法，通过这些方法可以改变运作的方式，使得不需要对未来的需求进行预测，或者如果能够在制订计划的过程中快速获取更新的信息，那么预测也会更加准确。

戴尔公司就是利用"小号厄运"定律不断压缩运作过程中的时间的。首先，如前面所述，戴尔公司根据订单制造计算机并直接运送给最终客户。在其供应链中，没有经销商，没有零售商，甚至没有一个属于戴尔公司的成品仓库。而对于那些传统的计算机生产商来说，它们组装好的计算机，在运送到经销商或零售商那里之前，首先要在生产商的仓库中放几周，并在最终将它卖给顾客之前，还要在经销商或零售商那里存放可能更长的时间。为了计划某一特定型号的计算机所需生产的数量，公司需要对未来至少两个月的需求进行预测。但是，计算机行业的变化是相当快的，组件的价格一般以每天接近1%的速度降低。对于戴尔公司来说，在收到订单的两小时内，客户的计算机就可以按照规格进行组装，安装所需的软件并准备发货，这比一些公司从仓库中取出成品进行销售还要快。另外，戴尔公司减少了供应商了解他们的组件需求所需的时间。例如，英特尔公司可以通过网络了解戴尔计算机销售的即时状况，这样，英特尔公司就可以利用这个信息对戴尔公司使用英特尔芯片的需求更快地做出反应。

4. 降低需求波动

企业的行为和政策有时会对市场的需求直接或间接地产生影响，换句话说，提高预测准确性的一种方法就是通过改变企业行为和政策来影响需求的波动性。这种改变有时可以加大需求波动，有时可以减小需求波动。

在企业的行为中，扩大需求波动在一个被称为冰球棒效应的自然定律中得以展现。冰球棒效应是指数量和活动性会在一个报告周期接近尾声的时候增加的现象。例如，医疗器械供应商平均将它们每个月订单的21%放在每个月的最后一批交给客户，每个月大概有22个工作日。这就意味着平时每天只有月需求量的3.8%被运送出去，而到月末的一天，需求攀升至原来的5倍。检查冰球棒效应是否对企业的供应链有显著的影响，如果有显著的影响，就要寻找方法来降低这种影响。

三、需求预测的常见方法

市场预测按预测的时间跨度分，可以分为短期预测、中期预测和长期预测。

短期预测，是根据市场需求变化的现实情况，以旬、周为时间单位，预计一个季度内的需求量（销售量）。

中期预测，是指3~5年的预测，一般是对经济、技术、政治和社会等影响市场长期发展的因素进行深入调查分析后，所做出的未来市场发展趋势的预测，为编制3~5年计划提供科学依据。

长期预测，一般指5年以上的预测，是为制定经济发展的长期规划而预测市场发展的趋势，可以为综合平衡、统筹安排长期的产供销比例提供依据。常见的需求预测方法见表5-1。

表5-1 常见的需求预测方法

预测方法	预测方法简介	预测时间跨度
移动平均法	时间序列上移动平均的每一点都是一系列连续点的算术平均数或加权平均数。需要选择若干数据点以消除季节性影响、不规律性或前两者的共同影响	短期
指数平滑法	指数平滑法类似于移动平均法，只是对时间更近的点给予更大的权重。在描述上，新的预测值等于旧的预测值加上一定比重的过去预测误差。两重或三重指数平滑法是基本模型的更复杂版本，解决了时间序列的趋势和季节性变化的问题	短期

续表

预测方法	预测方法简介	预测时间跨度
神经网络法	受生物神经功能的启发而形成的数学预测模型。模型的特点是新数据到来后，模型可以进行学习。对不连续的时间序列，该方法似乎比其他时间序列模型预测得更准	短期
时间序列分解法	将时间序列分解成季节性、趋势性和规律性因素的方法。在判断转折点时非常有用，是短中期（3~12个月）预测的好工具	短期到中期
回归模型	将需求与其他变量或解释变量联系在一起。变量选择的根据是其统计意义。因为人们一般都可以得到效果好的回归计算机软件，所以回归模型成为常用的预测技术	短期到中期
计量经济模型	一组相互依赖的回归方程组，用来描述销售活动的一些经济内容。通常同时估计回归方程组的参数。一般来说，这种模型开发起来价格高昂。但是由于这类模型方程组的内在特性，使得其能够比普通的回归方程更好地解释所包含的因果关系，因此，可以更好地预测转折点	短期到中期
销售人员估计法	预测时征求销售人员的意见。因为销售人员接近客户，所以他们能很好地估计客户需求	短期到中期
投入—产出模型	一种分析经济中、市场上商品和服务在产业间或部门间流动的方法。模型反映的是为得到特定的产出所需的投入。用于特定行业时，要恰当使用这个模型需要付出大量努力，并且需要一般难以获取的额外细节信息	中期
经济投入—产出模型法	有时，企业也将计量经济模型和投入—产出模型结合在一起用于预测。经济投入—产出模型可以用来为计量经济模型提供长期趋势，也可以用来稳定计量经济模型	长期
集中预测法	在未来的3个月内，测试几个简单的决策方法，看哪一个更精确。利用计算机模拟检验以历史数据为基础的不同战略	中期
德尔菲法	以一定顺序的问卷询问一组专家，对一个问卷的回答将用来制作下一个问卷。这样，仅由某些专家掌握的任何信息都会传递给其他专家，使所有专家都掌握所有的预测信息。该方法剔除了跟随多数意见的跟风效应的影响	中期到长期
小组意见法	该方法的基础是假设几个专家能够比一个人预测得更好。预测时没有秘密，且鼓励沟通。有时预测会受社会因素的影响，不能反映真正的一致意见。征求经理意见法就属于此类方法	中期到长期
市场调查法	系统地、正式地、有意识地对真正的市场展开调查，检验假设条件	中期到长期
历史类比法	这是一种对类似新产品的导入期和成长期做对比性分析的方法，据此对相似模式做出预测	中期到长期
动态模拟法	利用计算机模拟不同时间最终产品销售情况对分拨渠道和供给渠道不同点需求的影响。需求由库存政策、生产计划和采购政策表示	中期到长期

由于预测总是存在各种误差，这些误差可能给企业带来巨大损失，有时甚至对企业的供应链产生致命的影响，因此，企业总是在不断探索预测的正确方法。现今多数大型企业均通过庞大的信息系统和软件完成预测工作，如各类 ERP 系统和 SPSS 统计软件等，这些信息系统和软件的基础仍然是一些基本的方法。下面重点讲解移动平均法和指数平滑法。

（一）移动平均法

1. 简单平均法

简单平均法是计算一定观察期的数据平均数，以平均数为基础确定预测值的方法。简单平均法是指将过去各数据之和除以数据总点数，求得算术平均数作为预测值。简单平均法适用于无显著长期趋势变化和季节变动的数据预测。

$$y = (x_1 + x_2 + x_3 + \cdots + x_n) / n$$

其中　$x_1, x_2, x_3, \cdots, x_n$——待求平均值的数据；

　　　n——数据的总数。

2. 简单移动平均法

简单移动平均法的各元素权重都相等。简单移动平均法的计算公式如下：

$$F_t = y_t = A_{t-k+1} + A_{t-k+2} + A_{t-k+3} + \cdots + A_{t-n}$$

其中　F_t 对下一期的预测值；

　　　k——移动平均的时期个数；

　　　A_{t-k+1}——前期实际值；

　　　A_{t-k+2}、A_{t-k+3}、A_{t-n}——前2期、前3期、前 n 期的实际值。

3. 移动加权平均法

移动加权平均法是根据同一个移动段内不同时间的数据对预测值的影响程度，分别给予不同的权数，再进行平均移动以预测未来的值。

移动加权平均法不像简单移动平均法那样，在计算平均值时对移动期内的数据同等看待，而是根据越是近期数据对预测值影响越大这一特点，不同地对待移动期内的各个数据。对近期数据给予较大的权数，对较远期的数据给予较小的权数，以此弥补简单移动平均法的不足。

$$y_{n+1} = \sum_{t-n-k+1}^{n+1} y_t x_t$$

其中　y_{n+1}——第 $n+1$ 期加权平均值；

　　　y_t——第 t 期实际值；

　　　x_t——第 t 期的权数（权数的和等于1）；

　　　n——本期数；

　　　k——移动跨期

移动加权平均法的计算公式如下：

$$F_t = (w_1 A_{t-1} + w_2 A_{t-2} + w_3 A_{t-3} + \cdots + w_n A_{t-n}) / (w_1 + w_2 + w_3 \cdots w_n)$$

其中　w_1——第 $t-1$ 期实际销售额的权重；

　　　w_2——第 $t-2$ 期实际销售额的权重；

　　　w_3——第 $t-3$ 期实际销售额的权重；

　　　w_n——第 $t-n$ 期实际销售额的权重；

　　　n——预测对应的时期数，$w_1 + w_2 + w_3 + \cdots + w_n = 1$。

【例5-1】某企业产品 A 在 2012—2022 年的实际销售量见表5-2，请根据历史数据采用移动加权平均法（最近3个周期，年度由远到近所占权重分别为0.2、0.3、0.5），预测出 2022 年产品 A 的销售量。

表5-2　某企业产品 A 在 2012—2022 年的实际销售量

年度	2012	2013	2014	2015	2016	2017	2018	2019	2020	2021	2022
产品 A 实际销售量/件	28 000	30 000	32 000	29 000	33 000	35 000	34 000	38 000	18 000	27 000	

分析：2019、2020、2021年三个年度实际需求量的权重分别为0.2、0.3、0.5，求得2022产品A预测需求量=38 000×0.2+18 000×0.3+27 000×0.5=26 500（件）。

（二）一次指数平滑法

指数平滑法的基本公式为

$$s_t = ay_t + (1-a)s_{t-1}$$

其中　s_t——时间 t 的平滑值；

　　　y_t——时间 t 的实际值；

　　　s_{t-1}——时间 $t-1$ 的平滑值；

　　　a——平滑常数，其取值范围为 $[0，1]$。

指数平滑法适合用来预测没有明显时间趋势和季节性的时间序列，其预测结果为一条水平的直线。一般用于直线型数据，并且一次指数平滑具有滞后性，可以说明有明显的时间性、季节性。

一次指数平滑的预测值=上一期的实际值×平滑系数+上一期的预测值×（1-平滑系数）

一次指数平滑法是简单移动平均法的变形，其公式为

$$\int(t+1) = \int t + a(y_t - \int t)$$

或

$$\int(t+1) = ay_t + (1-a)\int t$$

其中　$\int(t+1)$——$t+1$ 期的预测值（本期 t 期的平滑值为 s_t）；

　　　y_t——t 期的实际值；

　　　$\int t$——t 期的预测值（上期的平滑值为 s_{t-1}）。

下期预测值又是本期预测值与以 a 为折扣的本期实际值与预测值误差之和。

【例5-2】表5-3为某企业某种电器2011—2022年的销售额及指数平滑预测值计算表（平滑系数 a，取值分别为0.2、0.5、0.8），请据此预测企业该电器2023年的销售额。

表5-3　2011—2022年的销售额及指数平滑预测值计算表　　　　　万元

年份	t	实际销售额 y_t	预测值 y_t $a=0.2$	预测值 y_t $a=0.5$	预测值 y_t $a=0.8$
2011	1	50	51	51	51
2012	2	52	50.8	50.5	50.2
2013	3	47	51.04	51.25	51.64
2014	4	51	50.23	49.13	47.93
2015	5	49	50.39	50.06	50.39
2016	6	48	50.11	49.53	49.28
2017	7	51	49.69	48.77	48.26
2018	8	40	49.95	49.88	50.45
2019	9	48	47.96	44.94	42.09
2020	10	52	49.97	46.47	46.82
2021	11	51	48.77	49.24	50.96
2022	12	59	49.22	50.12	50.99

从表中可以看出，a 为 0.2、0.5、0.8 时，各年预测值不相同，究竟 a 取何值为好？可通过计算它们的预测标准误差 S 来选择，S 值较小对应的 a 值更好。预测的标准误差见表 5-4。

表 5-4　预测的标准误差

a	0.2	0.5	0.8
S	4.502 9	4.590 8	4.842 6

计算结果表明，$a=0.2$ 时，S 较小，故选取 $a=0.2$ 时的预测值，预测 2023 年该电器的销售额为 $Y_{2023}=51.574$。

看一看

奶茶店的夏日限定　　　　　消费者购买决策过程案例——小倩选车记

【素质提升】

做好供应链战略设计

国务院办公厅《"十四五"现代物流发展规划》（国办发〔2022〕17 号）中提出：提升现代供应链运行效率。推进重点产业供应链体系建设，发挥供应链核心企业组织协同管理优势，搭建供应链协同服务平台，提供集贸易、物流、信息等多样化服务于一体的供应链创新解决方案，打造上下游有效串接、分工协作的联动网络。加强数字化供应链前沿技术、基础软件、先进模式等研究与推广，探索扩大区块链技术应用，提高供应链数字化效率和安全可信水平。规范发展供应链金融，鼓励银行等金融机构在依法合规、风险可控的前提下，加强与供应链核心企业或平台企业合作，丰富创新供应链金融产品供给。

【视野拓展】

欧普照明供应链变革

【任务实施】

1. 选择一家生产型或销售型公司，调查公司采用的市场需求预测方法有哪些。

2. 这家公司为什么选择这些市场需求预测方法？

3. 编制这家企业的市场需求预测优化方案。

【教师评语】

【反思总结】

任务二　供应链环境下的新零售运营

【案例导入】

小米的全渠道供应链生态圈

一、小米早期的互联网渠道

小米早期通过米聊触达并积累早期用户，其早期的 100 个梦想赞助商来自 MIUI 论坛。小米通过线上渠道（小米社区、新媒体、小米商城和电商）发展了数百万的粉丝，通过小米家宴将粉丝建设推向高潮，小米家宴已成为小米为粉丝量身打造的年度盛宴。小米通过不同模式与用户连接，通过社群建设忠诚的小米粉丝群体，达到销售手机的目的。

二、小米电商平台

（1）小米线上第三方代理。在国内，小米主要与京东、苏宁合作；在世界其他地区，则主要通过 Flipkart 及亚马逊等第三方电商销售。代理商直接购买小米的产品，然后向终端用户分销。

（2）小米线上直营。小米通过小米商城经营小米手机、平板电脑等科技数码产品，也涉及周边生活商品。同时，小米在天猫开设旗舰店，进行小米产品的自营。2017 年，小米推出小米有品，打造精品生活电商平台。小米有品采用了多品牌合作的模式，除了销售小米和米家的产品，也有第三方独立品牌。

三、小米线下布局

小米线下布局基本分为以下几种类型。①小米之家。自建自营，线下直营，布局一、二线城市，进驻大型商城。旗舰店占地面积为 1 000～2 000 平方米，一般店占地面积为 250～300 平方米，集形象展示、产品体验、咨询和销售功能于一体。②小米专卖店。他建自营，布局三四线城市，占地面积为 150～200 平方米。小米与各地优秀的服务商、零售商合作，小米直供产品，直接管理运营。③小米体验店。他建他营，小米指导，类似代理商模式，四线城市以下主推。在产品选取上因地制宜，对城市中心店和郊区店做出了区隔。④小米直供点。当作 C 端客户，店主在线申请即可获得销售资质，直接从小米小规模订货。店主可以通过微信、电商、抖音等方式推广。

四、小米社交电商

2019 年，小米有品有鱼开始推广社交电商，发展小米渠道的外部合作力量。小米有品有鱼是小米的精品购物开放平台，依托小米生态链体系，用小米模式运营生活消费品，是众筹和筛选爆品的平台；小米商城经营小米自己的产品和生态链上的产品；每个小米之家也有数百种商品。小米有品有鱼、小米商城和小米之家共同组成小米自营全渠道的三层结构。小米建立了 S2B2C 的运营模式，平台为优质商家提供物流、客服和品控等全方位的支撑，小米已经与400 余家行业头部企业达成合作。小米有品同时打造会员模式"有品推手"，小米有品推手采用邀请制注册，新用户通过邀请码注册开通成为推手会员。小米推手会员享有自购省钱、推广赚钱的权益。

小米通过全渠道运作，更高频次地加深与粉丝互动的关系。从互联网时代的粉丝模式，到移动互联网的社交电商，在模式不断发展中，小米与用户的关系不断升级。通过全渠道、全接触点建设，小米通过多种形式增加了和粉丝之间的情感维系，增强了粉丝的黏性及产品的销售转化和高频互动。

【任务发布】

小组讨论	结合案例分析：小米的全渠道建设反映了新零售的哪些特点？
教师布置任务	
任务描述	1. 学生熟悉供应链环境下的新零售的相关知识。 2. 教师组织学生随机分组讨论案例并形成书面结论。 3. 各组派出代表进行成果汇报。 4. 根据各组表现，教师进行成果评价。 5. 教师进行任务总结
问题解答	1. 说一说新零售有哪些特点。 2. 伴随新技术在零售业的应用，小米是如何打造新型供应链的？

【知识准备】

一、新零售的概念

2017年3月，阿里巴巴研究院在《新零售研究报告》中提出"新零售是以消费者体验为中心的数据驱动的泛零售形态"，实质是从"货—场—人"到"人—货—场"的转变，体现以消费者为中心满足需求的本质。

新零售产生的一个重要原因就是技术变革的推动。新零售借助移动互联网、物联网和大数据等数字化技术，为每位消费者绘制专属的消费图谱，精准把握消费者需求，根据其个性化需求开展自身运营，不断升级消费体验。新零售借助人工智能、AR/VR、生物识别、图像识别和机器人等新技术，打造新物流，提高商品流通效率和服务水平。技术与零售的结合，衍生出新的业态，如无人便利店、新型自动售货机等。新零售以大数据、物联网、云计算和人工智能等新技术驱动零售场景重建及产业链重构，伴随这些新技术在零售业的应用，从生产到消费，零售商都可以进行有效监控，提升消费者的全程体验，同时降低库存及运营成本。

从当前新零售的发展形势看，新零售是以用户为中心，以技术为驱动，建立在可塑化、智能化和协同化的基础设施上，依托新供应链，通过线上线下深度融合的方式，重构人、货、场，以满足用户需求，提升行业效率，从而实现"全场景、全客群、全数据、全渠道、全时段、全体验、全品类、全链路"的零售新模式。

新零售是基于新一代信息技术的应用，以最大限度地满足消费者体验需求为中心，实现全社会零售商业运转效率最大化的一种零售形态。新零售商业模式的创新，彻底打破了传统实体商业和线上电子商务之间的分界线，不是简单追求打通线上线下，而是线上线下并重、所有零售资源深度融合的"智慧商业"。

可以看到，自新零售概念问世以来，业内绝大多数的变革与升级都发生在消费端，然而，即使花样再多，行业还是要回归到零售的本质——高效地为消费者提供超出预期的商品与服务。若想真正做到"高效"与"超出预期"，除了在直接面向消费者的零售部分做文章之外，还要依靠强大供应链的有力支撑。因此，如何打造新型供应链是新零售竞争的焦点所在。

二、新零售下消费者的全渠道购买模式

移动互联网和大数据的全面普及，使消费者的购买模式和消费模式发生了改变。新时代消

费者的消费过程往往在某一个单一渠道开始，而最后交易的完成却会在另外一个渠道。

例如，一位将要购买衣服的女性顾客，她在购买之前总是要先去网上查一查，然后去各个卖家的网上商店逛一下，或者问问自己的同学、朋友对某个品牌的看法，抑或去实体店考察一下。去实体店的过程当中，她也会去逛其他商店比较一下，最后选定了一家商店。她在买之前还是想比较一下其他品牌的商品信息，于是在手机 App 上查看其他品牌服装的价格、款式和风格等。经过一番精心比较之后，她选择了一件某品牌某款式的衣服，然后在实体店的 POS 机（销售点情报管理系统）上完成了交易。

从这位消费者的购买过程可以发现，消费者使用的渠道类型不止一种，有网上渠道、实体店渠道，还有移动渠道和社交渠道。在当今社会，这并不是个别现象，以这种方式购物的消费者正日益构成一个庞大的全渠道消费群体。

在全渠道零售模式下，消费者可以在任何时间、任何地点以任何方式购买到自己想要的商品与服务，它整合了实体渠道、电子商务渠道、移动商务渠道及更多的新兴渠道，为顾客提供无差别的购买体验。未来的零售商也可以通过多种渠道与顾客互动，如网站、实体店、小程序、社交媒体、电视、电商直播和短视频等。通过打通线下门店、电商、微商等来实现这些渠道的相互融合。此外，线上线下渠道相争、相互矛盾的情况将不复存在，因为全渠道零售模式为所有顾客提供了价格统一、服务一致、质量相同的无差别购买体验。

新零售是全渠道的延展，全渠道是企业通过尽可能提供和整合更新的零售渠道，来满足消费者在信息搜索、比价、购买、售后服务及评价等购物全过程中购物、娱乐、社交等复合型消费的需求，并提升购物体验，确保消费者在不同渠道得到的服务水平是一致的。通过全渠道零售模式打破渠道之间的界限，利用新技术和社交媒体丰富消费者的消费场景，这是新零售的特点之一。

我国零售行业的零售渠道经历了由单渠道、多渠道、跨渠道向全渠道的转化和升级。这几种渠道有着各自的时代背景，见表 5-5。

表 5-5　几种渠道各自的时代背景

项目	单渠道	多渠道	跨渠道	全渠道
时代背景	实体店铺时代。零售渠道单一，地理覆盖范围小，接近消费者中心，能够给顾客良好的消费体验	实体店加网店时代。零售渠道多样，地理覆盖范围大，突破了时空限制，给顾客提供便捷高效的购买享受	实体店加网店加移动商店时代。零售渠道多样化且实现整合，突破了时间和空间的限制，随时、随地、随意的购物需求得到满足	实体店加网店加移动商店加社交媒体时代。零售渠道全面化、个性化、组合化，顾客可以享受到购物、娱乐和社交的全天候体验

全渠道是一种以消费者为中心的渠道模式。在多渠道零售和跨渠道零售中，零售企业以自身为出发点，对同一消费者在不同渠道中的身份无法统一精确识别。在全渠道零售中，同一消费者在任何一个渠道中，如实体店、网店、移动商店和社交商店等，都具有统一的购物身份、统一的购物清单和统一的购物账户，能够享受统一无差别的服务体验，使消费者不会感受到渠道壁垒的存在。

三、新零售的本质——人货场重构

人：不仅指顾客，还指参与零售环节的重要自然人，包括导购、店长、渠道商、总部管理者等，也包括从事新零售业务的企业内部组织及其决策者、执行者。

货：包含实物的商品，也包含摸不到但看得到的服务，包括自家货、他家货、全球货等。库存量单位（stock keeping unit，SKU）数量增加。非标准、定制化产品增加、产品生命周期变短，成为货的典型特征。

场：指购物场景，一切消费者与商品接触的终端，都可以成为场，包括门店、App、微商城、小程序、第三方电商平台、店中店触屏和智能货架等。

传统是以生产、渠道为王，从"我"生产什么到"我"有哪些渠道。新零售变成以消费者为中心，涵盖对消费者的体验提升、服务提升和管理提升。商家必须给消费者提供随时、随地、随心的购物渠道、终端和服务体系，从而提升顾客体验度，真正实现以人为本、顾客是上帝的宗旨。新零售通过人、货、场的重构与升级，实现零售商业模式的创新，催生出多种业态模式，如 C2M 个性化定制、F2C 工厂直销和 SBC 赋能等。

 读一读

新零售下的购买场景

场景一：追求时尚的艾米莉在街上看到有人穿了一双非常漂亮的鞋，她马上用谷歌眼镜把鞋的款式、颜色扫描下来，通过谷歌眼镜应用找到这款鞋的品牌等信息，并利用平板电脑（或智能手机）找到了卖这款鞋最近的商店、库存信息和配送信息等。她又用智能手机 App 进行模拟试穿并发快照图给好友，获得了她们的一致好评。艾米莉于是决定通过手机向卖家支付货款，买下这双鞋，并在社交媒体上对所购买的产品发表评论。

场景二：特雷西走进一家商店。这家商店通过脸部识别、刷会员卡等快速识别出她以前的购买信息，这些信息被自动发送到店员蒂姆手持的平板电脑上，并提醒他上前迎接问候。当特雷西浏览商品时，蒂姆根据平板电脑显示的她在购物网站上的购物车未结算信息，向她介绍了同样的商品，提示她该商品根据她的购买历史现在可以享受折扣优惠。特雷西通过实际触摸商品决定购买，但又不想去排队交钱，最后决定连接店内免费 Wi-Fi，通过智能手机支付完成购物车中商品的结算。特雷西在实体店购买了网上订购的商品，她的这次购买信息也将自动发送到商店的数据库。

场景一反映的是通过谷歌眼镜、智能手机和平板电脑实现购物；场景二反映的是在实体店通过数据库进行精确营销，客户使用移动终端进行支付。二者的共同特点是通过数据库线上渠道实体化、线下渠道网络化，带给顾客无缝化体验。科学技术正日益影响着人们的生活，全渠道营销、顾客无缝化体验正是新零售所倡导的理念。

【想一想】

除了全渠道营销、顾客无缝化体验，新零售倡导的理念还有什么？

四、新零售企业供应链的结构及要求

（一）传统零售企业供应链结构

传统零售企业的供应链结构如图 5-2 所示。在传统渠道运营过程中，零售企业已经达到相当大的规模。在传统零售企业供应链中，制造商生产产品，并通过分销商和零售商将产品分销出去，最终到达消费者的手中。

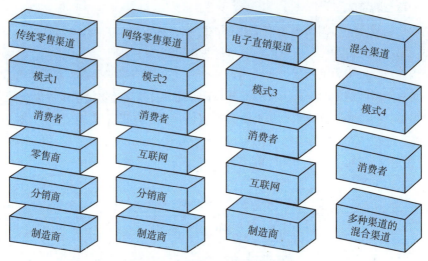

图 5-2　传统零售企业供应链结构

（二）新零售企业供应链结构

基于全渠道运营的新零售企业供应链中，实现电商和实体店两条分割的供应链的融合，建立以终端门店履约为中心的大数据云系统，如图 5-3 所示。终端门店在所覆盖的区域既负责本店货架库存管理和预测，还负责处理来自电商的货物打包和运送服务，以及接受在线顾客店面取货和处理在线购物的退换货服务。终端门店之间也相互打通，共享物流资源。终端门店未覆盖区域和非畅销品配送及退换商品等，则交由统一的电商分销中心集中处理。整个系统采用统一的订货系统、产品信息、物流运输、仓储、分拨和包装，每个环节都通过 POS 机进行扫描并将扫描所获取的数据存储于大数据云服务系统，以供内部供应链各个部门查询，也供顾客随时进行追踪。

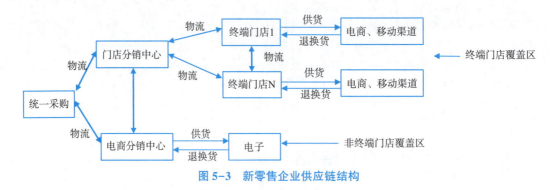

图 5-3　新零售企业供应链结构

（三）新零售企业供应链的新要求

新零售围绕的人、货、场三大组成要素正在进行全面的重构和升级，这也对供应链管理体系提出了新要求，见表 5-6。

表 5-6 新零售企业供应链的新要求

新零售带来的新变化	对供应链提出的新要求
需求多样化，SKU 变多且产品生命周期变短。消费者缺乏耐心，对缺货容忍度降低；传统的大规模生产、大批量配货被小批量、高频次的订单模式取代	需求预测难度加大，流通渠道仓库库存控制难。需要通过数字化供应链下大数据、云计算等新技术的运用来提高预测准确性，并通过信息的高度共享完成上下游协调
消费者对时效的要求持续提升，线上线下融合趋势加剧，由固定场所延伸到泛零售、多元化场景；仓库布局越来越贴近终端消费者，而"前置仓""门店仓"等新模式纷纷涌出，以便灵活快速供应	"前置仓""门店仓"等仓库模式涌现，干线及城配（尤其是到"前置仓""门店仓"等）配送成本升高。如何优化供应链的库存布局及作业效率，成为平衡时效与成本的关键
消费者对"便捷"的要求持续提升，送货入户成为普遍要求	末端配送成本上升，如 O2O 重包入户等。如何优化"最后一公里"，在合理的运作成本下实现消费者对便捷的需求，是新零售面临的重要课题

五、新零售供应链的管理内容

（一）新零售供应链的前端管理

1. 传统实体店进行虚拟化，网店、移动平台实体化

首先，从实体店来说，增加虚拟化设施，打造模拟家庭购物环境的顾客上网区域，可以为顾客在店内提供家庭网络购物体验。店内提供免费 Wi-Fi，顾客可通过扫描二维码、POS 机结账。此外，店内还设置了包含产品信息、支付功能和自动结算功能的展示屏。店内员工配备平板电脑，可以随时进行业务咨询、购物结算等。

其次，从网店、移动平台等线上渠道看，商品因为缺乏真实的触摸感，不能够进行试穿试用，往往让顾客有所顾虑。为了打消顾客的疑虑，网站可以选用标准化程度较高的产品，这类产品容易描述，便于通过图片、视频和参数进行比较。对于服装类产品，为了展现实际效果，顾客可选择上传自己的照片进行虚拟试穿。便捷的订货、购物系统，安全的支付系统，实时、透明的库存系统，网上订货实体店退换货系统，由顾客与店家直接沟通交流的信息平台，顾客购物评价系统，及微信、微博等社交媒体参与的购物平台，可以最大限度地增强顾客网络购物的安全感和真实感。

2. 搭建全渠道平台

从企业全局角度搭建全渠道平台，整合零售企业各个部门的职能和责任。平台由前台与顾客接触的各个终端和支持顾客实现无缝购物体验的后台组成。前台包括网店、门店、移动 App、智能电视、产品目录、微信、微博、社交媒体、传统媒体和呼叫中心等。后台包括订单处理系统、结算系统、智能化呼叫中心、库存管理系统、供应链管理系统、物流管理系统、智能化 CRM、商品分类系统、促销管理系统、第三方平台接口、团购管理系统及支持这些系统的数据库处理平台。这些数据库包括企业内容管理系统、产品营销信息管理系统、顾客信息库、ERP 系统、订单管理系统、库存管理系统和 CRM 系统等。

3. 客户体验和忠诚计划

（1）要做好服务工作。每个人都是全球消费者社区的一部分，都能提供关于某个零售商产品的意见和看法。通过社交媒体，顾客能够很快地得到朋友的意见。对于顾客的评论和意见，

零售商必须做出及时、妥善及令人满意的答复，特别是在网络上的好评率能够直接影响销售情况及围绕这个品牌塑造的社区氛围的情况下。

（2）做好精确营销、促销与推销。建立完整的全渠道平台的目的就是能够针对不同的顾客进行精确营销。通过对顾客线上、线下数据库的整合统一，对顾客网站关注、停留时间、购物车、线下会员卡资料和会员卡消费记录等数据进行大数据分析，得出顾客类型、购物偏好，从而找出最佳的推销方式。通过在合适的时间、合适的场合给予顾客精确的优惠券、折扣券等来说服顾客进行购物。

（二）新零售供应链的后端管理

新零售供应链的优化要和新零售的需求紧密结合，要充分反映全渠道的时代特点，可以从以下几个方面对供应链的运营加以优化。

1. 新零售的库存管理

（1）合理的库存控制是供应链效率的基础，库存管理也成为新零售供应链管理的重要内容。在全渠道的供应链运营体系中，全渠道库存管理由传统单一渠道模式下的上下游纵向协同的库存管理转变为"上下游+多渠道"协同的立体结构，如图5-4所示。

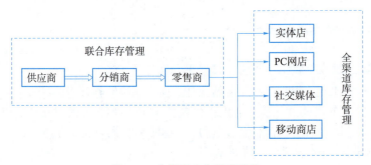

图5-4　全渠道库存管理结构

（2）充分释放流动资金，优化供应链的资金运行效率。新零售库存管理强调各渠道库存的共享和供应链节点企业库存的共享和可视化。也就是当线上有顾客需求的时候，如果物流中心无库存，而某个可调拨区域的末端门店存在库存，末端门店就可以根据订单信息快速执行订单处理并进行物流配送。

对零售商来说，要想在全渠道零售模式下实现库存充分共享，同时在品类不断增加的背景下实现各节点合理库存量的维持，离不开准确的需求预测。实现这一目标需要在数字化供应链的支撑下采用云计算、大数据及人工智能等新技术提高预测准确性，同时实现上下游信息共享，以便实现供应链的协同运作。例如，国内以便利蜂为代表的新型创业公司通过与仓储管理系统、ERP连通的互联网平台打通总仓、前置仓、门店及货柜，实现高度精准的库存实时监测。

2. 新零售的供应管理

对客户来说，对消费体验影响最大的因素莫过于产品性价比，零售业的产品采购与供应是供应链中成本占比最大的一个环节，如何优化产品供应，为客户提供低价优质的产品是新零售成败的关键。

零售企业要凭借自身强大的资源整合能力及协调沟通能力，与供应链上的节点企业建立一种利益共享、风险分担的伙伴关系，发挥新零售下全渠道的优势。利用各种新技术收集客户需求偏好并和上游合作伙伴共同开发新产品，建立自有品牌。这是很多成功的新零售企业常见的做法。例如，英国新零售领头羊、知名百货连锁品牌 Argos 有超过一半的销售额来自自有品牌；美国知名连锁零售商好事多（Costco）自有红酒品牌科克兰（Kirkland）是网红产品；屈臣氏自有品牌占比达到了15%；阿里巴巴新零售的样板店盒马鲜生也根据消费者需求积极与上游供应商合作开发自有品牌等。通过开发自有品牌，新零售企业不仅可以实现去中间化，实现快速供应，从源头上把控质量，降低产品成本；同时能将客户需求融入产品的开发中去，满足客户的个性化需求；加上高性价比和独一无二的品牌，能最大限度地实现消费者体验的提升。此外，通过品牌买断的方式，可以保障零售企业的产品供应量及库存的消耗量。

减少供应商数量、实现规模化采购是降低产品供应成本、提高产品品质的另一个重要手段。如优衣库前五大供应商采购占比在60%以上，其中最大的供应商占比近20%，为Argos供货的供应商大约有750个。这些供应商都能与Argos实现资源共享，因为它们保持着良好的战略合作关系。为了能使用"Argos"商标进行销售，生产出的商品必须经过严格的检验。

整合线上和线下的需求、实施联合采购也是提升采购规模、降低采购价格的重要手段。例如，京东入股永辉后，整合永辉的线下和京东商城的线上需求，扩大了采购规模。

此外，供应商可以建立伙伴关系，打破企业边界，避免不必要的订单处理和物流运营过程，从而降低采购供应的作业成本。这是提高供应效率的有效手段。

3. 新零售的物流管理

根据贝恩公司的调研，国内实施新零售战略的流通企业面临的最大困难之一就是如何平衡时效性与物流成本。如何优化物流成为新零售的关键问题。

（1）新零售下的分仓备货。

电子商务传统的物流模式即统仓模式，就是所有订单统一从一个仓库发货。消费者订单产生时，商家可以在自己的仓库将商品打包并通过快递公司将商品配送到消费者手中。相对而言，分仓模式自然是指多个仓库同时发货。电商商家根据各地销量情况，提前将商品通过物流公司运往各地物流公司的仓库进行多仓库存储，实现就近发货、区内配送等目的。分仓又分为地区仓与平行仓两种。地区仓，例如，上海仓发往江浙沪的订单，北方仓发往东三省的包裹。而平行仓，简而言之，就是哪个仓有订单所包含的货物，订单就从哪里发，必要的时候甚至还要拆单进行多仓发货，实现高度自动化的订单处理。分仓的优点是人工干预少、对操作人员要求低；其缺点是系统复杂度高、实现难度大。分仓的优势主要体现在以下三个方面。

①平均运费下降。分仓备货主要是通过整车运输将未包裹的原商品运往消费者附近进行仓储，相对于传统的快递包裹运输，整车运输大大降低了整体的运输成本。

②物流时效提高。相对于传统物流模式，显然，就近发货、区内配送可以使商品能够在顾客下单后更快地送到消费者手中。

③货损和包裹换手率下降。分仓的存在大大减小了运输公里数，并间接降低了第三方物流企业的包裹换手率，从而使整体货损下降。

（2）线上线下物流融合。

物流成本是新零售供应链中最关键的成本之一，突破物流成本的瓶颈也是新零售商业模式取得突破的关键。线上线下分开的物流体系带来诸多的额外成本，日益成为品牌商的挑战。当前绝大多数同时具备线上线下销售渠道的品牌企业，电商渠道与线下渠道的物流体系都是分立的，物流服务商也是不同的。分立的物流体系带来的成本主要来自库存成本、仓储成本及干线运输成本。在线上销售占比超过20%的品牌企业中，分立的物流体系带来的额外成本可以达到总体物流成本的5%以上。

由前述可知，线上线下物流的融合是供应链降本增效的重要措施，企业可以自建或委托第三方实现线上线下仓配一体化服务。随着大量消费品企业线上销售比例的迅速提高，部分线下零售渠道与B2C物流解决方案有显著的协同作用，尤其是在品牌企业拥有或掌控较大比例的线下渠道库存及物流时更加明显。基于线上线下共同管理的巨大效益潜力，领先的电商物流企业

（如菜鸟、京东）及众多品牌企业（如耐克、GAP 等）都在积极尝试。初步的实践发现，对于线上销售额占总销售达到 15% 或以上的企业来说，整合线上线下的物流可以达到 3%～5% 的物流成本节约。

（3）综合优化"最后一公里"配送成本。

随着零售升级，消费场景将变得无处不在，对时效、便捷的重视使消费者愈加追求极致的配送体验。但是，碎片化的需求和极高的时效要求导致终端配送成为物流中难度最大、成本最高的领域之一。

自 2016 年起，即时配送领域的竞争愈发激烈。除了美团及饿了么等外卖企业，盒马鲜生、超级物种、沃尔玛和天猫商城等新零售品牌也纷纷启动即时配送服务。虽然参与者众多，即时配送的每单成本仍然居高不下，每单配送费往往在 10～15 元。除去地段最好、单量最大、客单价最高的少数门店，绝大多数参与者尚未实现盈利。

随着供应链数字化程度的提升和新型技术的规模化应用，"最后一公里"存在巨大的运营提升空间。相比抢单模式和人工调度，数字化供应链系统能够更有效地对派单和路径进行优化。

例如，美团通过大数据及动态算法与智能硬件在最适当的时间和地点自动向配送员推送订单并实时导航，进行路况播报并提供安全驾驶提醒，可以实现高达 20% 的成本节约。盒马鲜生则通过集单率模拟优化筛选出最适合派送的单量。自提柜等终端自提设备则通过对终端配送点的汇集，大幅度缩短配送员的等待时间及末端配送距离。以丰巢为例，使用自提快递柜后平均派送时长节约最高可达 5 分钟，人力成本平均节省高达 0.5 元/单。

在技术优化和新型硬件投入之外，商业模式革新也是重要的降本方向。例如，达达、点我达等平台通过汇集整合社会闲散运力，显著降低配送的人工成本。该类平台不自建团队，因此固定人工成本显著降低，同时配送员自备车辆、服装等，不需要设备与能源成本。目前盒马、饿了么、美团等绝大多数配送平台采用众包与自营或第三方加盟商相结合的方式。

人工成本及设备投入较低的众包模式，虽然在时效性及服务质量方面相较于自营及专业第三方运力有所差距，但 20% 以上的成本节约机会已经使其成为不可忽视的力量。而充分实现众包模式的潜力需要在调度系统及制度、奖励环节加大投入并进行细致的设计。图 5-5 所示为最后一公里配送成本对比。

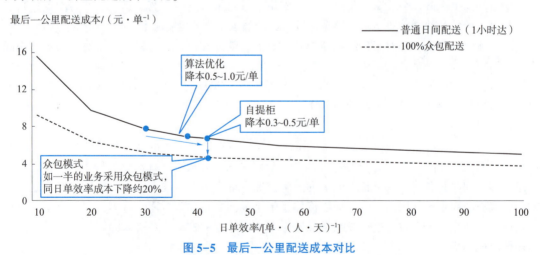

图 5-5　最后一公里配送成本对比

除运力众包外，京东、菜鸟等自建或加盟的前置化自提点和快递站也有助于仓储下沉，如菜鸟驿站。此类自提点往往设置在社区中央，通过让消费者迈出家门的方式，将仓储进一步下沉至社区层面，实现物流配送的标准化和集中化，从而显著降低配送员的工作难度并提高其日单效率。

4. 供应链数字化，打通上下游

新零售下供应链数字化的作用主要表现在以下两个方面。

（1）面向消费者的供应链价值共创。

新零售模式下，面对消费升级的趋势，伴随全渠道融合带来的海量消费数据，供应链各节点企业通过合理使用数据来共同创造价值。通过供应链数字化路径分析，可以得到供应链价值共创过程，包含用户数据资源获取、数据资源整合分析和供应链价值实现三个阶段。首先，企业通过设置全渠道用户触点网络实现与消费者的持续互动，收集消费行为数据并汇集到线上数据共享平台。其次，利用智能算法、云计算和人工智能等关键数字技术，进行数据资源的整合、分类与分析。最后，以反映市场需求的数据信息为指导，升级产品品类、改善产品品质和优化物流配送服务，最终实现效率的提升和成本的降低。

例如，盒马鲜生实现了真正的数字化运营，创新性地将整个数字化系统搬到云端，利用 ERP、门店 POS 系统、门店物流系统、配送系统和 App 系统这一整套系统将所有环节打通，其中使用的技术还包括数据库和界面接口。它的核心是会员、营销、商品、交易、供应链和门店作业，并且实现了全面的数字化，这正是盒马新零售商业模式能够实现的基础。很多传统行业零售商过去采用层层分销的方式，除了部分大型经销商外，并不具备次级经销商及门店的数据可见度。此外，许多企业内部不同渠道、不同区域间的数据也尚未打通，无法做到全局协同。

（2）提升供应链能力。

供应链能力的提升主要通过供应链前端（需求端）和供应链后端（供给端）的数字化升级实现。一方面，通过数字技术的创新应用实现基础设施的信息化、智能化升级，包括以智能信息系统为代表的软件基础设施和以无人机配送为代表的硬件物流基础设施，并以此为基础实现各环节的信息联结。此时的供应链能力提升过程表现为以大数据、云计算和智能算法为关键技术，实现供应链各节点业务活动数据的线上共享，通过洞察需求变化锁定顾客，提高商品研发过程中的客户参与度以确保产品的独特性，进而实现供应链的个性化升级。另一方面，传统供应链中的供给端与需求端被割裂，各节点信息难以实现有效协同，因此常出现货不应求的尴尬情况。然而，通过数字化驱动，供应链中的"信息孤岛"被打破，需求端有望直接参与供给端的产品生产制造，从而提高对终端需求变化的反应速度，实现敏捷化运营。

事实上，需求端的数字化已经逐渐完成，任何消费者的画像都能够通过消费数据清晰地刻画出来。然而，供给端的数字化改造才刚刚起步。究其原因，供应链上除了核心企业外，其他绝大多数都是小微企业与传统企业，信息化程度普遍偏低，其内部的业务流程和信息传递方式远不能适应当今信息化时代的要求。这就导致整个供应链无法对瞬息万变的市场需求做出快速响应。需求的不确定性增加和预测的准确度降低，也是造成成本居高不下与库存积压的决定性因素。

因此，对供给端诸多企业进行数字化改造，是新零售时代供应链升级得以实现的前提。这就需要以大数据、云计算、物联网及智能终端等信息基础设施为依托，围绕人、货、场进行更加深入的数据采集，从而形成消费者、产品、服务、营销、渠道和物流的全面数字化体系，实现整个供应链体系数据的彻底打通。

【素质提升】

桥的价值在于承载，而人的价值在于担当

港珠澳大桥连接着香港、澳门、珠海三地，作为桥梁之中的"珠穆朗玛峰"，它不仅是中国的奇迹，更是世界的奇迹。港珠澳大桥岛隧工程项目总工程师林鸣，在与世界上最好的公司谈关于港珠澳大桥工程难点合作时，因费用远远高出预算，未能与之达成合作。林鸣被逼上自主

攻关之路，刚开始研究时因为没有经验，十分吃力。林鸣及其团队在海上连续奋战了整整 96 个小时，5 天 4 夜没合眼休息。终于，海底隧道的第一节沉管成功安装——这填补了中国外海沉管隧道技术的空白。中国工程师用自己的智慧，中国工人用自己的坚守完成了这一巨大的工程。

港珠澳大桥岛隧工程项目总工程师林鸣曾说："桥的价值在于承载，而人的价值在于担当。"桥梁承载前进的道路，"大国工匠"承担未来的方向。人能走多远要问志向，人能攀多高要问意志。在面对重重困难时，我们要担责不推，担难不怯，担险不畏，挑战一切不可能。终有一天，我们也会留下动人的理想传奇。

【视野拓展】

亿滋的供应链战略

【任务实施】

1. 伴随新技术在零售业的应用，小米是如何打造新型供应链的？

2. 小米的全渠道建设反映了新零售的哪些特点？

【教师评语】

【反思总结】

 **项目总结**

　　供应链环境下的销售运营不仅要看产品销售，还要看批发、制造和设计。换言之，生产与流通要做到贯通与融合。当供应链前端的销售环节成为消费数据的采集触点与用户的体验中心之后，供应链的上游也应进一步延伸，从而提升面向广大消费者的服务能力。

知识巩固

一、单选题

1. 新零售商的供应链管理要围绕（   ）这一目标展开。

A. 物流成本   B. 产品价格

C. 产品质量   D. 客户满意度

2. （   ）不属于网络渠道实体化的方法。

A. 店中店   B. 虚拟化妆间

C. 产品标准化   D. 引入社交电商

3. 在新零售模式下，线上线下物流融合可以带来降低成本的效果，其中降低成本最显著的是（   ）。

A. 管理成本   B. 仓储成本

D. 干线运输成本   C. 库存成本

4. 目前，成本较低、可行性较高的终端配送模式是（   ）。

A. 自营配送   B. 外包第三方

D. 共同配送   C. 众包模式

5. 下列措施不能有效降低"最后一公里"配送成本的是（   ）。

A. 自提柜及自提点   B. 优化调度与智能派单

C. 自营配送   D. 配送众包

6. 在新零售模式下，供应链成本控制的难点是（   ）。

A. 采购成本   B. 营销成本

C. 制造成本   D. 物流成本

7. 选择恰当的供应链战略对企业发展非常重要，在客户市场需求稳定，且生产的产品相对成熟的情况下，（   ）更能发挥竞争优势。

A. 响应型供应链   B. 拉动式供应链

C. 动态的供应链   D. 效率型供应链

8. 基于相对稳定、单一的市场需求形成的供应链称为（   ）。

A. 稳定的供应链   B. 动态的供应链

C. 平衡的供应链   D. 倾斜的供应链

9. 在推式供应链中，生产和分销的决策都是根据（   ）的结果做出的。也就是说，制造商是利用从零售商处获得的订单信息进行需求预测。

A. 企业计划   B. 库存需要

C. 顾客需求   D. 长期预测

10. 拉式供应链是以（   ）为中心，比较关注客户需求的变化，并根据（   ）需求组织生产。

A. 供应商   B. 制造商

C. 分销商   D. 客户

二、多选题

1. 对消费者来说，新零售带来的新体验包括（   ）。

A. 购买不受时间、空间的约束   B. 购买形式多样

C. 各渠道价格统一   D. 各渠道质量、服务统一

E. 价格低廉

2. 新零售的"新"体现在（　　）。

A. 多种渠道的创新与融合

B. 产品种类多

C. 产品性价比高

D. 物流时效性高

E. 大数据、云计算等各种新技术的使用

3. 缓解需求变异放大现象的方法有（　　）。

A. 加强需求预测

B. 信息共享

C. 缩短提前期

D. 科学确定定价策略，减少需求变动性

E. 建立战略伙伴关系

4. 导致供应链中出现需求放大现象的原因主要有（　　）。

A. 需求预测修正

B. 产品定价销售策略

C. 批量订购

D. 提前期延长

E. 配给和短缺之间的博弈

5. 零售商快速反应（QR）的优点是（　　）。

A. 生产计划准确

B. 加快了库存周转

C. 提高了销售额

D. 降低了流通费用

6. 有效客户反应（ECR）的核心是要求供应商和零售商（　　）。

A. 共同关注消费者的需求，把精力转移到了解消费者的需求上并为之作出努力

B. 使消费者少付出金钱、时间、精力和风险而更加方便地获得更多信息

C. 得到更好的品质、更新的创意和更新鲜的商品

D. 降低经营成本，提升竞争能力

7. 为了构筑起有效的供应链战略，使其能够真正为企业创造竞争优势，在选择供应链战略时，必须遵循供应链战略要与企业的（　　）相一致。

A. 人力资源战略

B. 客户需求

C. 实力地位

D. 竞争战略

8. 供应链管理倡导的理念（　　）。

A. 从"纵向一体化"转向"横向一体化"管理

B. 从"横向一体化"转向"纵向一体化"管理

C. 从职能管理转向过程管理

D. 从企业间交易性管理转向关系性管理

E. 从零和竞争转向多赢竞争

9. 下列选项中，用市场反应性供应链来匹配创新型产品的策略有（　　）。

A. 削减企业内部成本

B. 缩短提前期

C. 增加供应链的柔性

D. 降低销售价格

E. 通过拥有尽可能多的通用件来减少需求的不确定性

10. 导致供应链中出现需求放大现象的原因主要有（　　）。

A. 需求预测修正

B. 产品定价销售策略

C. 批量订购

D. 提前期延长

E. 配给和短缺之间的博弈

三、判断题

1. 供应链是为消费者带来有价值的产品、服务及信息，从源头供应商到最终消费者的集成业务流程。
（　　）

2. 功能型产品比创新型产品具有更高的边际利润。　　　　　　　　（　　）

3. 双重边际效应是指供应链上、下游企业为了谋求各自收益最大化，在独立决策的过程中确定的产品价格低于其生产边际成本的现象。　　　　　　　　（　　）

4. 柔性是供应链合作双方共同制定的一个合同要素，对于供方而言，它代表着对未来变化的预期；而对于需方而言，它是对自身所能承受的需求波动的估计。　　　　（　　）

5. 供应链由直接或间接地履行顾客需求的各方组成。　　　　　　　　（　　）

6. 供应链的推拉观点认为供应链的流程被分为两类，这取决于它们是响应顾客订货还是预计顾客订货。　　　　　　　　（　　）

7. 顾客到达流程的目标是确保订单的快速、准确抵达和告知顾客其他受影响的供应链流程。　　　　　　　　（　　）

8. 供应链的基本要素包括供应商、销售商和流通代理企业。　　　　　（　　）

9. 以前的竞争是企业与企业之间的竞争，以后的竞争将是供应链与供应链之间的竞争。　　　　　　　　（　　）

10. 供应链不仅是一条连接供应商到用户的物流链、信息链和资金链，而且是一条价值链。　　　　　　　　（　　）

实践训练

查找关于盒马鲜生的相关资料，思考下列问题。

（1）试分析新零售下的客户体验指的是什么？盒马鲜生提升客户体验的措施有哪些？

（2）盒马鲜生的供应链管理内容涉及哪些方面？与传统零售商供应链管理内容的异同点有哪些？

（3）结合案例，调研并选择一家企业，为其设计供应链销售运营方案。

评价项目（占比）		评价标准	分值	得分								教师评价
				学生自评	小组互评							
					第1组	第2组	第3组	第4组	第5组	第6组		
考勤（10%）		无故旷课、迟到、早退（一次扣10分）	10									
		请假（一次扣2分）										
学习能力（10%）	合作学习	小组合作参与度（优6分，良4分，一般2分，未参与0分）	6									
	个人学习	个人自主探究参与度（优4分，良2分，未参与0分）	4									
工作过程（40%）	供应链需求预测	能够分析需求预测的特点等内容（每错一处扣1分）	10									
		能够编制企业需求预测方案（每错一处扣2分）	10									
	供应链环境下的新零售运营	能够分析新零售的概念及新零售相对传统零售的特点（每错一处扣1分）	5									
		能够分析新零售供应链的管理内容（每错一处扣1分）	5									
		能够围绕新零售供应链管理的主要内容和常见方法评价优化真实案例（每错一处扣1分）	10									
工作成果（40%）	成果完成情况	能够按要求完成每个任务环节（未完成一处扣4分）	20									
	成果展示情况	能够准确展示完成成果（失误一次扣5分）	20									
得分小计												
综合得分（自评得分×20%+小组互评得分×20%+教师评价得分×60%）												

教师评语：

项目评价

项目六　供应链环境下的物流运营

✓ 学习目标

素质目标	1. 坚定职业自信、人生自信，树立正确的就业观。 2. 培养学生透过现象看本质的理性思考分析能力及批判性分析思维，引导其树立客观的社会认知和理性的社会行为。 3. 培养客观、理性、辩证的思考分析能力
知识目标	1. 理解供应链物流观念。 2. 熟悉供应商管理库存和联合库存管理。 3. 掌握各种运输网络设计方案的特点。 4. 掌握第四方物流的服务内容与运作模式。 5. 掌握物流外包的发展趋势。 6. 掌握物流外包的风险与规避
能力目标	1. 依据运输设计的权衡因素，对实际情况作出正确的运输决策。 2. 能正确进行物流自营与外包决策。 3. 能正确评估、选择第三方物流服务商。 4. 能正确选择第三方物流的运作模式。 5. 能正确进行供应链物流外包管理

✓ 知识结构

任务一 认知供应链物流管理

【案例导入】

保通物流公司的全程供应链物流服务

保通物流公司（简称保通公司）是国内领先的第三方物流企业，在全国多个城市设有分公司、子公司和办事处，形成了一个覆盖全国并向国际延伸的运作和信息网络，并与国内外近百家著名大型企业结成战略联盟，为它们提供商品及原辅材料、零部件等的采购、储存、分销、加工、包装配送、信息处理、信息服务和物流系统规划与设计等供应链一体化综合物流服务。

（1）发展历程。保通公司成立之初，仓库和车辆都是租来的，并且只有佳化公司一个客户。为了能给佳化公司提供优质的服务，保通公司的业务流程和业务发展方向都是围绕佳化公司的需求而设计的。从第一笔满意的服务开始，到大批量货物的高效运输，保通公司取得了佳化公司的信任。之后，保通公司致力于物流服务，并利用信息技术和信息系统为客户创造价值。经过几年的努力，保通物流公司迅速发展成为一家国内知名的物流企业。

（2）物流基地与物流网络建设。随着市场竞争的加剧，面对小批量、多批次、多品种的小订单，如何变革现有的商品流通模式与物流运作模式，整合各环节的信息并作出快速反应，是摆在第三方物流公司面前的一道难题。为了应对这种挑战，保通公司自2003年开始，就在全国沿海发达地区及内地重要城市选点建设高效、大型的现代化物流中心，从而形成枢纽式的物流网络体系。建成后的物流中心不仅是现代化的储存、分拨、配送、多种运输交叉作业的中心，也是加工增值服务中心、贸易集散中心、结算中心和信息发布中心，可以为客户提供生产和商品流通一体化的物流服务。

（3）信息化与仓库管理。保通公司于2003年首先在苏州基地实施仓库管理系统（WMS），该基地主要作为飞利浦电子的中央配送中心（CDC）为其提供物流服务。随着项目的平稳进行，保通公司的仓库运营达到了全新的高度，得到了国内外客户的一致好评。随后，保通公司把这个成功的案例加以推广，将WMS应用到各地的仓储管理中，通过应用WMS的无线射频（RF）技术和配套流程，保通公司还将原来的纸张化操作逐步升级到RF管理。系统支持下的运作能力和服务质量的提升，帮助保通公司保持了国内第三方物流企业领先者的地位。

【任务发布】

小组讨论	结合案例分析：保通物流公司与多家企业结成战略联盟后，怎样才能更好地为客户提供全程供应链物流服务？
教师布置任务	
任务描述	1. 学生熟悉供应链物流运营的相关知识。 2. 教师组织学生分组讨论案例并形成书面结论。 3. 各组派出代表进行成果汇报。 4. 根据各组的表现，教师进行成果评价。 5. 教师进行任务总结

续表

教师布置任务	
问题解答	1. 在保通物流公司由小到大，由弱到强的发展历程中，哪些值得我国第三方物流公司借鉴？ 2. 结合保通物流公司的发展历程分析：保通物流公司为什么要自建物流中心？物流中心在选址时应主要考虑哪些因素？

【知识准备】

一、认知供应链物流管理

供应链物流管理是企业从原材料采购与供应开始，经过生产运作，一直到成品配送，乃至售后服务在内的整个供应链物流过程的一体化管理，它涉及支撑采购、生产和客户服务的各个环节。

与传统的物流管理相比，供应链物流管理更加强调供应链物流活动的一体化管理。因此，有必要树立供应链物流观念，并运用集成化管理的思想和方法对供应链物流活动进行有效管理。

供应链管理环境下的物流观念，是企业在努力控制和降低供应链物流成本的同时，利用一体化的物流竞争力为客户提供优质（或满意）的服务，以获取供应链竞争优势。因此，企业需要加强与第三方物流服务商的合作，通过供应链物流系统的高效运作，以提高库存的可得性与运输配送的准时性。

 读一读

丰田汽车公司的供应链物流一体化运作

丰田汽车公司的 JIT 目标是快速高效地将每一份订单转化为优质的汽车产品。因此，在客户需求的驱动下，该公司的整个生产与物流系统持续同步运作，形成一个流，尽量减少零部件、在制品和成品的停顿。外购零部件的供应物流采用循环取货（milk run）的方式，统一将各供应商的零部件按照生产要求送至道口。生产物流则采用看板方式，统一将外购零部件与厂内零部件按照生产节拍送至生产线的旁边。该公司最终通过销售物流，以 JIT 配送的方式将成品车配送给客户。此外，破损零部件的回收乃至问题车的召回，则形成从客户到工厂和供应商的逆向物流。可以看出，供应链物流通过上述四个基本环节的相互配合和交叉衔接，共同支撑供应链的一体化运作。丰田汽车公司的供应链物流一体化运作流程如图 6-1 所示。

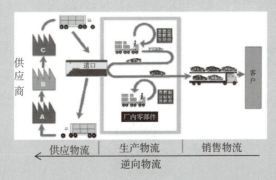

图 6-1 丰田汽车公司的供应链物流一体化运作流程

【视野拓展】

一文看懂循环取货

二、供应链环境下的库存控制

（一）传统库存控制方法

传统库存控制方法主要包括对单一品种实施库存控制的定量订货法、定期订货法和批量折扣法等，对多品种实施库存控制的 ABC 分类法、CVA 库存管理法和 MRP 库存控制法等。这些方法一般是利用经济订货批量决定库存量，而经济订货批量是利用数学方法求得在一定时期内库存总成本最低时的订货批量，它的运用受到许多与现实不相符的假设条件的约束。另外，传统管理模式下的库存控制方法主要针对单一企业设定，企业间的协作程度普遍偏低，对市场的反应速度不快，方法的实施需要依靠大量的历史数据并结合经验进行预测分析。其获取信息的时间长，信息的准确度不够高，一旦需求预测不准确或市场发生突变，将对企业经营运作产生难以估量的影响。

【视野拓展】

定量订货法　　定期订货法　　批量折扣法　　ABC 分类法　　CVA 库存控制法　MRP 库存控制法

传统库存控制方法与供应链管理环境下的库存管理方法相比存在许多不同之处。在传统管理模式下，企业库存控制侧重于优化单一企业的库存成本，主要从储存成本和订货成本出发，确定经济订货批量和订货点。从库存管理的角度看，这种库存控制方法有一定的适用性，但从供应链管理的角度分析，该方法只能实现供应链局部库存的优化，不能避免节点企业间库存的重复设置，不能实现供应链系统库存的全局最优。

【视野拓展】

传统管理模式下库存控制的局限性

在传统意义上，供应链各节点企业不可避免地持有库存，其主要目的是应对供需的不确定，但这往往导致库存的重复设置。在供应链管理环境下，加强上下游企业的合作，进行实时信息共享，从而降低供需的不确定性；以信息代替库存，从根本上解决供应链系统库存量居高不下的问题，从而减少资金占用，降低库存成本，提升供应链系统的竞争力。

供应链管理环境下的库存管理（协同库存管理）策略、方法及方式主要包括供应商管理库存（VMI）、联合库存管理（JMI）、协同计划、预测与补货（CPFR）及多级库存优化与控制等策略。

（二）供应商管理库存

1. VMI 的概念与内涵

VMI 是一种在用户和供应商之间的合作性策略，以对双方来说都是最低的成本优化产品的可获得性，在一个相互统一的目标框架下由供应商管理库存。此外，出于持续改善的目的，还要经常性监督和修正该目标框架，以形成一种连续改进的环境。总之，VMI 的主要思想就是供应商在用户的允许与支持下设立库存，确定库存水平和补给决策，并且具有库存控制权。

2. 实施 VMI 的原则

（1）合作性原则（合作精神）。在实施该策略时，相互信任与信息透明是很重要的，只有供应商和用户（零售商）都有较好的合作精神，才能够相互保持较好的合作。

（2）互惠原则（使双方成本最低）。VMI 不是关于成本如何分配或谁来支付的问题，而是关于减少成本的问题。通过该策略可使双方的成本都得到减少。

（3）目标一致性原则（框架原则）。双方都明白各自的责任，在观念上达成一致的目标。例如，对于库存放在哪里、什么时候支付、是否要管理费及要花费多少等问题都要达成一致，并且体现在框架协议中。

（4）总体优化原则（连续改进原则）。VMI 使供需双方都能够共享利益和消除浪费。

3. 实施 VMI 的作用

（1）减少供应链的总库存成本和提高服务质量。

（2）提高柔性。

（3）控制和减少"牛鞭效应"的影响。

实施 VMI 能够给整个供应链带来利益和效率，同时也会面临一些问题。例如，信息系统的建设可能会占用大量的资金；零售商与供应商实行信息共享，难免出现滥用信息与泄密的可能；供应商往往比以前承担更多的管理责任，它的费用将有所上升。因此，必须建立合理的利益分配机制，实现利益共享。

 读一读

企业实施 VMI 的益处

北京富士通系统工程有限公司（以下简称"富士通"）在对我国汽车整车和零部件行业进行深入细致的调查之后，结合富士通多年为日本汽车行业的服务经验，推出了应用于汽车行业、基于 VMI 模式的富华恒通综合物流管理系统。采用 VMI 库存管理模式，可以使企业降低库存成本、加快反应速度。据测算，实施 VMI 可以实现在提高顾客满意度的同时降低 50% 的库存成本，并且库存降低近 30%，平均库存周转率提高一倍，缺货损失降低 20%，库存积压减少 23%。

【视野拓展】

啤酒游戏实训项目

（三）联合库存管理

1. JMI 的概念与内涵

JMI 是解决供应链系统中由于各节点企业的相互独立库存运作模式导致的需求放大问题，提高供应链的同步化程度的一种有效方法。JMI 和 VMI 不同，它强调双方同时参与，共同制订库存计划，使供应链过程中的每个库存管理者（供应商、制造商和分销商）都从相互之间的协调性考虑，保持供应链相邻的两个节点之间的库存管理者对需求的预期保持一致，从而消除了需求变异放大现象。任何相邻节点需求的确定都是供需双方协调的结果，库存管理不再是各自为政的独立运作过程，而是供需连接的纽带和协调中心。JMI 示意如图 6-2 所示。

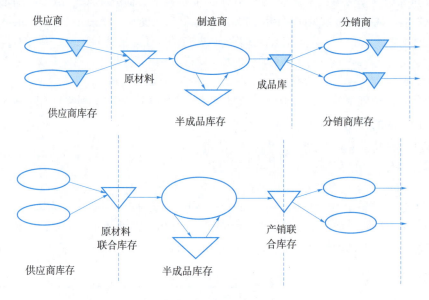

图 6-2　JMI 示意

▽—独立需求库存；▽—相关需求库存

2. 选择合适的 JMI 模式

供应链有如下两种模式。

（1）集中库存模式，即将各个供应商的零部件等物料直接存入核心企业的原材料仓库中，把各个供应商的分散库存变为核心企业的集中库存。集中库存模式要求供应商采取如下方式进行运作。供应商按照核心企业的订单或订货看板组织生产，一旦物料被消耗，就立即采取多频次、小批量的供应方式将原材料、零部件等物料及时补充到核心企业的仓库。在这种模式下，库存管理的重点在于核心企业根据生产的需要保持合理的库存量，达到既能满足企业生产的需要，同时使库存总成本最低的目标。

（2）无库存模式，即供应商和核心企业都不设立库存，核心企业实行无库存生产方式。在这种模式下，供应商直接向核心企业的生产线进行多频次、小批量的供应配送，并与之实行同步生产、同步供货，从而实现"在需要的时间把所需要品种和数量的物料送到需要的地点"的目标。这种准时化供应模式，由于完全取消了库存，所以效率最高、成本最低，但对供应商和核心企业运作标准化、协作精神与配合程度的要求高，对运作过程的要求严格，并且要求双方的空间距离不能太远。

读一读

企业实施 JMI 的益处

传统的分销模式是分销商根据市场需求直接向厂商订货，例如，汽车分销商（或批发商）根据用户对车型、款式、颜色和价格等的不同需求，向汽车制造商订货，商品一般要经过较长的一段时间才能到达。但顾客通常不想等待这么久，因此，经销商不得不进行备货，大量的库存使经销商难以承受，以致破产。

在美国，通用汽车公司销售 500 万辆轿车和卡车，平均价格是 18 500 美元，经销商维持 60 天的库存，库存持有成本是汽车价值的 22%，一年的总库存成本达到 3.4 亿美元。而采用地区分销中心，就大大改变了库存居高不下的现象。现在，借助现代信息技术手段，通过建立经销商一体化的战略联盟，把各个经销商的库存信息集成在一起，实现信息共享，就可以很好地解决这一问题。借助信息系统，每个经销商可以查询其他经销商的库存信息，寻找配件并进行交换。同时，经销商们在制造商的协调下达成协议，承诺在一定条件下交换配件并支付一定的报酬，这样就可以使每个经销商的库存降低，服务水平提高。

（四）多级库存优化与控制

基于协调中心的 JMI 是一种战略同盟式供应链库存管理模式，是对供应链库存进行局部（供应链上游或下游）优化与控制的策略。而要对供应链库存进行全局性优化与控制，则必须采用多级库存优化与控制方法。因此，多级库存优化与控制能够实现供应链库存的全局性优化。

多级库存的优化与控制是在单级库存控制的基础上形成的，一般至少包括供应—生产—分销三个层次。多级库存优化与控制的策略主要有两种。一种是非中心化（分布式）策略；另一种是中心化（集中式）策略。

非中心化策略是各个库存点独立地采取各自的库存控制策略。例如，先将供应链成本中心划分为制造商成本中心、分销商成本中心和零售商成本中心，然后由各个成本中心分别制定库存优化控制策略。该策略实施起来比较简单，但不能保证供应链库存的全局优化。如果信息的共享度低，多数情况下产生的是次优结果。因此，非中心化策略需要实现信息共享。

集中式策略是将库存控制中心放在核心企业，由核心企业对供应链库存进行控制，协调上下游企业的经营运作活动。例如，围绕大规模生产组装型企业建立多级库存优化系统，就是采用集中式策略将核心企业作为供应链库存管理的控制中心、信息中心和协调中心。采用中心化策略，所有库存点的控制参数是同时设置的，库存控制中心充分考虑了各个库存点的相互关系，通过协调进而实现供应链库存的优化。但该策略实施起来的协调管理难度大，特别是当供应链的层次较多（即供应链的长度较长）时，协调与控制的难度会进一步加大。

实施多级库存优化的首要任务是明确库存控制的目标，一般而言，应使供应链系统的库存成本最低，即在订购成本、购置成本、储存成本和缺货成本之和最小的基础上，协调供应链物流系统各节点的库存，使库存量最小。在供应链管理时代，企业之间的竞争更加强调基于敏捷制造和基于时间的竞争。但是，无论是基于成本的控制，还是基于时间的控制，都要体现集成和多级库存控制的思想。

> **练一练**
>
> 物美超市销售 3 个品牌的手机：华为、三星和苹果。3 种产品的年需求量分别为 $D_H = 12\,000$ 单位，$D_S = 1\,200$ 单位，$D_A = 120$ 单位。每部手机的成本均为 500 元，每次订货的固定运输成本为 4 000 元。若每种产品共同订购和运输，接收和存储的附加固定成本为 1 000 元。物美的库存持有成本比率为 20%。如果每种产品分别订购和运输，计算物美超市经营者应当选择的订货批量，同时计算上述订货策略的年成本。
>
> **解**：3 款手机的年需求分别为：$D_H = 12\,000$ 单位，$D_S = 1\,200$ 单位，$D_A = 120$ 单位。
>
> 共同固定订货成本：$S = 4\,000$ 元。
>
> 产品特定订货成本：$S_H = S_S = S_A = 1\,000$ 元。
>
> 库存持有成本比率：$h = 0.2$。
>
> 单位产品成本：$C_H = C_S = C_A = 500$ 元。
>
> 由于每种产品分别订购和运输，不同的卡车分别运送不同的产品，所以对于每种产品的运输，固定订货成本为 5 000×(4 000+1 000) 元。最优订货策略和 3 种产品的成本（当 3 种产品分别订购时）可利用 EOQ 公式求出。
>
> 一年中，华为订货 11 次，最优订货批量是 1 095 单位，三星订货 3.5 次，最优订货批量是 346 单位，苹果订货 1.1 次，最优订货批量是 111 单位。如果 3 种产品分别订货，该超市的年订货和库存持有成本为 155 140×[2×(54 772+17 321+5 477)] 元。
>
> 若 3 种产品的负责人决定在每次订购时集中订购全部 3 种产品，由于一批订货中包含全部 3 种产品，所以联合订货成本为 $S_* = S + S_H + S_S + S_A = 7\,000$（元/批），如果每次订购和运输都包括 3 种产品，物美超市的产品负责人每年应订货 9.75 次。华为最优订货批量是 1 230 单位，三星最优订货批量是 123 单位，苹果最优订货批量是 12.3 单位，3 种产品的年订货和库存持有成本为 136 528×(61 512+6 151+615+68 250) 元。

三、供应链环境下的运输管理

（一）供应链环境下运输网络的设计选择

运输网络设计需要考虑在运输网络中建立一些基础设施，它们决定着运输日程和线路安排等操作层面的运输决策问题，因此，要做出正确的运输决策就必须弄清楚选用哪种运输网络设计方案有助于使供应链能够以较低的成本达到理想的响应水平。下面讨论当买方面对不同地区的多个供应商时，有哪些运输网络设计方案可以选择，以及这些方案的优、缺点。这些设计方案可用于供应链任意两个不同的环节之间。

1. 直接发运网络

直接发运网络是指每个供应商都直接向各个买方所在地运送货物，如图 6-3 所示。对于直接发运网络，运输日程已有详细安排，供应链决策者只要决定装运量和采用的运输方式就可以了。企业需要在运输费用和库存成本之间进行抉择。

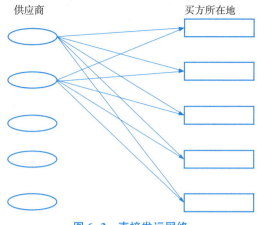

图 6-3　直接发运网络

　　直接发运网络消除了中转库存并且简化了操作和协调工作。运输决策全部在当地进行，任何一个运输决策并不影响其他决策。因为每次运输都是直接的，不需要在中途中转，路径也都是固定的，所以从供应商到买方所在地所需的运输时间较短。

　　例如，各零售连锁店每天都会有补货的需求量产生，有时补货批量会很少，如果仅因为这些很少的补货批量就要采用一次直接发运网络进行运输，成本就很高。对于供应商而言，在直接发运网络中，由于每个供应商必须单独运送每批货物，因此进货成本会很高。

2. 利用巡回运送直接发运

　　巡回运送有两种方式：从一个供应商处选取货物送给多个零售商，最后回到出发点，路径如图 6-4（a）所示，是一对多的关系；或者从多个供应商处选取货物运送给一个零售商，最后回到出发点，路径如图 6-4（b）所示，是多对一的关系。当供应商与零售商在空间上非常接近时，采用巡回运送的方式可以降低运输成本。

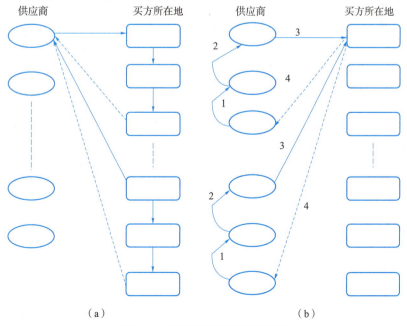

（a）　　　　　　　　　　　　　　　（b）

图 6-4　利用巡回运送直接发运

巡回运送通过将同一供应商的货物聚集到一起运送到多个地区或将几家供应商的货物聚集到一起运往同一个零售商，实现了更低的运输成本，提高了运载工具的利用率。如果企业需要定期地进行小批量频繁送货，则采取巡回运送方式可以明显地降低运输成本。正如在前面对直接发运网络所述，零售连锁店的补货批量可能很小，采用直接运输成本会很高，这时就可以采用巡回运送降低成本。例如，丰田公司在日本和美国都有对来自多个供应商的供货采取巡回运送策略，以支持其准时生产（JIT）系统。在日本，丰田公司有许多装配厂都邻近分布，因此，丰田公司采取巡回运送策略，由单个供应商对多个装配厂送货。而在美国，丰田公司采取巡回运送策略，由多家供应商向一家装配厂送货。

3. 所有货物通过配送中心发运

通过配送中心运输方式的选择，供应商不直接把货物送到零售店。买方按照区域进行选址，供应商则在每个地区建造一个配送中心。供应商把货物送到配送中心，然后配送中心利用适当方式把各商店所需的货物运送到每个零售店，如图6-5所示。

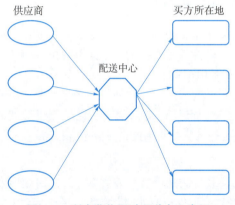

图6-5　所有货物通过配送中心发运

物流供应链系统

读一读

沃尔玛的越库配送策略

沃尔玛是一家总部位于美国的世界性大型连锁企业，其主要业务是零售，供应商也遍布世界各地。当沃尔玛采购的产品来自海外供应商时，进站的批量远远大于配送中心所服务店铺的订货批量，因此，配送中心就要保存一部分库存产品。如果配送中心所服务客户的补货批量大到足以使进站运输达到规模经济，配送中心就没有必要持有库存。在这种情况下，配送中心可以采取越库配送策略，即把进货分拣拆分成运送到每一家客户的较小份额，将来自不同供应商处的卡车送货与对不同客户的卡车出货对接。当配送中心对产品实施越库配送时，每辆进站卡车上都装有一家供应商供应多个客户的产品，而每辆出站卡车上也都同时装有由多家供应商供给一家客户的产品。越库配送的主要优势在于它使供应链持有的库存量小，产品流通速度快。同时，由于产品不再需要从存储区域搬进搬出，所以越库配送还能节约搬运成本。

4. 通过配送中心的巡回运送

在之前讨论过，如果送货批量很大，可以采用所有货物通过配送中心发运的运输网络设计，但是当每个买方的订货批量很小的时候，采用上述运输网络则会造成成本的增加。这时供应商就可以通过配送中心的巡回运送策略给买方送货，如图6-6所示。

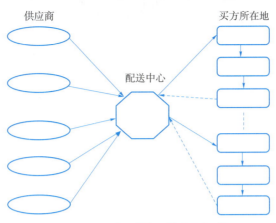

图 6-6　通过配送中心的巡回运送

 读一读

日本 7-11 通过配送中心的巡回运送策略

日本 7-11 公司又称为 7-Eleven，是在日本广受欢迎的 24 小时全天候营业的连锁便利店。其发展至今，店铺遍布美国、日本、中国、新加坡、马来西亚、菲律宾、瑞典、墨西哥、巴拿马、挪威、加拿大、澳大利亚、印度尼西亚等国家和地区，全球店面数目超过 3 万家。

日本 7-11 是有着日本最先进物流系统的连锁便利店集团。典型的 7-11 便利店非常小，场地面积平均仅为 100 平方米左右，但就是这样的门店提供的日常生活用品达 3 000 多种。虽然便利店供应的商品品种广泛，但通常没有储存场所。为了提高商品销量，所有商品必须能通过配送中心进行及时补充。如果一个消费者光顾商店时不能买到本应有的商品，商店就会失去一次销售机会，并会使便利店的形象受损。所有的零售企业都认为这是必须首先避免的事情。为每个门店有效率地供应商品是配送环节的重要职责。首先要从批发商或直接从制造商那里购进各种商品，然后按需求配送到每个门店。配送中心在其中起着桥梁作用。以新鲜食品的供货为例，由于发往一家店铺的总供货量无法装满一辆卡车，所以 7-11 公司将来自新鲜食品供应商的货物在配送中心实施越库配送策略，并采用巡回运送策略对店铺进行送货。越库配送和巡回运送策略使日本 7-11 公司能够以更低的运输成本对每家零售店实现多批次、小批量的补货。

---

5. 剪裁式网络

剪裁式网络是指通过综合利用上述运输方案来降低供应链成本，提高供应链的响应性。它是一种综合性策略，利用越库配送、巡回运送、整车和零担承运等多种策略，目的是针对特定情况选取合适的方案。由于对每种产品或每家零售店采取的送货流程都不一样，所以这种运输网络管理的复杂程度很高。

运输网络的优、缺点见表 6-1。

表 6-1　运输网络优、缺点

网络结构	优点	缺点
直接发运	无中转仓库、易协调	高库存、接受成本高
利用巡回直接发运	小批量送货的运输成本、库存成本较低	协调难度大
所有货物通过配送中心发运	通过聚集降低了内向运输成本	库存成本增加、配送中心的搬运成本增加
通过配送中心利用越库配送发运	需要的库存量很少，通过聚集降低了运输成本	协调难度加大
通过配送中心利用巡回运送发运	给小批量送货降低了外向运输成本	协调难度进一步加大
剪裁式网络	运输方案与单个产品或店铺的需求实现了最优匹配	协调难度最大

（二）供应链环境下的运输决策

供应链管理者在进行运输决策时必须考虑两个权衡问题，一个是运输成本与库存成本的权衡；另一个是运输成本与顾客响应性的权衡。

货位布局形式示意

1. 运输成本与库存成本的权衡

通过两个基本决策——运输方式的选择和库存聚集——来判断运输成本与库存成本的权衡。

1）运输方式的选择

大多数运输会涉及一种或一种以上的运输方式。供应链运输系统的目标是实现货物迅速到达并且使成本最低，而运输时间和运输成本则是不同运输方式相互竞争的重要条件，运输时间与成本的变化必然带来所选择的运输方式的改变。

目前，企业为了降低供应链总成本，对降低运输成本、缩短运输时间的要求越来越强烈，这主要是在当今经营环境较复杂且困难的情况下，只有不断降低各方面的成本、加快商品周转，才能提高企业经营效率，实现竞争优势。然而，能够使运输成本最小化的运输方式并不一定能够使运输时间最短。同样，选择快速的运输方式来缩短运输时间并不一定能够使运输的成本最低。这样，通过降低运输成本与缩短运输时间来降低供应链总成本是一种此消彼长、此亏彼盈的关系，这也是供应链中各项活动之间存在的"效益背反"现象。

选择不同的运输方式不仅需要考虑运输时间、运输成本，还需要考虑库存成本。价值重量①比高的产品应该采取更快速的运输方式，因为对于这些产品来说，降低库存至关重要；反之，价值重量比低的产品应该采用更加低廉的运输方式，因为对于这些产品来说，降低运输成本更加重要。这里的库存成本包括周转库存成本、安全库存成本和在途库存成本。当选择运输方式时，供应链管理者必须考虑每种运输方式下的周转库存、安全库存及在途库存的成本，从而选择合理的运输路线和运输工具，以最短的路径、最少的环节、最快的速度和最少的劳动消耗，组织好货物的运输活动。

综上所述，运输方式的选择受运输物品的种类、运输量、运输距离、运输时间和运输成本五个方面因素的影响。

2）库存聚集

库存聚集就是将货物聚集到一个地区，这样企业可以大大地降低安全库存。运输的成本直

---

① 本书重量为质量（mass）概念，法定计量单位为千克（kg）。

接与运输的规模和路程长短有关，这就促使人们把货物进行聚集。供应链中的各个环节都想缩短存货的闲置时间，并更好地满足客户的需求。结果是大量频率高、批量小的订单随之而来。小批量运输的大量出现不仅抬高了运输成本，还造成了物料处理环节和装卸作业的拥挤。如果供货商的库存高度分散，一定程度的聚集可能会降低运输成本。然而，一旦超过临界点，库存聚集将导致总运输成本的增加。

如新华书店，由于顾客前往书店买书，公司自身不存在送货成本。如果新华书店决定关闭所有的书店并采取网上销售，就会同时产生进货成本和出货成本。尽管仓库进货的运费会比每家书店进货的运费少，但其送货费用却大大增加。由于对每位顾客的送货是小批量进行的，并且必须采取包裹承运（如 EMS、UPS 等）这样费用很高的运输方式，所以库存聚集将使总运输成本增加。随着库存聚集程度的提高，总运输成本也将不断提高。可见，所有计划采用库存聚集策略的企业在进行决策时，都必须在运输成本、库存成本和设施成本之间进行权衡。

当库存成本和设施成本占供应链总成本的比重较大时，采取库存聚集策略是很好的选择。对于价值重量比很大的产品及需求不确定性很高的产品，采取库存聚集策略能够降低供应链成本。然而，在产品的价值重量比很低且顾客订货批量较小的情况下，库存聚集策略由于其运输成本高很可能损害供应链绩效。运输方式的选择如图 6-7 所示。

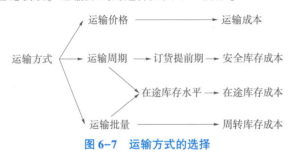

图 6-7　运输方式的选择

2. 运输成本与顾客响应性的权衡

在供应链中，供应商对客户的响应性直接影响客户的满意度，是客户是否继续与供应商合作的一个决定因素。而供应链的运输成本又与其响应性水平有着密不可分的联系。响应性水平高的企业能够在收到客户订单的当天或第二天发出全部订货，但是由于其出站货物批量小，所以运输成本高。企业为了降低运输成本，可以采用聚集运输（也称聚集送货），将较长时间内的订货一起发出，进行大批量地送货，使之形成规模经济效应。由于发货的推迟，聚集运输大大降低了企业的响应性，但是由于送货批量的增加、规模经济效应的实现也帮助企业降低了运输成本。

由此看来，对顾客需求的聚集运输，由于增加了送货批量并减小了每次送货批量的波动，所以帮助企业降低了供应链的运输成本。聚集运输还能提高运输绩效，因为它能够使运输量更加稳定。然而，它也延长了顾客响应时间。由于聚集运输带来的边际收益随着聚集货物时间跨度的增加而下降，所以在决定响应时间时，企业必须在聚集运输带来的运输成本降低与更差的响应性导致的收益损失两者之间进行权衡。

　练一练

美国某钢铁公司同时也是一家钢铁服务中心，该中心所有的订单都是通过零担承运商送给客户的，运输价格为（$200+0.01X$）美元，其中 X 表示卡车运输钢铁的质量。目前，该公司能够在收到订单的当天进行发货。由于运输时间为 2 天，现行策略下该公司的响应时间也为 2 天，表 6-2 给出了某钢铁公司在两周内的日需求量。

表 6-2　某钢铁公司两周内的日需求量　　　　　　　　　　磅①

一	周一	周二	周三	周四	周五	周六	周日
第一周	19 970	17 470	11 316	26 192	20 263	8381	25 377
第二周	39 171	2 158	20 633	23 370	24 100	19 603	18 442

　　某钢铁公司总经理认为，现实中顾客对 2 天的响应时间并不看重，他们对 4 天的响应时间也感到满意。那么延长响应时间会使企业在成本上获得怎样的优势？

　　分析：若延长响应时间，某钢铁公司就能够将几天的需求量进行聚集送货。如果响应时间为 3 天，中心可以将送货日前 2 天的需求量进行聚集送货。管理者计算了在两周内不同响应时间下的送货量和运输成本，延长响应时间将使某钢铁公司的运输成本下降，然而随着响应时间的不断延长，时间聚集带来的收益迅速减小，当响应时间由 2 天变为 3 天，2 周内的运输成本降低了 1 400 美元。若将响应时间由 3 天延长到 4 天，运输成本仅下降 400 美元。因此，某钢铁公司最终将响应时间定为 3 天，这时若再延长响应时间，获得的边际收益将减小。

（三）供应链环境下的运输路径规划

　　运输路线的选择影响到运输设备和人员的利用，正确地制定合理的运输路线可以降低成本，因此，运输路线的确定是运输决策的一个重要领域。虽然路线选择问题种类繁多，但是主要可以归纳为三个基本类型，分别为起讫点不同的单路径规划、多个起讫点的路径规划和起讫点重合的路径规划。

　　1）起讫点不同的单一路径规划

　　对分离的、单个始发点与终点的网络运输路线选择问题，可以通过特别设计的方法很好、很快地解决。最简单直接的方法就是最短路线法。运输网络由节点和线组成，各节点之间由线连接，线代表节点与节点之间的运行成本（距离成本、时间成本或距离和时间成本的加权平均）。

练一练

　　s 地的某物流公司要运输一批服装给 t 地的客户，如图 6-8 所示。请选择一条最短路径并计算其长度。

　　结论：最短路径为 s-V_3-V_5-t，此时里程为 17。

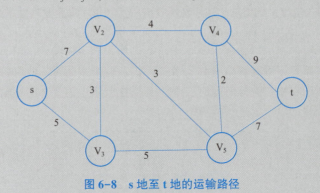

图 6-8　s 地至 t 地的运输路径

---

① 　1 磅 = 0.453 6 千克。

2）多起讫点问题

当有多个货源地可以服务多个目的地时，供应商所面临的问题是：不仅需要选择供货地，还需要找到供货地与目的地之间的最佳路径。该问题经常发生在多个供应商服务多个客户的情况下。解决这类问题通常可以运用线性规划工具求解。

练一练

某物流实训中心发现各城市销售点需要对 A 型服装互通有无，各市调出量或调入量及各城市间的单位运价见表 6-3，试制定最优调运方案（读者自行思考解决）。

表 6-3　产销运价表

销售点	上海	常州	镇江	南京	调出量
昆山	3	11	3	10	7
苏州	1	9	2	8	4
无锡	7	4	10	5	9
调入量	3	6	5	6	—

【视野拓展】

多起讫点问题求解

3）起讫点重合的路径规划

供应链管理人员经常会遇到的一个路线选择问题是始发点就是终点的路径规划问题。这类问题通常在运输工具归同部门所有的情况下发生。例如，运送车辆从仓库送货至零售点，然后返回仓库再重新装新货；当地的运输车辆从零售店送货至客户，等等。起讫点重合的路径规则问题通常被称为旅行推销点问题，对这类问题应用经验探试法比较有效。经验告诉我们，当运行路线不发生交叉时，经过各停留点的次序应是合理的，同时，如有可能应尽量使运输路线呈菱形。

【视野拓展】

节约里程法

【素质提升】

中国物流崛起登上全球舞台，未来十年可期

在过去的十年里，中国的快递行业面临着不少挑战，凭借着多方努力，才能够拥有当下的成果。其中，菜鸟的努力更是不可忽视，它作为中国快递行业中的"巨头"，为推动快递行业的

发展作出了不少努力。

十年前，大众在网购时难免会遇到快递滞留中转站、延期派送等问题，快件无法实现高效运达，这让消费者更多地青睐线下购物，这让快递总体的用户体验不够好。

在跨境运输方面，时效问题更是一大困扰，两三个月的运输时间似乎已经成为常态，此外，几百元的运费更是限制了跨境电商行业的崛起，成本耗费过于严重。

在 2012 年，国内快递行业面临一大挑战。"购物狂欢节"的兴起激发了人们的购物欲，越来越多的消费者开始涌入网络购物平台。运力不足的情况导致消费者无法体验更多的购物享受。如今，中国快递年处理量超过 1 000 亿件，日均包裹量更是达到了 3.4 亿余件。

在此期间，菜鸟以其创新的商业模式和先进的数字化赋能，成为推动整个快递行业发展的重要力量，实现了快递成本的下降以及时效的提升。对于当下用户而言，当日达、次日达已经成为常态。

中国快递行业在十年间经历了令人瞩目的变革，其中离不开国家出台的一系列支持政策，更离不开菜鸟的推动。

作为行业的引领者，菜鸟率先于 2014 年推出电子面单，为快递行业带来了巨大的改变和突破。其利用先进的技术手段提高了运输效率和服务质量，实现了快递行业的数字化转型，也为其他快递企业提供了先例，让更多快递企业能够实现数字化转型，利用自动流水线、分拣机器人等助力，提升运输派送的效率。

此外，菜鸟打破了传统物流的边界，为跨境消费者提供了更快捷可靠的物流服务，让更多的跨境电商企业能够得到助力，尤其是中小企业，在降低了物流成本之后，更能在行业内有高速的发展。如今，仅需 5 美元就能够将一件小商品在 10 天内运送到多个国家，这一成本的降低与时效的提升，让海外消费者也不免惊叹。

从某种程度上来说，菜鸟的崛起代表了中国快递行业的巨变和进步。在未来，在各方力量的推动下，或许中国快递能够实现更快、更省的愿景，甚至能够在 72 小时内将包裹运输至世界任一角落，不妨让我们拭目以待。

【任务实施】

1. 在保通物流公司由小到大，由弱到强的发展历程中，有哪些值得我国第三方物流公司借鉴的地方？

2. 结合案例回答：保通物流公司与多家企业结成战略联盟后，怎样才能更好地为客户提供全程供应链物流服务？

【教师评语】

【反思总结】

任务二　　选择供应链物流外包

【案例导入】

亚马逊公司的"最后一公里"配送外包

截至 2023 年，全球最大的电子商务企业亚马逊公司已连续 9 年蝉联全球供应链大师的桂冠，这彰显了亚马逊公司多年来在供应链领域的持续卓越表现。亚马逊公司是自营物流的典范。亚马逊公司建立了高效的配送系统，目前拥有超过 10 万个正在服役的仓库机器人，这成为亚马逊公司的一大亮点。虽然亚马逊公司拥有完善的物流设施，但对"门到门"的配送业务，亚马逊公司始终坚持外包，因为这种"最后一公里"配送不但烦琐，而且成本高，自营不如外包。

【任务发布】

小组讨论	结合案例分析：亚马逊公司的"最后一公里"配送为什么选择外包而不是自营？
教师布置任务	
任务描述	1. 学生熟悉供应链物流外包的相关知识。 2. 教师组织学生分组讨论案例并分组完成。 3. 各组派出代表进行成果汇报。 4. 根据各组的表现，教师进行成果评价。 5. 教师进行任务总结。
问题解答	1. 亚马逊公司的"最后一公里"配送是如何决策物流外包的？ 2. 亚马逊公司的"最后一公里"配送外包风险有哪些，如何规避？ 3. 亚马逊公司如何评估第三方物流服务商？

【知识准备】

一、供应链物流外包认知

近年来，随着纵向一体化战略弊端的日益显露，国际上许多大公司纷纷实施归核化战略，即将资源和能力集中于核心业务，而将非核心业务外包，与上下游企业建立战略伙伴关系，企业间的竞争逐渐演变成供应链与供应链的竞争。对于多数工商企业而言，物流是辅助性的活动，为了使企业的有限资源可以发挥最大效力，自然选择将其外包。

物流外包（logistics outsourcing）是指"企业将其部分或全部物流的业务交由合作企业完成的物流运作模式"（GB/T 18354—2021）。换言之，物流外包是一个业务实体将原来由本企业完成的物流业务，转移到企业外部由其他业务实体来完成。物流外包是企业业务外包的一种典型形态，主要包括物流功能外包和物流管理外包等类型以及物流业务委托和物流战略外包等形式。

据美国《财富》杂志刊载，目前全球年收入在 5 000 万美元以上的公司普遍开展了物流外包。例如，戴尔公司将物流外包给联邦快递（FedEx）、惠普公司将物流外包给联合包裹（UPS）、宜家家居将物流外包给马士基（Maersk）、广州宝洁公司将物流外包给广州宝供、通用汽车（GM）公司将物流外包给理斯维公司。

读一读

物流外包的益处

　　从 20 世纪 80 年代起，美国供应链管理专业协会（CSCMP）就一直致力于组织对企业物流绩效评估和对第三方物流服务商（3PL）的价值研究。调查结果显示，企业通过实施一体化物流外包，物流成本下降 11.8%，物流资产下降 24.6%，订货周期从 7.1 天缩短到 3.9 天，库存总量下降 8.2%。

二、供应链物流外包风险与规避

　　近年来，随着物流产业的快速发展，第三方物流企业的实力显著提升，企业实施物流外包的力度进一步加大。然而，物流业务外包在给企业带来利益的同时，也隐含着巨大的潜在风险，需要企业管理者理性分析，并采取有效措施加以规避。

　　物流外包风险是指企业物流外包过程及其结果的不确定性，包括决策、运作等风险，有随机性（偶然性）、突发性、隐含性和关联性等特征。一般而言，实施物流业务外包有利于企业强化核心业务、培育核心能力、获取竞争优势，但物流外包也可能产生负面效应，给企业带来风险。供应链物流外包风险与规避见表 6-4。

表 6-4　供应链物流外包风险与规避

风险类型	具体内容	规避对策
决策风险	物流自营与外包决策	正确进行物流自营与外包决策
运作风险	物流服务商的违约风险	科学选择物流服务商
	物流失控风险	谨慎签订物流外包合同
	客户关系管理风险	把握好竞争与合作的程度
	商业秘密泄露风险	切实激励物流服务商
	连带经营风险	加强对物流服务商的评估与管理

三、供应链物流外包决策方法

　　企业物流自营还是外包，首先应考虑物流外包能否给企业带来战略业绩，换言之，考虑物流外包是否支持企业的竞争战略、对企业核心能力的形成或提升有无影响；其次应考虑物流外包能否给企业带来财务业绩，换言之，考虑物流外包能否降低企业经营成本，同时提高服务水平。总的原则是在成本与服务之间寻求平衡。

1. 二维决策矩阵法

　　通常，企业物流自营与外包决策主要应综合权衡以下两个因素：物流对企业经营成功的重要度及企业自营物流的能力。图 6-9 所示为企业物流自营与外包决策矩阵。

　　由图可知，若物流对企业很重要，例如，物流是企业核心能力的关键构成要素，而企业自营物流的能力也很强，如企业已经拥有了相当数量的先进物流设施设备，并且已经拥有高素质的物流管理人员和作业人员，物流运作效率高、成本低且服务水平高，则企业就应该自营物流，而不应该将其外包。像美国零售巨头沃尔玛、我国著名企业海尔集团等都是自营物流的典范。

　　若物流对企业不太重要，而企业自营物流的能力也较弱，则企业就应该将物流业务外包，而不应该选择自营，例如软件企业的外购物流服务。

图 6-9　企业物流自营与外包决策矩阵

若物流对本企业的重要性相对较低，而企业自营物流的能力又很强，则企业不但应该自营物流，而且应积极拓展物流市场，实施共同物流，为其他企业提供物流服务。

若物流对企业很重要，而企业自营物流的能力又比较弱，则企业也应该将物流业务外包。考虑到物流对本企业极为重要，故企业在实施物流外包时应非常谨慎，尽量选择满意的第三方物流公司，并与之建立战略伙伴关系，进行长期合作。如戴尔公司，物流并非其核心业务，戴尔公司运作、管理物流的能力也比较弱，但计算机零配件及成品的配送对其非常重要，因此，戴尔公司倾向于战略性外包。

读一读

花王公司的自营物流

花王公司是日本一流的日用品企业，一直致力于组织以自身为核心的综合流通和物流体系，长期以来在物流体系上进行投资，因此，其物流管理能力较强。后为此专门成立了花王系统物流分公司，在自营物流的基础上，实施共同物流，为其他企业提供物流服务。

2. 综合决策法

采用综合决策法进行物流自营与外包决策需要综合考虑企业物流系统的战略地位、企业物流系统的总成本和物流服务水平。

（1）企业物流系统的战略地位。一般来说，可以从以下几方面对企业物流系统的战略地位进行评估：企业物流系统是否高度影响企业的业务流程、企业物流系统是否需要先进的物流技术支撑、采用这些先进技术能否使公司在行业中领先、企业物流系统在短期内能否为竞争对手所模仿等。

（2）企业物流系统的总成本。企业物流系统的总成本可以用以下公式计算：

$$D = T+S+L+W_F+W_V+P+C$$

式中，D 为物流系统总成本；T 为运输总成本；S 为库存维持成本；L 为物流作业批量处理成本；W_F 为总固定仓储成本；W_V 为总变动仓储成本；P 为订单处理和信息处理成本；C 为客户服务成本。

（3）物流服务水平。物流服务水平是指物流系统总的服务能力。在决策时，要判断物流自营或外包能否满足企业经营的需要，能否满足客户对送货的时效、货品质量、服务态度及售后等方面的需要。

综上所述，工商企业在物流自营与外包决策时应充分考虑顾客的需求、本企业发展战略的需要。在本企业的核心业务及核心能力、本企业的物流能力及物流自营与外包成本的高低之间进行综合权衡，在总成本（包括显性成本和隐性成本）与总服务水平之间寻求平衡。

四、评估第三方物流服务商

企业在决定实施物流外包后，接下来就需要搜寻第三方物流服务商的信息，对其进行评估，并做出选择。

1. 制订物流外包方案

企业在实施物流外包之前，首先应制订可行的物流外包方案，这是选择满意的物流服务商的前提。物流外包方案应包含以下内容。

（1）对本企业的物流服务需求及第三方物流企业的物流服务水平进行准确的界定。

（2）界定物流外包应解决的主要问题。

（3）描述物流外包预期应达成的目标。

（4）描述本企业所需的第三方物流企业类型。

2. 第三方物流服务商的评估

企业可以从以下几方面对第三方物流服务商进行评估。

（1）第三方物流服务商的物流系统规划与设计能力。

（2）第三方物流服务商的物流网络是否完善、分布是否合理。

（3）第三方物流服务商的关键物流活动（如仓储运输）的运营能力，包括能否提供多式联运服务、仓储作业能力及其增值服务等。

（4）第三方物流服务商的信息服务能力，如是否拥有完善的物流信息系统、能否提供跟踪装运及货物状态查询等服务。

（5）第三方物流服务商的管理水平，如管理人员的管理能力是否满足要求、业务流程是否标准、是否通过 ISO 质量管理体系认证、绩效评价体系是否健全等。

（6）第三方物流服务商的总体物流服务水平的高低，如目标客户群的多少及分布、客户对第三方物流服务商的历史性评估等。

需要强调的是，物流外包的重点在于物流服务整体价值的实现上，即除第三方物流服务商能保证物流作业的实现之外，还应侧重于对其在物流时间、速度效率、服务水平和延伸能力等方面的综合测评。具体而言，包括有效的物流时间的长短，与物流自营相比物流流速提高的程度，同等货物量下的装卸搬运频次、时间和人力消耗量，储存空间的负荷量与仓库的有效利用率，准时服务的质量与保障，货损失和货差等。

3. 第三方物流服务商的选择

企业对第三方物流服务商进行考察与评估之后，可根据服务商的物流能力、战略导向、双方企业文化及组织结构的兼容性等对物流商进行选择。具体而言，应遵循以下 10 条原则。

（1）第三方物流服务商应能够最大限度地支持本企业的战略。

（2）第三方物流服务商应具有业务集中控制的能力。

（3）第三方物流服务商应具有物流服务从业经验。

（4）第三方物流服务商应具有适应本企业发展的物流技术能力。

（5）第三方物流服务商的核心业务应与本企业的物流需求相一致。

（6）第三方物流服务商应具有为本企业服务的实力。

（7）双方应能够相互信任。

（8）双方的企业文化、组织结构可以兼容。

（9）第三方物流服务商要能够促进本企业改善经营管理。

（10）不能过分强调成本降低。

美智（Mercer）管理咨询公司与中国物流与采购联合会联合发布的《中国第三方物流市场——2002年中国第三方物流市场调查的主要发现》报告指出，客户在选择第三方物流企业时，首先看重的是其物流服务能力（包含行业运营经验），其次是品牌声誉，再次是物流网络覆盖率，最后才是价格。

 读一读

意大利A公司精品鞋业的物流服务商选择

意大利A公司精品鞋业在选择物流合作伙伴时特别注重服务商的综合服务能力。他们除要求物流商拥有最完善的物流服务网络、最先进的物流管理手段和最丰富的物流管理经验外，还针对其产品的特点，对物流服务商的仓库管理系统提出了严格的要求：①物流服务商的WMS同A公司的ERP间的信息流全程EDI交换；②强大成熟的Barcode解决方案；③对系统的执行效率、并发、可靠性和稳定性要求极高；④具有管理多点多仓的能力；⑤采取灵活的上架及拣货策略；⑥可以追踪货品的多种属性和状态；⑦具有灵活的报表及报告系统；⑧具有灵活的第三方物流费用结算系统；⑨具有方便快捷的配送系统；⑩具有强大的网上查询系统。

物流服务商T公司有着同跨国公司多次合作的经历，有着丰富的中国当地物流市场经验，有着强大的仓储和运输网络，更因其采用的国内领先的Power WMS TM仓库管理系统完全符合A公司对物流服务商仓库管理系统的严格要求而一举赢得了客户的青睐，成为管理A公司精品鞋业两个RDC和三个DC的第三方物流公司。

【素质提升】

汽车制造商与供应商、物流服务商的协同

汽车行业率先推行基于第三方物流服务的多供应商条件下的一体化供应物流模式。其运作流程如下。除少数本地供应商直接向汽车制造商供应汽车零配件外，大部分供应商由一家第三方物流服务商制订一体化的供应物流计划。它按照供需双方的供求信息，通过循环取货方式，将汽车零配件从供应商处送达制造商工厂附近的临时储存点，并按照准时生产的要求，合理运用供应商管理库存策略，将需要组装的配件排序上线（JIS）。由此实现供应物流一体化，进而实现供应物流与生产物流的无缝衔接，最终实现制造商、供应商和第三方物流服务商的协同。其中，循环取货模式由我国风神物流有限公司开发成功并获得专利，其后在上海通用汽车有限公司、一汽丰田汽车有限公司和上汽大众汽车有限公司等多家汽车制造商中推广。

【视野拓展】

第三方物流的发展

【任务实施】

1. 亚马逊公司的"最后一公里"配送是如何决策物流外包的？

2. 亚马逊公司的"最后一公里"配送外包风险有哪些？如何规避？

3. 亚马逊公司如何评估第三方物流服务商？

【教师评语】

【反思总结】

任务三　选择供应链物流运作模式

【案例导入】

宝供与宝洁的战略联盟

美国宝洁公司是世界最大的日用消费品生产企业。1992 年，宝洁公司进入中国市场，并在广东地区建立了大型生产基地。对于刚刚进入中国市场的宝洁公司来说，产品能否及时、快速地运送到全国各地是其能否迅速抢占中国市场的重要环节。

作为日用产品生产商，宝洁公司的物流服务需求对响应时间、服务可靠性及质量保护体系具有很高的要求。在筛选第三方物流企业时，宝洁公司发现宝供承包铁路货运转运站，以"质量第一、顾客至上、24 小时服务"的经营特色，提供"门到门"的服务。于是，宝洁公司将物流需求建议书提交给宝供，对宝供的物流能力和服务水平进行试探性考察。

围绕着宝洁公司的物流需求，宝供设计了业务流程和发展方向，制定了严格的流程管理制度，对宝洁公司产品"呵护倍至"，达到了宝洁公司的要求。同时，宝供长期良好合作的愿望及认真负责的合作态度受到了宝洁公司的欢迎，这使宝供顺利通过了考察。宝洁公司最终选择了宝供作为自己的合作伙伴，双方签订了铁路运输的总代理合同，开始了正式的合作。

在实施第三方物流服务的过程中，宝供针对宝洁公司的物流服务需求，建立了遍布全国的物流运作网络，为宝洁公司提供全过程的增值服务。在运输过程中保证货物按照同样的操作方法、模式和标准操作，将货物运送到目的地后，由受过专门统一培训的宝供储运的员工进行接货、卸货和运货，为宝洁公司提供门到门的"一条龙"服务，并按照严格的 GMP 质量管理标准和 SOP 运作管理程序，将宝洁公司的产品快速、准确、及时地送到全国各地的销售网点。双方的初步合作取得了相当好的成效，宝供帮助宝洁公司在一年内节省成本达 600 万美元，宝洁公司高质量、高标准的物流服务需求也极大提高了宝供的服务水平。

随着宝洁公司在中国业务的增长、仓库存储需求的大幅度增加，宝供良好的运作绩效得到了宝洁公司的认可，于是宝洁公司将其仓储业务进一步外包给宝供。针对宝洁公司的物流需求，宝供规划设计和实施物流管理系统，优化业务流程，整合物流供应链，以"量身定做、一体化运作、个性化服务"的模式满足宝洁公司的个性化需求，提高了物流的可靠性，降低了物流总成本。在双方合作关系的推动下，宝供建立高水准的信息技术系统以帮助提供和管理全面有效的信息平台，实现仓储、运输等关键物流信息的实时网上跟踪，实现与宝洁公司电子数据的无缝衔接，使宝洁公司和宝供作业流程与信息有效整合，从而使物流更加高效化、合理化、系统化。宝供严格和高质量的物流服务，极大地降低了宝洁公司的物流成本，缩短了订单周期和运输时间，提高了宝洁公司的客户服务水平；而宝洁公司促使宝供的物流服务水平不断提升，甚至成为当今国内领先的第三方物流企业。

宝洁公司针对自身需求选择宝供作为第三方物流服务提供商，开展了合作伙伴关系，在这种合作模式下，实现了双赢的目标。在物流市场需求日益增长和国际国内激烈的市场竞争环境下，宝洁公司应用第三方物流的成功，将为中国工商企业采购第三方物流服务及选择物流服务提供商树立标杆。

第三方物流企业能够降低物流成本，缩短订单周期和运输时间，改善客户响应能力，也能够为客户创造价值。工商企业选择合适的第三方物流服务提供商时，首先需要准确界定自身的物流需求，然后选择能够满足企业需求和目标的提供商，最后对提供商进行关系管理和绩效评估。企业在应用第三方物流改善服务绩效的同时，也能够显著降低物流总成本。

【任务发布】

小组讨论	结合案例分析：美国宝洁公司为什么选择宝供作为第三方物流服务提供商？
教师布置任务	
任务描述	1. 学生熟悉供应链生产模式的相关知识。 2. 教师组织学生分组讨论案例并形成书面结论。 3. 各组派出代表进行成果汇报。 4. 根据各组的表现，教师进行成果评价。 5. 教师进行任务总结
问题解答	1. 宝洁公司选择的物流运作模式是什么？ 2. 宝洁公司与宝供公司基于合作伙伴关系的第三方物流运作模式具体指什么？

【知识准备】

一、第三方物流运作模式的选择

第三方物流的运作模式可以分为基于单个第三方物流企业的运作模式和基于合作关系的第三方物流运作模式。

（一）基于单个第三方物流企业的运作模式

基于单个第三方物流企业的运作模式主要是从单个第三方物流企业的角度出发进行物流业务运作。

第三方物流企业的业务运作首先源于用户的物流需求。在明确了客户的需求之后，第三方物流企业首先应进行物流（系统）方案的规划与设计，为客户提供完整的物流解决方案。在此基础上开展物流业务活动，并进行相关的运作管理，包括仓储管理、运输管理、包装、装卸搬运、订单分拣和流通加工等活动的管理。为了更好地满足客户的需求，并提高物流运作的效率，还必须进行相应的信息管理，包括物流信息系统的规划与设计、信息技术的开发与信息系统的维护及具体的物流信息管理等活动。在信息时代，竞争日益激烈，顾客越来越挑剔。第三方物流企业应能够提供跟踪装运服务，应尽量满足客户的个性化服务需求；同时，有了完善的物流信息系统，可以深化物流信息管理，及时获取物流运作的信息，根据反馈信息及时调整物流活动，确保向客户提供满意的物流服务。基于单个第三方物流企业的运作模式如图6-10所示。

（二）基于合作关系的第三方物流运作模式

20世纪90年代后，信息技术的飞速发展推动了管理理念和管理技术的创新，促使物流管理向专业化合作经营方向发展。一体化物流是20世纪来最有影响的物流趋势之一，但它必须以第三方物流的充分发育和完善为基础。一体化物流有三种形式：垂直一体化、水平一体化和物流网络一体化。其中，研究最多、应用最广的是垂直一体化物流。

所谓垂直一体化物流（vertical integrated logistics），就是为了更好地满足顾客的价值需求，核心企业加强与上下游企业及第三方物流企业的合作，由第三方物流企业整合供应链物流业务，实现从原材料的供应、生产和分销，一直到消费者的整个物流活动的一体化、系统化和整合化。它通过对分散的、跨越企业和部门的物流活动进行集成，整合物流活动各个环节，形成服务客

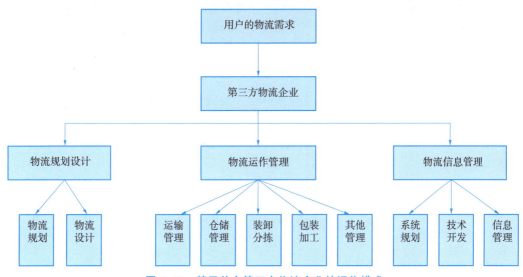

图 6-10　基于单个第三方物流企业的运作模式

户的综合能力，提高流通的效率和效益，为企业及其客户降低物流成本，创造第三利润源泉。简而言之，垂直一体化物流是第三方物流企业与上下游企业进行合作的一种物流运作模式。

垂直一体化物流要求企业将产品或运输服务的供应商和用户纳入管理范畴，并将其作为物流管理的一项中心内容。具体而言，要求企业从原材料的供应到产品送达用户的过程实现全程物流管理，要求企业建立和发展与供应商和用户的合作关系，甚至建立战略联盟以获取竞争优势。

垂直一体化物流为解决复杂的物流问题提供了方便，而先进的管理思想、方法和手段，物流技术及信息技术则为其提供了强大的支持。垂直一体化物流是供应链管理的一个重要组成部分。

此外，还有基于合作关系的第三方物流运作模式、第三方物流企业战略联盟及物流企业连锁经营等方式。物流企业连锁经营是第三方物流运作的一大创新，比较适合我国国情。

综上所述，第三方物流系统是一种实现供应链物流集成的有效方法和策略，通过实施第三方物流系统，企业可以集中力量发展核心业务、提高供应链管理效率、降低供应链运作成本和提高客户服务水平，从而快速进入国际市场、实现供应链整合、提升供应链竞争力。

二、第四方物流运作模式的选择

随着物流业的进一步发展，行业内及行业间企业并购、整合风潮促进了利用信息技术手段为供应链提供完整解决方案的第四方物流的产生。

美国埃森哲公司最早提出第四方物流的概念。他们认为，第四方物流服务商是一个供应链集成商，它对公司内部和具有互补性的服务供应商所拥有的资源、能力和技术进行整合和管理，提供一整套供应链解决方案。

从上述定义可以看出，第四方物流服务商的主要作用是对供应链进行整合和优化，在物流、信息等服务商及客户之间充当唯一联系人的角色。第四方物流服务商是具有领导力量的供应链集成服务商，它通过设计、实施综合完整的供应链解决方案来提升供应链影响力并实现供应链的增值。

第四方物流的运作模式主要有协同运作型、方案集成型和行业创新型三种。

（一）协同运作型

协同运作型是第四方物流服务商与第三方物流企业共同开发市场的一种模式。第四方物流服务商向第三方物流企业提供供应链整合策略和技术服务等支持，以提高其进入市场的能力和项目管理能力。第四方物流服务商在第三方物流企业内部运营，第三方物流企业成为第四方物流服务商的思想与策略的具体实施者，以达到为客户服务的目的。双方一般会采取战略联盟或合同治理的方式进行合作，其运作模式如图 6-11 所示。

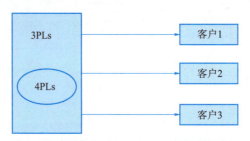

图 6-11　第四方物流的协同运作型运作模式

（二）方案集成型

在方案集成型模式中，第四方物流服务商整合了自身及第三方物流企业的资源、技术和能力，并充分借助第三方物流企业为客户提供服务。第四方物流服务商作为一个枢纽，可以集成多个服务供应商及客户的能力，其运作模式如图 6-12 所示。

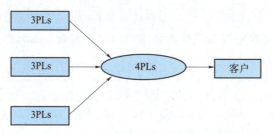

图 6-12　第四方物流的方案集成运作模式

（三）行业创新型

在行业创新型模式中，第四方物流服务商将多个第三方物流企业的资源和能力进行集成，以整合供应链的职能为重点，为多个行业的客户提供完整的供应链解决方案，其运作模式如图 6-13 所示。在该模式中，第四方物流服务商这一角色非常重要，因为它是上游第三方物流企业集群和下游客户集群的枢纽。

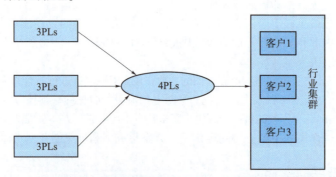

图 6-13　第四方物流的行业创新型运作模式

读一读

第四方物流公司—维克多（Vector）供应链管理公司

维克多（Vector）供应链管理公司在通用汽车（GM）集团的供应链管理中扮演的是典型的第四方物流服务商的角色。通用汽车集团每年的物流费用超过50亿美元。针对公司物流业务量大、第三方物流商众多及供应链系统复杂的现状，通用汽车集团提出进一步整合第三方物流商和简化其物流系统的要求。因此，通用汽车集团投资60亿美元与门罗物流（Menlo Worldwide）合作成立了维克多供应链管理公司，为通用汽车集团管理所有的物流外包业务，并为其管理几十家第三方物流服务商。维克多供应链管理公司通过整合通用汽车集团的第三方物流商资源、提供供应链优化解决方案，不仅从通用汽车集团的运输、仓储和库存管理等多个环节挖掘利润空间，而且通过绩效评估，可以直接参与通用汽车集团主营业务的利润分成，成为通用汽车集团真正的战略合作同盟。

【素质提升】

大数据、移动互联网助力物流模式加速进化

近年来，分享经济、供给侧改革和消费升级等新理念的出现，使物流业与互联网科技的融合不断深入，物流这个老行业正在发生深刻的改变。

物流公司积极利用大数据技术进行消费前置预测，以此设置前置仓，极大地提升配送效率。借助前置仓的理念，宅急送向市场推出了云微仓这种新的快递模式。宅急送高级副总裁汪映极说："我们是把新的快递模式引入快递市场来提升我们的速度。"云微仓就是依托快递公司现有的配送站点，根据大数据分析，提前把货物铺到每一个消费者身边。消费者下单，宅急送从微仓里拿到货后2~3小时就可以给用户送到。提前把货放到千千万万消费者身边，就要靠互联网的大数据思维。

移动互联网和O2O本地生活的大潮催生了对物流"极速、准时"的两个诉求，进而决定了物流服务模式的进化。不经过仓储和中转，直接从门到门、从门到用户，这种新的物流模式被称为即时物流。即时物流的服务品类有外卖、生鲜、快递末端和商超等，代表性的物流企业包括饿了么、易果生鲜、菜鸟和百联等。

【视野拓展】

第三方物流基本运作模式

【任务实施】

1. 宝洁公司选择的物流运作模式是什么？

2. 宝洁公司与宝供公司基于合作伙伴关系的第三方物流运作模式具体指什么？

【教师评语】

【反思总结】

📧 **项目总结**

供应链物流管理是企业从原材料采购与供应开始，经过生产运作，一直到成品配送，乃至售后服务在内的整个供应链物流过程的一体化管理。它涉及支撑采购、生产和客户服务的各个环节。在本项目中，我们学习了供应链环境下的库存控制和运输管理，以及如何规避供应链物流外包风险、评估第三方物流服务商和选择供应链物流运作模式。

一、单选题

1. 供应链管理环境下的物流观念，是企业在努力控制和降低供应链物流成本的同时，利用（　　）为客户提供优质（或满意）的服务，以获取供应链竞争优势。

A. 第三方物流服务商　　　　　　　　B. 一体化的物流竞争力

C. 企业物流系统　　　　　　　　　　D. 社会物流系统

2. 企业实现物流领先的关键是将其物流能力与（　　）的物流服务需求匹配。

A. 关键客户　　　　　　　　　　　　B. 客户

C. 所有客户　　　　　　　　　　　　D. 顾客

3. （　　）是企业从原材料采购与供应开始，经过生产运作，一直到成品配送，乃至售后服务在内的整个供应链物流过程的一体化管理。

A. 物流管理　　　　　　　　　　　　B. 企业物流管理

C. 第三方物流企业的物流管理　　　　D. 供应链物流管理

4. 以汽车制造商为代表的企业率先推行基于（　　）服务的多供应商条件下的一体化供应物流模式。

A. 供应物流　　　　　　　　　　　　B. 第四方物流

C. 企业物流　　　　　　　　　　　　D. 第三方物流

5. 汽车制造商基于第三方物流服务的多供应商条件下的一体化供应物流模式的关键是（　　）。

A. VMI　　　　　B. JIT　　　　　C. JIS　　　　　D. milk run

6. 物流外包的（　　）方法主要有综合决策法和二维决策矩阵法。

A. 决策　　　　　B. 预测　　　　　C. 计划　　　　　D. 管理

7. 供应链管理者在进行运输决策时必须进行（　　）与运输成本和顾客响应性的权衡。

A. 运输成本和库存成本的权衡　　　　B. 运输成本和生产成本的权衡

C. 运输成本和搬运成本的权衡　　　　D. 运输成本和销售成本的权衡

8. 联合库存的英文缩写是（　　）。

A. QR　　　　　B. VMI　　　　　C. JMI　　　　　D. ECR

9. （　　）物流的运作模式主要包括协同运作型、方案集成型和行业创新型。

A. 第六方　　　　B. 第五方　　　　C. 第四方　　　　D. 第三方

10. VMI 的含义是（　　）。

A. 多级库存管理　　　　　　　　　　B. 联合库存管理

C. 供应商管理库存　　　　　　　　　D. 第三方管理库存

二、多选题

1. 供应链物流管理的目标是企业通过设计和管理相关的系统来控制原材料、在制品和产成品的合理移动和储存，以有效支撑（　　）等供应链运作活动。

A. 采购　　　　　B. 生产　　　　　C. 客户服务　　　　D. 销售

2. 汽车制造商的供应链物流一体化，除要采用循环取货方式外，还要运用（　　）等策略与举措才能实现。

A. VMI　　　　　B. JIT　　　　　C. JIS　　　　　D. CPFR

3. 多级库存控制的方法有（　　　　）。

A. 非中心化（分布式）策略　　　　　　B. 柔性式策略

C. 成本最低式策略　　　　　　　　　　D. 中心化（集中式）策略

4. 实施 VMI 的原则有（　　　　）。

A. 合作性原则　　　　　　　　　　　　B. 互惠原则

C. 目标一致性原则　　　　　　　　　　D. 总体优化原则

5. 定量订货法需要控制的参数有（　　　　）。

A. 订货点　　　　　　　　　　　　　　B. 订货时间

C. 订货批量　　　　　　　　　　　　　D. 订货周期

6. 物流外包风险是指企业物流外包过程及其结果的不确定性，包括（　　　）等风险。

A. 决策　　　　　　B. 运作　　　　　　C. 自然　　　　　　D. 社会

7. 当买方面对不同地区的多个供应商时，有哪些运输网络设计方案可选择（　　　）。

A. 直接发运网络　　　　　　　　　　　B. 利用巡回运送直接发运

C. 所有货物通过配送中心发运　　　　　D. 通过配送中心的巡回运送

8. 供应链环境下运输路径选择的基本类型有（　　　）。

A. 起讫点不同的单路径规划　　　　　　B. 多个起讫点的路径规划

C. 起讫点重合的路径规划　　　　　　　D. 节约里程法

9. 下列关于物流外包发展趋势的表述，正确的是（　　　）。

A. 物流外包的模式从物流功能外包向一体化物流外包方向演变。

B. 物流外包的领域从非核心业务领域逐渐向核心业务领域方向拓展。

C. 物流外包的类型从物流功能外包向物流管理外包方向延伸。

D. 物流外包的方式从业务委托向战略协同方向发展。

三、判断题

1. 企业实现物流领先的关键是其物流能够与一般客户的物流服务需求水平匹配。　（　　　）

2. 物流外包是企业将其部分或全部物流业务交由合作企业完成的物流运作模式。　（　　　）

3. 物流外包有利于工商企业强化核心业务，培育核心能力，获取竞争优势。　（　　　）

4. JMI 是一种在 ERP 的基础上发展起来的上游企业和下游企业权利责任平衡和风险共担的库存管理模式。　（　　　）

5. 物流商主导的供应链中，无法消除需求变异放大的现象。　（　　　）

6. 供应链联合库存管理有集中库存模式和无库存模式。　（　　　）

7. 传统库存控制方法主要包括供应商管理库存（VMI）、联合库存管理（JMI）、协同计划、预测与补货（CPFR）及多级库存优化与控制等策略。　（　　　）

8. 运输方式的选择受运输物品的种类、运输量、运输距离、运输时间和运输成本五个方面因素的影响。　（　　　）

9. 物流外包不会产生负面效应，不会给企业带来风险。　（　　　）

10. 第三方物流的运作模式可以分为协同运作型、方案集成型和行业创新型三种。　（　　　）

实践训练

海尔集团的供应链物流之路

　　海尔集团是国内知名家电制造企业。为了适应市场发展的需要，海尔集团对供应链和物流系统进行了业务流程再造。在同步管理模式下，海尔集团的物流系统以订单信息流为中心，成为企业核心竞争力的有力支撑。海尔集团物流系统的发展经历了三个阶段。

　　第一阶段：物流资源优化重组，建立新型合作伙伴关系。

　　整合内外部资源，成立隶属于物流部门的采购事业部、配送事业部和储运事业部。在这一阶段，海尔集团通过统一采购实现每年节约资金上亿元，环比降低材料成本 6%；通过统一仓储，不仅减少 20 万平方米的仓库，而且呆滞物资降低 90%，库存资金占用减少 63%；通过统一配送，在全国可调拨车辆 16 000 辆，运输成本大大降低。在内部资源整合的同时也优化了外部资源。一方面，2 000 多家供应商优化成不到 1 000 家；另一方面，通过将对外买卖关系转变为战略合作伙伴关系，海尔集团实现了从采购管理向资源管理的转变，与供应商形成了公平、互动、双赢的合作关系。

　　建设内部 ERP 信息系统和 B2B 电子商务平台，大大加快了信息的反馈，并带动物流快速流动。经销商、客户通过访问海尔集团网站下订单，订单数据直接进入后台的 ERP 系统，并通过采购平台将采购订单下达给供应商。供应商在网上接收订单并通过网上查询计划与库存，及时补货，实现了 JIT 供货。通过与银行合作实现了对供应商的网上货款支付，日付款制度的实施保证了对供应商付款及时率达到 100%，加快了物流与资金流速度。这使原来半个月才能处理完毕的工作可以在几小时内完成，大幅加快了订单和整条供应链的响应速度。

　　第二阶段：运用信息技术和物流技术，建立柔性化生产系统。

　　物流技术的创新和广泛应用保证了同步柔性制造系统的运行。标准容器、标准包装、条形码和无线扫描等技术的广泛应用实现了单元化与标准化储存和机械化高速搬运，提高了劳动效率，改变了原来收货、搬运、分拣和发货使用手工操作的状况，保证了及时配送上工位，降低了库存成本。立体仓库的建成改变了企业原有仓储的观念，立体仓库成为柔性生产配置的中转库，提前分装与拣选则保证了大规模定制生产的需要。

　　由于信息的准确及时，库存量大大降低。货物入库后，物流部门可根据次日的生产计划利用 ERP 系统进行配料，同时根据看板管理 4 小时配送至工位。海尔集团与供应商双赢的战略合作伙伴关系也推动了寄售模式的广泛应用。寄售模式一方面减少了供应商租赁、装卸与运输的费用，降低了物流成本；另一方面避免了自身由于原材料不足而停产，使库存管理节约了大量的人力、物力和时间。

　　第三阶段：延伸服务领域，物流产业化发展。

　　海尔集团物流储运事业部通过整合海尔集团的仓储资源和运输资源，可调配车数量达10 000 辆以上，在全国建立了 42 个配送中心，每天能够将上百个品种的 30 000 余台产品配送到全国 1 330 个专卖店和 9 000 余个营销网点。通过条形码和 GPS 技术的运用，可随时监控所有车辆的状况，运输效率大大提高。原来配送到全国平均需要 7 天的时间，目前中心城市可以实现 8 小时配送到位，区域内 24 小时配送到位，全国 4 天内配送到位，并且由于是按单生产，成品库只是中转库，在减少仓储面积 10 万余平方米的情况下实现了零库存。

　　参照海尔集团的服务标准和规范，海尔物流在规范运作、业务开展的同时保证了服务质量。

　　通过积极开展第三方配送，海尔物流已经在为多家知名企业提供第三方物流服务，并通过强强联合不断完善配送网络。物流已成为海尔集团新的核心竞争力。

　　思考：

　　(1) 试说明海尔物流的核心竞争力是什么并解释其原因。

　　(2) 结合案例，调研并选择一家企业，为其设计供应链物流运营方案。

项目评价

评价项目 （占比）		评价标准	分值	学生自评	得分 小组互评						教师评价
					第1组	第2组	第3组	第4组	第5组	第6组	
考勤 （10%）	无故旷课、迟到、早退（一次扣10分）		10								
	请假（一次扣2分）										
学习能力 （10%）	合作学习	小组合作参与度（优6分，良4分，一般2分，未参与0分）	6								
	个人学习	个人自主探究参与度（优4分，良2分，未参与0分）	4								
工作过程 （40%）	认知供应链物流管理	能够准确描述供应链环境下企业库存管理及运输管理（每错一处扣1分）	5								
		能够为客户提供全程供应链物流服务方案（每错一处扣1分）	5								
	选择供应链物流外包	能够准确描述供应链物流外包风险与规避、外包决策方法及第三方物流服务商评估（每错一处扣1分）	7								
		能够制定供应链物流外包选择及评价方案（每错一处扣1分）	8								
	选择供应链物流运作模式	能够准确描述第三方物流运作模式和第四方物流运作模式（每错一处扣1分）	7								
		能够制定供应链物流运作模式选择方案（每错一处扣1分）	8								
工作成果 （40%）	成果完成情况	能够按要求完成每个任务环节（未完成一处扣4分）	10								
	成果展示情况	能够准确展示完成成果（失误一次扣5分）	15								
	成果展示情况	能够准确展示完成成果（失误一次扣5分）	15								
得分小计											
综合得分（自评得分×20%+小组互评得分×20%+教师评价得分×60%）											

教师评语：

活页笔记

项目七　供应链客户关系运营

素质目标	1. 培养职业人的职业荣誉感。 2. 培养社会人的责任担当意识。 3. 培养中国人实现中华民族伟大复兴的使命担当
知识目标	1. 理解客户关系管理的含义和作用。 2. 了解客户关系管理的应用要点。 3. 了解客户服务绩效检查的目的。 4. 掌握客户服务绩效检查的内容
能力目标	1. 能够进行交易前、交易中和交易后的客户服务。 2. 能够识别客户服务绩效改进的方法和机会

✅ 知识结构

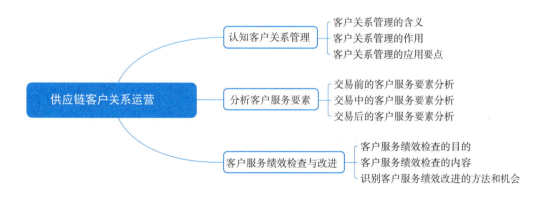

任务一　认知客户关系管理

【案例导入】

如何理解客户关系管理

当一个联想电脑的客户遇到机器故障，打电话到呼叫中心求助时，接待人员可以马上从 CRM 系统中清楚地知道该客户的许多信息，如住址、电话、产品型号、购机日期、以前的服务记录等，不用客户再烦琐地解释，就能很快地为客户安排好解决问题的方案，试想此时客户的心里会是什么感觉？如果这时接待人员再提醒客户的互联网免费接入账号还有 10 天就要到期了，并向客户介绍如何购买续费卡，客户又会是什么感觉？

当一个营销人员要联络一位重要客户时，他可以通过 CRM 系统提前了解这个客户的全部情况，包括该客户以前的购买情况、服务情况、资信状况、应用需求，以及联想公司都有哪些部门的哪些人与该客户联络过、发生过哪些问题等诸多信息。其中的许多情况都是由联想公司的其他部门完成的，如果不借助这个系统是根本不可能了解到的。

这时，这个营销人员是否会更加胸有成竹了呢？如果此时主动通知客户其急需的某种产品已经到货，同时，联想又有两款新产品可以更好地满足该客户的应用需求时，该客户的反应又会怎么样呢？

说出你作为客户此时的感觉和对 CRM 的理解。

【任务发布】

小组讨论	结合案例分析：什么是客户关系管理？客户关系管理在供应链运营中有什么作用？
教师布置任务	
任务描述	1. 学生熟悉客户关系管理的相关知识。 2. 教师组织学生随机分组讨论案例并形成书面结论。 3. 各组派出代表进行成果汇报。 4. 根据各组的表现，教师进行成果评价。 5. 教师进行任务总结
问题解答	1. 什么是客户关系管理？ 2. 客户关系管理在供应链运营中有什么作用？

【知识准备】

供应链运营包括上游采购端的采购关系与下游需求端或内部其他部门间的服务关系，以及相关的管理关系、协同关系和互生关系等各类复杂关系。因此，供应链内外部关系管理在供应链运营中有极其特殊重要的地位和作用。

一、客户关系管理的含义

客户关系管理（Customer Relationship Management，CRM）指的是企业为提高核心竞争力，利用相应的信息技术及互联网技术协调企业与顾客间在销售、营销和服务上的交互，从而提升其管理方式，并向客户提供创新式的个性化客户交互和服务的过程。其最终目标是吸引新客户、保留老客户，以及将已有客户转化为忠实客户来增加市场。

客户关系管理的产生是市场与科技发展的结果，是以现代客户管理为基础，包括对企业相关部门和外部客户（业务伙伴）之间发生的，从产品（或服务）设计、原料和零部件采购、生产制造、包装配送直到终端客户全过程的客户服务的管理。客户关系管理从松散到紧密、从混乱到规范，逐步形成了完整的管理体系和运作系统。

企业与客户之间会发生很多关系，不仅包括单纯的销售过程发生的业务关系，如合同签订、订单处理、发货和收款等；还包括在企业营销及售后服务过程中发生的各种关系，如在企业市场活动、市场推广过程中与潜在客户发生的关系，在与目标客户接触的过程中，内部销售人员的行为、各项活动及其与客户接触全过程所发生的多对多的关系。在售后服务过程中，企业服务人员对客户提供的关怀活动与各种服务活动、服务内容和服务效果的记录等也是企业与客户的售后服务关系。对企业客户发生的各种关系进行全面管理，将会提升企业的营销能力，降低营销成本，有效地控制营销过程中可能导致客户抱怨的各种行为，这是客户关系管理系统的另一个重要思想。

看一看

客户关系类型　　　　　客户关系管理软件类型　　　　　客户行为忠诚类型

二、客户关系管理的作用

1. 客户信息管理

整合记录企业各部门、每个人所接触的客户资料，进行统一管理。这包括对客户类型的划分信息、客户基本信息、客户联系人信息、企业销售人员的跟踪信息、客户状态信息和合同信息等。

2. 市场营销管理

制订市场推广计划，对各种渠道（包括传统营销、电话营销和网上营销）接触的客户进行记录、分类和辨识，提供对潜在客户的管理，并对各种市场活动的成效进行评价。客户关系管理所涉及的营销管理最重要的是实现"一对一营销"，实现从"宏观营销"到"微观营销"的转变。

3. 销售管理

销售管理功能包括对销售人员电话销售、现场销售和销售佣金等进行管理，支持现场销售人员的移动通信设备或掌上电脑设备接入；进一步扩展的功能还包括帮助企业建立网上结算管理及与物流软件系统的接口。

4. 服务管理与客户关怀

服务管理与客户关怀功能包括产品安装档案、服务请求、服务内容、服务网点和服务收费等管理，详细记录服务全程进展情况，支持现场服务与自助服务，支持实现客户关怀。客户关系管理系统中还可以应用数据库和数据挖掘技术进行数据收集、分类和分析，以实现智能营销。

 读一读

客户服务水平与竞争力

以前有一家印刷公司，设有一个牌子，"速度、质量、价格，请选择一个"。其意思是：如果选择价格，就需要价格低，那就别谈速度和质量；如果选择质量，那么就别谈价格，也不要谈速度；如果选择速度，那么就别谈价格和质量。三者只能选择一个。这种观念过去人们是认可的。

但现在却不一样了，现在的竞争逼迫企业要同时满足客户的三个要求：速度、质量和价格。即使这样，企业依然面临着严峻的竞争挑战。如果说服务等于利润，就需要创造一种服务的个性。衡量企业发展的标准不仅是资产的回报，还有一个重要的标准是客户的满意度。所谓服务的个性，就是使客户感受到企业服务能满足他们的特殊要求，这样企业就获得了竞争优势。这种竞争优势就是服务个性，就是此企业有别于其他企业的独特的客户服务手段。

企业的客户服务水平越高，就会有越多的客户光顾，也会吸引更多的忠实客户，企业也能相应地获取更多的利润。

三、客户关系管理的应用要点

1. 建立新的管理理念

客户关系管理的应用不仅是一项技术工程，而且要在应用之前接受客户关系管理中的管理思想，建立以客户为导向的管理理念，不断提升企业的客户满意度。

2. 客户关系管理应用成功的关键在于营销体系重构

业务流程重组（BPR）是客户关系管理应用成功的前提，而业务流程重组有两种方式：一种是渐进改良，二是彻底重新制定计划。同样，客户关系管理应用成功的前提也取决于 BPR 的工作，在应用客户关系管理的过程中，BPR 必须对企业原有的营销体系进行一次彻底的重新设计，因为客户关系管理应用将帮助企业建立一套崭新的 B2B 扁平化营销体系，这将使设计企业原有分公司岗位、职能重新定位，具体有销售体系与物流体系的分离、第三方物流的引入、银行结算体系设计、供应链上分布库存控制策略调整和企业营销组织架构的重新设计等。客户关系管理应用能否取得成效在很大程度上取决于业务流程重组工作，这是客户关系管理成功应用的难点。客户关系管理的成功应用意味着企业成功实现了营销电子化，并为企业进入网上电子市场做好了准备。

3. 客户关系管理应用的基础是企业内部 ERP

客户关系管理应用的主要作用是提升企业营销能力，改善营销绩效。因此，客户关系管理应用会给企业带来直接经济效益，这一点不同于关注内部成本控制与工作效率的 ERP 应用。客户关系管理作为 ERP 销售管理功能的延伸，一般要求企业在 ERP 实施成功之后再应用客户关系管理。但由于 ERP 在中国的普及率不到 1%，这会导致很多企业先引入客户关系管理再考虑 ERP，可能出现的风险是企业从网上接收很多订单但难以靠人工方式进行高效处理，甚至会造成业务混乱。

 读一读

大客户的特点

大客户至少应该包含以下条件之一。

（1）与企业事实上存在大订单并至少有 1~2 年或更长期连续合约的，能带来相当大的销售额或具有较大的销售潜力的客户。

（2）有大订单且是具有战略性意义的项目客户。

（3）对于企业的生意或企业的形象而言，在目前或将来有重要影响的客户。

（4）有较强的技术吸收和创新能力的客户。

（5）有较强的市场发展实力的客户。

【素质提升】

中国传统文化中的客户关系

客户关系管理虽然起源于西方，但我国几千年的中华传统文化中早就蕴含现代客户关系管理的思想，那就是仁、爱、信。

《三字经》中提到："将加人，先问己；己不欲，即速已。""能亲仁，无限好；德日进，过日少。"这其实与现在产品设计思想一脉相承，产品投放市场前，要确保其能够满足市场需求，对于产品的不足之处要在投放市场前予以完善。

爱则指博爱、大爱，是对人和事物的爱。有学者根据爱的对象把爱分为人对人的爱、人对地域的爱、人对自然的爱和人对真理的爱四种。大爱精神首先表现为道德精神，是社会道德精神的精华。例如，企业推行绿色环保产品就是爱的一种体现，是对环境的爱、对自然的爱、对人与自然和谐发展之爱。

《弟子规》中提到："凡出言，信为先。"在现代企业发展中，"守信"是立身之本。

【视野拓展】

做卡车服务保障领域的先行者 解放"感动服务"拓域传奇

【任务实施】

1. 了解什么是客户关系管理。

2. 客户关系管理在供应链运营中有什么作用？

【教师评语】

【反思总结】

任务二　分析客户服务要素

【案例导入】

顺丰快递小哥的客户开发

一、客户来源

2022 年 6 月是快递业务的淡季，为了寻找更多的潜力客户，顺丰公司员工开始在淘宝网上按照鞋服类目进行搜索，锁定的目标客户群是商品单价在 100 元以上的商家。由于该分公司位于浙江省瑞安市，其辖内的仙降和飞云镇市场主要以帆布鞋生产经营为主，业务非常发达。员工小张通过搜集信息发现有一个潜在客户——瑞安市××贸易有限公司，网点名为××旗舰店，鞋子单价超过 100 元，小张通过淘宝旺旺了解到客户信息，准备上门跟进，争取合作机会。

二、开发过程

6 月，员工小张通过淘宝网寻找到客户信息，电话预约初次拜访，客户当时日件量不足 100 件，即使全部由顺丰公司承担快递业务，也无法满足客户的运费需求。

7 月，员工小张两次上门拜访客户。由于该公司是多人合作，其决策人叶总一直不在公司，最终客户还是以件量少为理由拒绝了与小张合作。

9 月，员工小张再次跟进，瑞安市××贸易有限公司的合作商之一的施经理已经基本同意合作，但是在与决策人叶总电话沟通的过程中，对方称合作有困难，并不愿见面，同时表示现在已与 A 快递公司合作。

"双 11"前，员工小张再次与施经理电话联系，问其"双 11"是否愿意合作，客户称没什么问题，但需要与叶总商讨后给予答复；过了几天客户称由于叶总和 B 快递公司的客户经理是朋友，能够保证"双 11"期间及时发货，因此，此次合作依旧没有成功。

11 月底，员工小张了解到"双 11"期间 B 快递公司爆仓是最厉害的，故直接与叶总沟通，此时客户对顺丰公司表示好感，并一直抱怨 B 快递公司，同时叶总约好时间上门洽谈。12 月初，员工小张上门拜访后，双方顺利签下合同。

【任务发布】

小组讨论	结合案例分析：顺丰快递公司员工小张是如何成功签下该客户的？交易前的客户服务要素分析对其成功开发新客户起到什么样的作用？
教师布置任务	
任务描述	1. 学生熟悉客户服务要素的相关知识。 2. 教师组织学生随机分组讨论案例并形成书面结论。 3. 各组派出代表进行成果汇报。 4. 根据各组的表现，教师进行成果评价。 5. 教师进行任务总结。
问题解答	1. 顺丰快递公司员工小张是如何成功签下该客户的？ 2. 交易前的客户服务要素分析对其成功开发新客户起到什么样的作用？

【知识准备】

客户关系管理的客户服务要素涉及交易前、交易中和交易后三个阶段，下面逐一进行介绍。

一、交易前的客户服务要素分析

交易前的要素包括客户服务书面指南、把客户服务政策指南提供给客户、组织结构、系统柔性和管理服务五个。

1. 客户服务政策书面指南

客户服务政策确定与客户需求匹配的服务水平，是可以衡量和实施的，包括跟踪服务运行情况的衡量标准、汇报实际服务运行情况的频率等。

2. 把客户服务政策指南提供给客户

客户服务政策指南使客户知道可以期望什么服务，如果企业没有达到客户的期望服务水平，客户服务政策指南还应当告知客户如何反映情况。

3. 组织结构

组织结构应适合保证实现客户服务的目标，这些目标依组织的不同而有所区别。供应链的高级管理者处于组织高层，具有很高的透明度。这使企业内部和外部在政策运作和纠正措施等方面的沟通都变得很容易。客户应可以很方便地与企业联系，当一个客户对产品或工作情况有疑问时，打电话询问销售部门却被搁置和推诿给其他代理商，客户就会感到很受打击。此后，这个客户可能再也不会打电话给这个组织询问任何事情了。

4. 系统柔性

柔性和应急计划应当被纳入系统，它使组织能够成功地应对不可预见的事件，如工人罢工、物料短缺和台风、洪水等自然灾害。

5. 管理服务

管理服务是在产品销售中为客户提供帮助，这些服务可以是免费的，也可以是收费的。具体有培训手册、专题讨论会和一对一的咨询形式等。

所有这些交易前的要素都应该让客户在正常的订货周期之外感受到与交易要素相关的决策应该是相对稳定的、不经常变动的长期决策。

 读一读

帕累托法则

帕累托法则即 80/20 法则，这是意大利经济学家帕累托于 1897 年发现的一个极其重要的社会学法则。该法则具有广泛的社会应用性，比如，20% 的富有人群拥有整个社会 80% 的财富、20% 的客户带来公司 80% 的营收和利润等。帕累托法则要求客户服务人员分清主次，锁定重要的潜在客户。

 看一看

客户数据收集渠道　　　　**客户价值选择的演变过程**　　　　**C 服装店客户数据案例**

二、交易中的客户服务要素分析

最受关注的就是交易中的客户服务要素了，因为对于客户来说，交易中的客户服务要素是最直接、最明显的，通常认为与客户服务紧密联系，具体包括以下内容。

1. 缺货水平

缺货水平是用于衡量产品可得性的重要指标。为了更好地跟踪潜在问题，生产者和客户应当可以监测缺货的情况。一旦缺货，生产者应可以提供合适的替代品，从其他地方直达装运给客户，竭尽全力地满足客户需求。

2. 订货信息

客户对于获取各种订货信息的期望值大幅提高，这方面的信息包括库存状态、订货情况、期望的或实际的装运日期及迟延订货情况等。按客户或产品类型跟踪延迟订货的运作是非常重要的，因为客户非常注重发生的问题和送达过程中的例外情况。

3. 系统准确性

客户除了希望能够快速获取广泛而多样化的数据外，还希望所收到的关于订单执行的情况和库存水平的信息是准确的。对于客户和供应商来说，纠正时间延误和文件错误的代价是很高的。

4. 订货周期

订货周期是从客户开始订货直到收到产品或服务的时间的加和。因此，如果一个销售员从客户手中拿到订单，并在进入订货程序之前保留订单5天，那么就会使订货周期延长5天，而配送中心并不知道这延长的5天。影响订货周期的因素包括下达订单、订单录入、订单处理、拣货、包装、运输和货物到达。客户关注订货周期的一贯性，而不是绝对的前置时间，随着基于时间竞争的强化，企业越来越重视缩短订货周期的总时间。

5. 特殊运输处理

特殊运输处理与不能通过正常运货系统处理的订单有关，可能是由于需要加速运货或者有独特的运输要求而出现的。这种运输与标准运输相比，所需的成本很高，然而，失去一个客户的成本同样可能很高。企业应当确定哪些客户或哪些情况需要特殊对待，哪些不需要特殊对待。

6. 转运

转运是指为避免缺货，在不同的配送点之间运送产品。对于有多个配送点的企业，为了应对延迟订货或直接从多个地点装运给客户的情况，一些与转运有关的政策必须执行。

7. 订货的便利性

订货的便利性是指客户下订单的难易程度。客户希望其供应商是友好型的，如果形式混乱，条款不标准，或者电话的等待时间过长，客户可能感觉很不满意。应通过直接与客户交流，监控和识别与订单有关的问题，并及时纠正存在的问题。

8. 商品的替代性

如果客户无法得到订购的商品，但是可以利用能够完成原来商品职能的同种品牌、不同尺寸的商品或其他品牌的商品代替，就出现了商品替代。拥有为客户提供可以接受的替代品的能力，可以显著地提高企业的服务水平。但需要注意的是，在利用一种商品替代另一种商品之前，要询问客户的意见。

三、交易后的客户服务要素分析

交易后客户服务要素是客户服务的三组要素中最容易被忽视的部分，因为在客户对不良服务的投诉中，交易后的服务要素的比例相对较低。然而，留住客户和使现有客户满意比发现新客户所获取的利益更大，因此，交易后的客户服务要素日益受到企业的重视。交易后的客户服务要素所涉及的内容如下。

1. 安装、质量保证、修理和配件

这些要素对于商品而言是重要的因素，特别是对于那些服务成本远高于商品本身成本的资本设备来说更是如此。

2. 商品跟踪

商品跟踪又称为商品追踪，是很重要的一个交易后的客户服务要素。例如，企业一旦确认了潜在问题，在向客户发出通告的同时必须能够从市场上迅速调回有潜在危险的商品。

3. 客户投诉、索赔和退货

为了解决客户投诉，企业应有一个准确的在线信息系统，用于处理客户数据、监控走势，以及向客户提供最新信息。非常规的商品处理、客户退货成本是很高的。企业应该基于有效益和有效率的政策来处理这些投诉。

4. 商品的暂时替补

某些商品在客户接受服务时，可以提供备用品。例如，一些汽车4S店会在客户的汽车接受保养时，为客户报销打车的费用，这可以消除客户的不便，还可以培养更忠诚的客户。客户服务是物流系统的产物，而且是营销与物流的关键性接口。当竞争者在其他方面有与本企业相似的优势时，只有客户服务才能真正使客户再次光临。令人满意的服务，或者合意的客户投诉解决方式，是供应链的各企业能够真正在客户中提高商誉的主要途径。

 读一读

MAN 法则

MAN 法则用于引导客户服务人员发现潜在客户的支付能力、决策权力及需要。

作为客户服务人员，可以从下面三个方面判断某个人或组织是否为潜在客户。一是该潜在客户是否有购买资金（money），即是否有钱，是否具有消费此产品或服务的经济能力，也就是有没有购买力或筹措资金的能力。二是该潜在客户是否有购买决策权（authoring），即企业极力说服的对象是否有购买决定权，在成功的销售过程中，能否准确地了解真正的购买决策人是销售的关键。三是该潜在客户是否有购买需要（need），在这里还包括需求。需要是指存在于人们内心的，对某种目标的渴求或欲望，它由内在的或外在的、精神的或物质的刺激所引发。

客户需求具有层次性、复杂性、无限性、多样性和动态性等特点，能够反复地激发每一次购买决策，并且具有接受信息和重组客户需要结构和修正下一次购买决策的功能。

作为优秀的客户服务人员，必须对需求具有正确的认识：需求不仅可以满足，而且可以创造。事实上，普通的客户服务人员总是去满足需求、适应需求，而优秀的客户服务人员则是去发现需求、创造需求。

【素质提升】

海尔：最真诚的服务送给最爱的你

一、1985 年——"四不准"划开家电服务元年

在 20 世纪 80 年代的中国，家电算是家里的"大件"。"大件"如果出现问题，维修人员是要去请的，"随手塞包烟"也就成了习惯。在业内都在默认这项习惯的时候，海尔率先站了出来，制定"四不准"规定，即不准喝用户的水、不准抽用户的烟、不准吃用户的饭、不准收用户的礼物，中国家电企业的服务意识由此开始觉醒。

二、1998 年——"五个一"做出规范化服务标杆

随着人们生活水平的提高，消费者的消费诉求也发生了变化。服务成为消费者购买家电时不可或缺的考量因素之一。海尔"五个一"服务——递上一张名片、穿上一副鞋套、铺上一块垫布、带上一块毛巾、一站式通检服务，为行业规范化服务做出了良好示范。

三、2018 年——"智慧云服务"破解被动服务壁垒

对于消费者而言，影响服务体验的关键在于效率和品质。用户长时间等候、家电维修乱收费等问题依然存在，海尔"智慧云服务"应运而生。海尔通过六大在线模式创新及流动服务为用户提供主动创造服务的价值，率先引领家电行业向物联网服务转型。

四、2019 年——全球首个物联网智慧服务新模式

为了破解传统家电服务的行业乱象，海尔不断创新模式持续引领服务规范化、品质化转型。2019 年，海尔发布全球首个物联网智慧服务新模式，确立了以"用户满意"为核心的战略导向，推动服务商流程再造，鼓励流动服务小管家主动创业，共同为用户打造物联网时代的全流程最佳服务体验。

海尔紧跟时代发展不断提升服务标准，始终引领着整个行业的高质量发展。陪伴是最长情的告白，海尔将秉承着"真诚到永远"的品牌信条，继续为用户带来更贴心的服务。

【视野拓展】

惠州莹光塑胶颜料有限公司：坚守品质，广大客户放心选择

【任务实施】

1. 顺丰快递公司员工小张是如何成功签下该客户的？

2. 交易前的客户服务要素分析对其成功开发新客户起到什么样的作用？

【教师评语】

【反思总结】

任务三　客户服务绩效检查与改进

【案例导入】

海底捞的客户满意度

四川海底捞餐饮股份有限公司（以下简称"海底捞"）是一家以经营川味火锅为主，融汇各地火锅特色于一体的大型跨省直营餐饮民营企业。其通过对员工满意度和客户满意度的双满意度考察体制，成功打造了火锅行业"五星级服务"典范。

海底捞始终秉承"服务至上、顾客至上"的理念，以创新为核心，改变传统的标准化、单一化的服务，提供个性化的特色服务，致力于为顾客提供愉悦的用餐服务。在管理上，海底捞倡导双手改变命运的价值观，为员工创建公平公正的工作环境，实施人性化和亲情化的管理模式，提升员工价值感。二十余年来历经市场和顾客的检验，海底捞成功地打造出信誉度高、颇具四川火锅特色、融会巴蜀餐饮文化，"蜀地、蜀风"浓郁的优质火锅品牌。

一、建立良好服务顾客档案

海底捞的员工会记录自己招待的顾客的生日、顾客家庭人口数、他们孩子的生日、他们的结婚纪念日和其他信息等。根据以上建立的顾客档案与顾客保持不断联络，让顾客记住海底捞，并与海底捞的员工成为朋友，他们的目的只有一个，"让客户永远记住我们，当他们想吃火锅的时候，第一个想到的就是我们！最高境界就是：让顾客习惯我们的服务！"

二、呼叫中心成为焦点

海底捞区别于其他同类或类似餐厅的是，它租用了自己的专属呼叫中心，并且很有特色。"火锅外卖"这种新鲜的服务形式被很多媒体关注，这种特色服务因极大地挑战了人们的想象力而迅速成为热点话题。海底捞是国内首家推出这种服务的，被称为 HI 捞送。有别于普通外卖的"HI 捞送"，顾客只需要拨打一个电话到海底捞的呼叫中心，将需求告知接线员，呼叫中心会快速地记录、存储并生成订单统一派发，菜品、炊具和餐具就会全部送到顾客家里，并且整个订单的派发过程还能够实时跟单，这帮助海底捞轻松实现了传统餐饮向电子商务的转型。

三、聚客效应

海底捞的这些忠诚客户能够给企业带来聚客效应。自古以来，人气就是商家发达的关键。一般来说，人们的从众心理都是非常强的，常常追捧那些最热门的企业和品牌。因此，是否已经拥有大量的客户将会成为人们聚焦的重要考虑因素之一。就像人们外出就餐或者购物的时候，排队的人越多，越有人去排队，而那些空荡荡的地方本来就没什么人，就更不会引起顾客的兴趣，就没人去了。也就是说，已经拥有较多客户的企业更容易吸引新客户的进入，从而使企业的客户规模形成良性循环。

【任务发布】

小组讨论	结合案例分析：海底捞是如何提高其客户满意度的？
教师布置任务	
任务描述	1. 学生熟悉客户服务绩效的相关知识。 2. 教师组织学生随机分组讨论案例，然后分组完成任务。 3. 各组派出代表进行成果汇报。 4. 根据各组的表现，教师进行成果评价。 5. 教师进行任务总结
问题解答	1. 海底捞是如何提高其客户满意度的？ 2. 客户满意度在企业经营中有哪些重要意义？

【知识准备】

企业服务获取速度、可靠性、产品和服务满意度方面的信息对客户来说是必不可少的，应该让客户坚信，企业对服务质量的管理可以有助于服务水平的不断提高。

一、客户服务绩效检查的目的

客户服务绩效检查是评估一个企业提供的服务水平的方法，是评估改变客户服务所带来影响的基准。

（一）客户服务绩效检查的目标

识别关键的客户服务要素，以便更好地控制这些影响客户服务绩效的关键要素。评估内部信息系统的质量和容量、提高客户服务水平、改进客户服务绩效，是客户服务绩效检查的主要目的。

（二）外部服务绩效检查的目标

（1）识别客户认为在其购买决策中起重要作用的客户服务要素。

可以通过对公司客户的抽样访问调查，深入认识客户服务的问题，了解决定客户选择供应商及做出购买决策时的关键决定因素以更好地维系客户关系。

（2）确定客户对本企业和主要竞争对手提供的服务的感知质量的差异。

在市场竞争日益激烈的今天，了解客户对企业和主要竞争对手提供的产品和服务质量的感知差异，对改进企业自身服务、提高企业的竞争力举足轻重。

（三）内部服务绩效检查的目标

内部服务绩效检查的主要目标是，找出企业所提供的客户服务与客户要求之间的差距。应当确定客户对当前服务水平的看法。如果客户认为预期服务水平比实际的服务水平差，就应该把握对顾客期望的正确定位，进而提高公司的服务水平。

读一读

金牌服务与劣质服务

（1）金牌服务：提供优质服务的企业，其客户会平均转告 5 个人。通过有效解决客户的问题来提供优质服务的企业会使 95% 的客户成为其忠诚客户。一般来说，开发新客户要比维护老客户多花 5 倍的成本，而 1 个忠诚客户相当于 10 次重复购买产品的价值，因此，维护老客户的价值是拜访新客户价值的 60 倍。

（2）劣质服务：如果企业提供劣质服务，那么平均每个客户会把抱怨告诉 10 个人。其中，20% 的客户会把抱怨传播给 20 个人，而一次不好的服务需要 12 次好的服务来修正。一般来说，人们只要听到 4% 的抱怨声，81% 的客户就会永远消失。优质的客户服务是最好的企业品牌。

二、客户服务绩效检查的内容

（一）外部客户服务绩效检查

（1）营销部门参与外部客户服务绩效检查是非常必要的。

在外部客户服务绩效检查中，营销部门的参与是非常必要的。营销职能有助于深入理解客户需要，把相关的问题融入客户服务数据收集方法的设计。营销部门的参与可以增加销售量，并且当贯彻实施检查结果时，营销部门会提供更多支持。

（2）通过调查获得客户信息反馈。

调查问卷可以用于确定不同的客户服务要素和其他营销组合要素的相对重要性，衡量企业和主要竞争对手对每一要素所采取的行动；可以帮助管理人员在考虑特定竞争对手的优势和劣势的同时，通过客户细分，建立客户服务战略。

（3）外部客户服务绩效检查可以帮助企业发现客户服务问题和客户服务机会。

外部客户服务调查中得到的结果，一方面可以发现改进客户服务的机会，另一方面可以找到服务中存在的潜在问题，找到受客户高度重视的因素，这些因素正是改进行动的重点所在。

（4）分析调查问卷的评分要素，寻找市场机会。

评分最高的要素应在市场份额分配时起最大作用。然而，由于一些原因，实践中可能并不总是这样。当一个行业的主要供应商服务水平很接近时，区别供应商就很困难。使供应商绩效产生重大差异的要素，对市场份额分配影响权重较大。因为客户可能认为某一服务要素极端重要，但很少或没有供应商能够为这一要素提供令人满意的服务，这就为提供差异化服务创造了机会。相反，有些客户并没有意识到哪些要素能够获得卓越服务，如果某一供应商在这些要素上改进了客户服务水平，则其市场份额很可能增加。

（5）基于服务检查，实行纠正措施。

如果实际服务水平优于客户认为的服务水平，那么管理人员应该考虑如何向客户说明这种情况，并告诉他们实际的服务水平。这可能包括由客户向销售人员提供月度、季度运行报告，然后由销售人员逐一检查。

（二）内部客户服务绩效检查

1. 内部客户服务绩效检查的主要内容

内部客户服务绩效检查主要检查企业目前实际的服务状况。这为评估和改变客户服务水平带来的影响打下了基础。进行内部客户服务检查时应解决下列问题。

(1) 当前企业内部如何衡量客户服务？

(2) 衡量服务的单位是什么？

(3) 服务的标准和目标是什么？

(4) 当前服务达到何种水平（结果与目标）？

(5) 如何从企业的信息/订单处理系统中得到这些衡量标准？

(6) 什么是内部客户服务报告系统？

(7) 企业的每一个职能部门（如物流、营销）如何看待客户服务？

(8) 这些职能部门在交流和控制方面的关系如何？

2. 管理人员访问调查是信息的重要来源

管理人员应该对所负责的全部物流活动和与物流相关的活动，如财务、营销和生产的管理者进行访问调查。访问调查内容包括职责定义、规模和组织结构、决策权力和决策过程、绩效衡量和结果、客户服务定义、管理人员对客户如何定义、公司改变或改善客户服务的计划、职能部门内部的信息交流、职能部门之间的信息交流、同紧密联系的对象（如消费者、客户、承运人和供应商）之间的信息交流等。

 读一读

客户满意度衡量的指标

客户满意度是衡量客户满意程度的量化指标，由该指标可以直接了解企业或产品在客户心目中的满意度。通常通过几个主要的综合性数据反映客户满意度。

一、产品的美誉度

美誉度是客户对企业的褒扬程度。对企业持褒扬态度者，肯定对企业提供的产品或服务满意。即使本人不曾直接消费该企业提供的产品或服务，也一定直接或间接地接触过该企业产品和服务的消费者，因此，其意见可以作为满意者的代表。

借助对美誉度的了解，可以知道企业所提供产品或服务在客户中的满意状况，因此，美誉度可以作为企业衡量客户满意程度的指标之一。

二、品牌的知名度

知名度是指客户指名消费某企业产品或服务的程度。如果客户对某种产品或服务非常满意，就会在消费过程中放弃其他选择而指名道姓，非此不买。

三、消费后的回头率

回头率是指客户消费了该企业的产品或服务之后再次消费，或介绍他人消费的比例。当一个客户消费了某种产品或服务之后，如果十分满意，那么他会重复消费；如果这种产品或服务不能重复消费（如家里仅需一台冰箱），但只要可能他还是愿意重复消费的，或者虽不重复消费，却愿意向领导、亲朋大力推荐，引导他们加入消费队伍。因此，回头率也可以作为衡量客户满意度的重要指标。

四、消费后的投诉率

投诉率是指客户在消费了企业提供的产品或服务之后产生投诉的比例。客户的投诉是不满意的具体表现，通过了解投诉率，就可以知道客户的不满意状况，因此，投诉率也是衡量客户满意度的重要指标。

五、单次交易的购买额

购买额是指客户购买某产品或服务的金额。一般而言，客户对某产品的购买额越大，表明客户对该产品的满意度越高；反之，则表明客户对该产品的满意度越低。

六、对价格变化的敏感度

客户对产品或服务价格变化的敏感度也可以反映客户对某产品的满意度。当产品或服务价格上调时，客户如表现出很强的承受能力，则表明客户对该产品或服务的满意度很高。

七、向其他人的推荐率

客户是否愿意主动推荐和介绍他人购买或者消费，也可以反映客户的满意度。客户如果愿意主动介绍他人购买，则表明其满意度是比较高的。

三、识别客户服务绩效改进的方法和机会

外部客户服务检查使管理人员能够发现企业客户服务和营销战略的问题。把它同内部客户服务检查联合使用，可以帮助管理人员调整这些战略，如细分客户、区别对待，以增强企业的竞争力。

比较客户对竞争对手和自己的服务评价，可以发现对竞争力最有影响力的标准。一旦管理人员使用这种类型的分析方法确定可以获取竞争优势的机会，就必须全力以赴地找出最优的实践方法。

通过客户服务绩效检查完善客户服务标准，并不间断地进行服务衡量。管理人员必须在影响因素中，如客户类型、地理区域、分销渠道和生产技术等，设定细分的目标服务等级，并就这一信息与负责执行服务策略的全体员工进行交流，鼓励员工完成客户服务目标。

 读一读

客户服务人员请注意

一、客服角色

(1) 代表店铺和公司形象。

(2) 产品专家和形象专家。

(3) 了解顾客需求，引导话题，诱导成交。

(4) 让顾客记住店铺特色的某一点。

二、客服应该具备的知识

(1) 产品属性和应用知识。

(2) 品牌基本信息。

(3) 顾客消费心理常识。

三、客服基本技能

(1) 熟悉买家购物流程的全程操作。

(2) 具备售后服务的知识。

(3) 对应急和重要事情及时上报。

四、客服应该避免的几种情况

(1) 责任心：态度冷漠，话语生硬，动作消极。

(2) 立场：言语措辞恶劣或欠妥，攻击或侮辱顾客。

(3) 专业：知识不够丰富，技能不足，服务不到位，给企业造成损失。

(4) 细心度：对促销活动理解不深，不清楚细节，工作效率低。

看一看

Q 烤鸭店细分就餐顾客案例　　　J 化妆品公司客户忠诚案例　　　火锅店客户关系管理案例

【素质提升】

速尔快递员用心服务客户

毛钰龙是一位90后，来自陕西，于2016年4月进入速尔快递东莞长安一网点成为一名快递员。进入速尔前，毛钰龙曾在工厂打过工，也自己创业过。说起创业，毛钰龙分享道："没进入速尔前，和朋友在湖北开了一家家禽养殖场，天天带着鸡和鸭去推销跑业务，也是在那时候懂得了谈客户、跑业务的艰辛，最后因为禽流感，所以没做好。"谈到为何加入速尔，毛钰龙认为属机缘巧合。创业失败后，另外一位朋友在快递公司上班，这位朋友告诉毛钰龙，可以学习到很多东西，结交到许多朋友，还可以提高自己的能力，这些正是吸引毛钰龙加入速尔的主要原因。随后毛钰龙来到了东莞，当时长安一网点的快递车上贴着招聘广告，面试通过后，他跟着一位快递前辈学习起了"快递"知识，一切从零开始。

东莞市阿尔泰机械有限公司是毛钰龙服务的企业客户，在这家企业中，无论是领导还是收发货人员，对毛钰龙的评价都很高。毛钰龙没进入速尔前，这家企业并不是和速尔快递合作的，而是与一家价格更低的快递公司合作。后来毛钰龙来速尔上班，每次派件都是面带微笑，有时候有代收货款的快件，收件时间会久一些，他也不会面带急躁不耐烦的表情，总是很有耐心。有时候公司有急件需要他早点送过来，不管刮风下雨他都会按约定的时间送到。好多次客户不在公司让他帮忙送到住的地方，他也会送过去，后来公司就选择他长期合作。

速尔快递正是因为有像毛钰龙这样的速尔人，始终践行着速尔的品质理念，才会不断发展壮大。

【视野拓展】

2023 年中国顾客满意度指数 C-CSI 研究成果权威发布

【任务实施】

1. 海底捞是如何提高其客户满意度的？

2. 客户满意度在企业经营中有哪些重要意义？

【教师评语】

【反思总结】

项目总结

　　供应链运营包括上游采购端的采购关系与下游需求端或内部其他部门间的服务关系，以及相关的管理关系、协同关系、互生关系等各类复杂关系。在本项目中，我们了解了客户关系管理的含义和作用，认识了客户关系管理的应用要点，分析了交易前、交易中和交易后的客户服务要素，并从客户服务绩效检查的目的、内容及识别客户服务绩效改进的方法和机会三个方面，学习了客户服务绩效检查与改进的相关内容。

 知识巩固

一、单选题

1. 整合记录企业各部门、每个人所接触的客户资料，进行统一管理，这属于客户关系管理的（　　）功能。

A. 客户信息管理　　　　　　　　　B. 市场营销管理

C. 销售管理　　　　　　　　　　　D. 服务管理与客户关怀

2. 客户关系管理所涉及的营销管理最重要的是实现（　　），实现从"宏观营销"到"微观营销"的转变。

A. 一对多营销　　　　　　　　　　B. 多对一营销

C. 一对一营销　　　　　　　　　　D. 多对多营销

3. 对销售人员电话销售、现场销售和销售佣金等进行管理，支持现场销售人员的移动通信设备或掌上电脑设备接入，这属于客户关系管理的（　　）功能。

A. 客户信息管理　　　　　　　　　B. 市场营销管理

C. 销售管理　　　　　　　　　　　D. 服务管理与客户关怀

4. 下列选项中，属于管理服务的是（　　）。

A. 服务指南　　　B. 组织结构　　　C. 系统柔性　　　D. 一对一咨询

5. 能使组织成功应对工人罢工、物料短缺等不可预见事件的客户服务要素是（　　）。

A. 服务指南　　　B. 组织结构　　　C. 系统柔性　　　D. 一对一咨询

6. 最受关注的客户服务要素是（　　）。

A. 交易前的客户服务要素　　　　　B. 交易中的客户服务要素

C. 交易后的客户服务要素　　　　　D. 需改进的客户服务要素

7. 下列选项属于交易后的客户服务要素的是（　　）。

A. 系统柔性　　　　　　　　　　　B. 缺货水平

C. 订货信息　　　　　　　　　　　D. 商品追踪

8. 在外部客户服务绩效检查中，（　　）的参与是非常必要的。因为其职能有助于深入理解客户需要，把相关的问题融入客户服务数据收集方法的设计中。

A. 营销部门　　　B. 财务部门　　　C. 人事部门　　　D. 后勤部门

9. （　　）可以用于确定不同的客户服务要素和其他营销组合要素的相对重要性，衡量公司和主要竞争对手对每一要素所采取的行动。

A. 调查问卷　　　　　　　　　　　B. 网络信息搜集

C. 实地走访　　　　　　　　　　　D. 观察法

10. 内部客户服务绩效检查时，（　　）是信息的重要来源。

A. 调查问卷　　　　　　　　　　　B. 网络信息搜集

C. 实地走访　　　　　　　　　　　D. 管理人员访问调查

二、多选题

1. 客户关系管理的最终目标是（　　）。

A. 吸引新客户　　　　　　　　　　B. 保留老客户

C. 将已有客户转为忠实客户　　　　D. 增加市场

2. 客户关系管理的作用有（　　）。

A. 客户信息管理　　　　　　　　　B. 市场营销管理

C. 销售管理 D. 服务管理与客户关怀

3. 业务流程重组的两种常用方式是（   ）。

A. 自身重构 B. 外包重构 C. 渐进改良 D. 彻底重新制定计划

4. 下列选项中属于交易前的客户服务要素的有（   ）。

A. 客户服务政策书面指南 B. 组织结构

C. 系统柔性 D. 管理服务

5. 下列选项不属于交易后的客户服务要素的是（   ）。

A. 系统柔性 B. 缺货水平 C. 订货信息 D. 商品追踪

6. 外部客户服务调查中得到的结果，可用于（   ）。

A. 发现改进客户服务的机会 B. 找到服务中存在的潜在问题

C. 找到受客户高度重视的因素 D. 改进客户服务水平

7. 管理人员访问调查的内容包括（   ）。

A. 职责定义 B. 规模和组织结构

C. 绩效衡量和结果 D. 客户服务定义

8. 影响客户服务绩效的因素有（   ）。

A. 客户类型 B. 地理区域 C. 分销渠道 D. 生产技术

9. 客户服务绩效检查的目标有（   ）。

A. 识别关键的客户服务要素 B. 评估内部信息系统的质量和容量

C. 提高客户服务水平 D. 改进客户服务绩效

10. 外部客户服务绩效检查的目标有（   ）。

A. 认识客户服务问题

B. 了解决定客户做出购买决策时的关键决定因素

C. 更好地维系客户关系

D. 改进企业自身服务

三、判断题

1. 客户关系管理的产生是市场与科技发展的结果，是以现代客户管理为基础，包括对企业相关部门和外部客户（业务伙伴）之间发生的，从产品（或服务）设计、原料和零部件采购、生产制造、包装配送直到终端客户全过程的客户服务的管理。（   ）

2. 对企业客户发生的各种关系进行全面管理，将会提升企业的营销能力，降低营销成本，有效地控制营销过程中可能导致客户抱怨的各种行为。（   ）

3. 客户关系管理系统中还可以应用数据库和数据挖掘技术进行数据收集、分类和分析，以实现智能营销。（   ）

4. 客户关系管理系统的应用是客户关系管理应用成功的前提。（   ）

5. ERP 系统是 CRM 系统销售管理功能的延伸。（   ）

6. 当一个客户对产品或工作情况有疑问时，打电话询问销售部门却被搁置和推诿给其他代理商，他就会感到很受打击。（   ）

7. 与交易要素相关的决策应该是随着市场的变化不断调整的决策。（   ）

8. 发现新客户比留住客户和使现有客户满意所获取的利益更大。（   ）

9. 客户关注订货周期的一致性，而不是绝对的前置时间，随着基于时间竞争的强化，企业越来越重视减少订货周期的总时间。（   ）

10. 在市场竞争日益激烈的今天，了解客户对自己和主要竞争对手提供的产品和服务质量的感知差异，对改进企业自身服务，提高竞争力举足轻重。（   ）

实践训练

星巴克的客户关系

星巴克是一个奇迹，它可能是过去 10 年里成长最快的公司之一，并且增长势头没有丝毫减缓的迹象。自 1992 年在纳斯达克公开上市以来，星巴克的销售额平均每年增长 20% 以上。在过去 10 年里，星巴克的股价上涨了 2 200%。星巴克是世界上增长最快的品牌之一，它是美国《商业周刊》评出的"全球品牌 100 强"最佳品牌之一，其品牌价值与上年相比增长12%，是为数不多的在如此恶劣的经济环境下仍能保持品牌价值增长的公司。

不过，星巴克品牌引人注目的并不是它的增长速度，而是它的广告支出之少。星巴克每年的广告支出仅为 3 000 万美元，约为营业收入的 1%，这些广告支出通常用于推广新口味咖啡饮品和店内新服务，如店内无线上网服务等。与之形成鲜明对比的是，同等规模的消费品公司的广告支出通常高达 3 亿美元。

星巴克成功的重要因素是它视"关系"为关键资产，星巴克董事长舒尔茨一再强调，星巴克的产品不是咖啡，而是"咖啡体验"。与客户建立关系是星巴克战略的核心部分，它特别强调的是客户与"咖啡大师傅"的关系。

舒尔茨认识到"咖啡大师傅"在为客户创造舒适、稳定和轻松的环境中的关键角色，那些站在咖啡店吧台后面直接与每一位客户交流的吧台师傅决定了咖啡店的氛围。因此，每个"咖啡大师傅"都要接受培训，培训内容包括客户服务、零售基本技巧及咖啡知识等。"咖啡大师傅"还要预测客户的需求，并在解释不同的咖啡风味时与客户进行目光交流。

认识到员工是向客户推广品牌的关键，星巴克采取与市场营销基本原理完全不同的品牌管理方式。星巴克将在其他公司可能被用于广告的支出投资用于员工福利和培训。1988 年，星巴克成为第一家为兼职员工提供完全医疗保险的公司。1991 年，它又成为第一家为兼职员工提供股票期权的公司，星巴克的股票期权被称为"豆股票"（bean stock）。在舒尔茨的自传《星巴克咖啡王国传奇》中，他写道："豆股票及信任感使职员自动、自发地以最大热忱对待客人，这就是星巴克的竞争优势。"星巴克的所有员工，不论职位高低，都被称为"合伙人"，因为他们都拥有星巴克的股份。

星巴克鼓励授权、沟通和合作。星巴克总部的名字为"星巴克支持中心"，这表示，对于那些在星巴克店里工作的"咖啡大师傅"来说，星巴克管理层的角色是为他们提供信息与支持。星巴克鼓励分散化决策，并将大量的决策放到地区层面，这给员工很大的激励。许多关键决策都是在地区层面完成的，每个地区的员工就新店开发与总部密切合作，帮助识别和选定目标人群，他们与总部一起完成最终的新店计划，保证新店设计能与当地社区文化一致。星巴克的经验显示，在公司范围内沟通文化、价值和最佳实践是建立关系资产的关键部分。

星巴克也通过反馈来增强与客户的关系。每周，星巴克的管理团队都要阅读原始的、未经任何处理的客户意见卡。一位主管说："有些时候我们会被客户所说的吓一跳，但是这使我们能够与客户进行直接的交流。在公司层面上，我们非常容易失去与客户的联系。"

星巴克将其关系模型拓展到供应商环节。现在许多公司都将非核心业务剥离，这使它们与供应商的关系变得极其关键，特别是涉及关键部件的供应商。有些公司把所有完成的交易都视为关系，但是真正优秀的公司都认识到，在商业交易和真正的关系存在着巨大的差别，即是否存在信任，它们都投入大量的资源去培养与供应链上的合作伙伴之间的信任。

星巴克倾向于建立长期关系，它愿意通过与供应商一起合作来控制价格，而不仅从外部监控价格，它投入大量的时间与金钱来培育供应商。在星巴克看来，失去一个供应商就像失去一个员工，因为这样就损失了培育他们的投资。星巴克对合作伙伴的选择可以说非常挑剔，但一旦选择过程结束，星巴克就非常努力地与供应商建立良好的合作关系。第一年，两家公司的高层主管代表通常会进行 3~4 次会面，之后，每年或每半年进行战略性业务回顾以评估这种合作关系。产品和产品的领域越重要，参与的主管级别就越高。

思考：

（1）星巴克的客户理念是怎样的？

（2）星巴克是怎样管理客户关系的？

项目评价

评价项目（占比）	评价标准	分值	学生自评	第1组	第2组	第3组	第4组	第5组	第6组	教师评价
				得分（小组互评）						
考勤（10%）	无故旷课、迟到、早退（一次扣10分）	10								
	请假（一次扣2分）									
学习能力（10%）	合作学习 小组合作参与度（优6分，良4分，一般2分，未参与0分）	6								
	个人学习 个人自主探究参与度（优4分，良2分，未参与0分）	4								
工作过程（40%）	能够进行交易前、交易中和交易后客户服务 能够分析交易前，交易中和交易后的客户服务要素（每错一处扣1分）	10								
	能够评价企业交易前，交易中和交易后的客户服务质量（每错一处扣2分）	10								
	能够识别客户服务绩效 能够进行客户服务绩效评价（每错一处扣1分）	10								
	改进的方法和机会 能够识别客户服务绩效改进的计划（每错一处扣1分）	10								
工作成果（40%）	成果完成情况 能够按要求完成每个任务环节（未完成一处扣4分）	20								
	成果展示情况 能够准确展示完成成果（失误一次扣5分）	20								
得分小计										
综合得分（自评得分×20%+小组互评得分×20%+教师评价得分×60%）										

教师评语：

活页笔记

项目八　数字化供应链综合运营

素质目标	1. 培养学生具备责任感和使命感。 2. 培养学生具备诚实守信的意识。 3. 培养学生具备创新精神和开放意识
知识目标	1. 掌握供应链环境下企业业务流程重组的内涵、意义、步骤和途径。 2. 掌握供应链整体运营规划与设计、战略分析规划与决策等内容。 3. 理解数字化供应链运营案例
能力目标	1. 能够分析数字化供应链平台的内涵、特点等内容。 2. 能够通过数据分析获取信息并作出相应的供应链策略调整。 3. 能够准确分析企业的数字化供应链运营情况

✓ **知识结构**

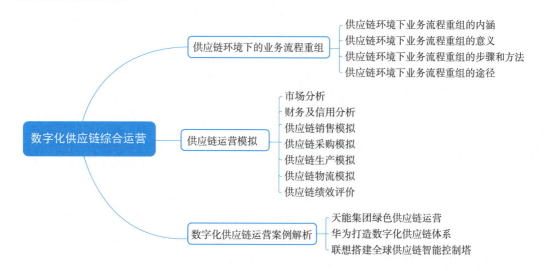

数字化供应链综合运营

- 供应链环境下的业务流程重组
  - 供应链环境下业务流程重组的内涵
  - 供应链环境下业务流程重组的意义
  - 供应链环境下业务流程重组的步骤和方法
  - 供应链环境下业务流程重组的途径
- 供应链运营模拟
  - 市场分析
  - 财务及信用分析
  - 供应链销售模拟
  - 供应链采购模拟
  - 供应链生产模拟
  - 供应链物流模拟
  - 供应链绩效评价
- 数字化供应链运营案例解析
  - 天能集团绿色供应链运营
  - 华为打造数字化供应链体系
  - 联想搭建全球供应链智能控制塔

供应链环境下的业务流程重组

【案例导入】

安泰物流公司业务流程重组

一、实施背景

安泰物流公司成立于 2000 年，是我国一集团出资建立的物流服务公司。在成立初期，安泰物流公司是以集团内部的物料采购、物料配送及成品分拨物流业务等为自身业务主体，属于典型的企业物流经营模式。2004 年，安泰物流公司启动全球化战略，并在内部实施市场链流程重组，借此东风，安泰物流公司实施了业务流程的重组。其根本目的是从"企业的物流"转型为"一流的物流企业"，通过业务流程重组用一流的供应链和配送网络绑定用户需求，拓展业务模式，真正形成公司核心竞争力，借以突破现阶段的发展瓶颈。

二、业务流程重组过程

（一）观念重组

1. 重塑经营理念

安泰物流公司提出并强调了树立"需求为尊、用户至上"的理念，要求每位员工都要以此理念为工作准则，真正做到专注于创造市场和用户的需求。

2. 革新管理机制

在管理机制上，安泰物流公司在大力发展和推行企业文化的同时率先提出了 3 个 JIT 等先进管理模式并与市场链机制有机融合，为自身业务流程重组的实施提供了坚实的基础和保障。

3. 开拓业务思路

安泰物流公司在对内外部资源进行优化和整合的同时，跳脱出中小企业固有本位主义思想的束缚，拓展思路，以自身信息化平台为依托，在前端通过信息共享的方式实现了吸引国际化分供方技术资源直接参与产品设计，保证了产品技术优势；在后端通过搭建信息化抢单平台极大地激发了网络内运输资源的积极性，同时，吸引了大量网络外资源的加入，壮大了自身的产出配送网络。

（二）组织架构重组

首先，将原本分布于各个产品事业部的采购、原材料配送和成品物流业务整合后成立了 JIT 采购事业部和 JIT 配送事业部和 JIT 分拨物流事业部用以统筹管理集团内部物流业务。其次，建立了信息咨询事业部和第三方社会化物流事业部用以开拓新兴的第三方物流咨询服务和第三方社会化物流服务业务。最后，新的组织结构以订单信息流为中心，以资金流为纽带将企业的战略采购、生产物料配送、产成品分拨物流有机地串联到一起，大大提升了企业核心竞争力。

（三）业务流程重组

安泰物流公司提出了 3 个 JIT 的管理，即 JIT 采购、JIT 原材料配送和 JIT 分拨物流。通过这种创新的管理模式、订单信息流与资金流有机融合实现了前端分供方和终端用户的无缝对接，从而构成了直接面对市场的、完整的、横向网络化同步的业务流程体系。

三、业务流程重组效果

安泰物流公司成功实施业务流程重组后，自身原有的采购网络、配送网络和库存资金周转速度等传统业务均取得了长足的进步和发展。与此同时，安泰物流公司积极开展第三方物流配送业务，形成了自身新的利润增长点。

安泰物流公司业务流程重组的成功案例充分证明了业务流程重组是一种能够显著提高企业核心竞争力的组织变革模式，它能够从人们可以想到的各个方面给企业带来巨大的提升，最终由量转质，达到从根本上提升整个企业核心竞争力的目的，从而使企业在一个相对短的周期内实现倍速成长。

【任务发布】

小组讨论	结合案例分析：安泰物流公司业务流程重组的成功之处是什么？
教师布置任务	
任务描述	1. 学生熟悉供应链环境下业务流程重组的相关知识。 2. 教师组织学生随机分组讨论案例并形成书面结论。 3. 各组派出代表进行成果汇报。 4. 根据各组的表现，教师进行成果评价。 5. 教师进行任务总结
问题解答	1. 选择某一熟悉的企业，分析其在供应链环境下的业务流程现状。 2. 编制选定企业供应链环境下的业务流程重组方案

【知识准备】

一、供应链环境下业务流程重组的内涵

（一）流程

流程是企业标准化、规范化管理的工具。流程是指从原料到制成品的各项工序安排的程序，是指一个或一系列连续有规律的行动，这些行动以确定的方式发生或执行，导致特定结果的实现。

流程一般包括以下三个方面。

（1）流程包含了一系列的活动，不是一个单一的动作。

（2）流程是为一定目标服务的，在多数情况下，流程的目标指的是顾客。

（3）流程都有特定的输入/输出，是通过一系列的活动组合，将输入转化为输出的过程。

（二）业务流程重组

业务流程重组通常定义为通过对企业战略、增值运营流程，以及支撑它们的系统、政策、组织和结构的重组与优化，从而达到工作流程与生产力最优化的目的。业务流程重组强调以业务流程为改造对象和中心、以关心客户的需求和满意度为目标，对现有的业务流程进行根本的再思考和彻底的再设计；利用先进的制造技术、信息技术及现代的管理手段，最大限度地实现技术上的功能集成和管理上的职能集成；以打破传统的职能型组织结构，建立全新的过程型组织结构，从而实现企业经营在成本、质量、服务和速度等方面的突破性改善。业务流程重组最重要的是在组织高管层面有完善的业务流程重组管理计划与实施步骤及对预期可能出现的障碍与阻力有清醒的认识。

要完整地理解业务流程重组，就必须抓住它的本质内容，即流程、根本性、彻底性、戏剧性。流程是业务流程重组关注的重点，业务流程重组的一切工作都是围绕业务流程展开的，流程不再是支持管理的辅助工具；根本性是指在业务流程重组过程中，企业人员必须对企业运营的根本性问题进行仔细的思考，这迫使企业重新重视自身的经营策略和方法；彻底性是指要彻底改造现行的业务流程，创造新的业务流程，而不是肤浅地改变或调整性地修补完善；戏剧性是指业务流程重组不是一般意义上的业绩提升或改善，而是要使企业取得业绩上的突飞猛进，这也是业务流程重组取得成功的标志。图 8-1 所示为业务流程重组概念模型。

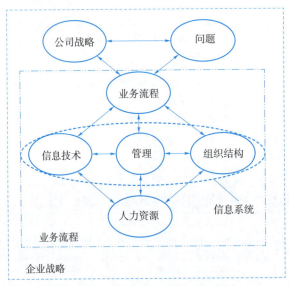

图 8-1　业务流程重组概念模型

（三）供应链环境下的业务流程重组

供应链流程重组是指将企业的业务流程再造从单个企业的内部推广到供应链，将上游厂商、下游零售商的流程也包括在重组的范围之内。供应链结构重组是指对供应链所包括的企业及其之间的相互关系进行重组，以剔除某些企业或增加某些企业，甚至新创企业。重组的目的包括提高顾客满意度和附加价值，降低业务流程成本、减少浪费，提高需求预测能力与产品供应能力等。

供应链管理是一种集成化的管理模式。它追求的最终目标是在整体结构优化的前提下最大限度地满足客户需求。供应链管理模式要求企业转变经营管理方法，并要求企业进行业务流程重组。供应链管理体系中的价值链将企业内各部门的业务流程社会化为供应链的业务流程，使供应链像单一企业的价值链一样运转。目前，许多问题无法从企业内部解决，但如果把这个问题放到企业所在的整个供应链上，分析供应链中的上下游企业，甚至包括竞争对象，解决问题的思路就豁然开朗了。因此，对供应链管理环境下的业务流程重组方法进行研究就显得十分重要。借助业务流程重组技术，企业可以进一步优化供应链管理体系，提高生产效率和质量，降低资源、服务等的成本，使企业得到高效益和低成本的优势，从而在激烈的市场竞争环境中获得核心竞争力。

供应链管理的实践已经扩展成为一种所有成员企业之间的长期合作关系，它超越了供应链初期短期的、基于某些业务活动的经济关系，使供应链从一种作业性的管理工具上升为管理性的方法体系。供应链管理是一种集成化管理模式，它追求的最终目标是整体结构优化下最大限度地满足客户需求。供应链管理模式要求企业转变经营管理方法，并要求企业进行业务流程重组。面向供应链管理的业务流程重组项目同其他项目一样，都具有时间、成本和绩效三个目标。这三个目标综合成了供应链业务流程重组的目标，同时也构成了业务流程重组的三个方向。但是，所有的方向都围绕着满足客户需求、实现客户期望的中心。供应链业务流程重组的目标如图8-2所示。

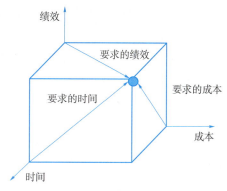

图8-2　供应链业务流程重组的目标

 读一读

业务流程重组的起源

1990年7、8月，美国哈佛大学教授迈克尔·哈默在《哈佛商业评论》上发表了《重组工作——不要自动化改造而是彻底铲除》，业务流程重组的概念最初就是在这里提出的。哈默博士认为，企业应该全面改善"笨重"和"过时"的业务流程，利用业务流程重组实现"用现代化信息技术创造的高速公路取代乡间小道"的目标。之后在1993年，美国哈佛大学教授迈克尔·哈默和美国管理咨询专家詹姆斯·钱辟合著出版了《企业再造——工商管理革命的宣言》。这标志着业务流程重组这个新的管理方法和管理理论形成了。在这本著作中哈默博士为业务流程重组下了定义，定义业务流程重组是"针对竞争环境和顾客需求的变化，对业务流程进行根本性的重新思考和彻底性的重新设计，以求在诸如成本、服务、质量、速度等方面业绩考核的关键性指标上取得戏剧性的成就"。业务流程重组强调以顾客的需求、满意度为目标，利用先进的信息技术、制造技术和现代化的管理手段，对现有的业务流程进行业务流程重组，最大限度地实现管理上的职能集成与技术上的功能集成，以打破传统的组织结构，建立全新的流程型组织结构。流程本身并不是业务流程重组的重心，业务流程重组的重心是企业业务流程重组后所形成的核心竞争力。企业的核心竞争力是指企业自己拥有的、与其他企业相比独特的竞争力，是在管理模式、经营策略和核心技术等方面略胜一筹的竞争力。这种竞争力使企业在行业内、在市场上享有特别的优势，能支撑企业创造更大的价值。

二、供应链环境下业务流程重组的意义

（一）人力资源的重构

供应链的业务流程重组要求企业对企业间的某些合作流程进行完善，并且供应链上的人力资源超越了原有企业的边界和地理位置，这就要求企业内部人员具有较高的整体素质与水平，

特别是企业的高层领导者。从某种程度上，它间接促进了整体人力资源水平的提高。

（二）技术的提高和信息的共享

通过改造或异构来源于不同企业或部门的信息技术，建立覆盖整个企业或供应链的信息网络，使每位员工或供应链上的每位成员企业通过网络就可以得到与自己业务有关的各种信息。

（三）组织结构的完善

就企业本身来讲，按具体项目组成面向业务流程的工作小组，明确小组内部各成员的作用和职责，做到职责权利统一，使小组形成一个享有充分自主权和决策权的团体。就供应链上的联盟企业来讲，要根据顾客需求集成不同企业或工作小组，构建以核心业务为中心的动态企业联盟。通过业务流程重组，削减臃肿的组织机构及许多不增值的环节，提高工作效率，降低业务流程运作成本。

（四）信息的及时传递

信息延迟带来的问题主要是由信息的时效性造成的。一旦信息失效，它就失去了价值，压缩信息流的传递时间，使渠道内传播的信息保持新鲜和有意义，并能够被及时有效地理解。通过将市场销售数据实时提供给供应链的成员，每个成员可以根据其下游企业订货信息和最终消费者需求信息准确、快捷地进行生产决策和存货决策，有利于企业实现 JIT 生产和零库存，进而减少库存，降低成本，提高信息流运作绩效。

（五）企业更贴近市场

为了提高顾客满意度，企业将主动进行市场调查和研究，预测市场的需求，摸索市场需求的变化规律，及时掌握市场需求的动向。由于供应链业务流程重组的实施压缩了管理层级，使高层管理人员与第一线作业、业务人员和顾客之间的距离缩短，所以高层管理人员能够更直接、有效、及时地获取企业一线人员的调查和研究信息，及顾客对企业产品或服务的反馈信息，从而及时地调整经营策略。

（六）成倍压缩生产成本

通过供应链的业务流程重组，企业吸收了国外供应链节点上其他先进的企业管理理论及技术，能够降低管理中人为因素的影响，减少中间环节的传递，大幅压缩产品开发的周期，并加速产品的更新换代。同时，业务流程重组彻底消除了传统纵、横向协调及控制产生的成本，取消了传统管理模式中多余的监控，因此，管理层级得以减少，管理成本也大大降低。

（七）提高员工的工作和服务质量

正因为业务流程重组彻底抛弃了职能分工的观念，并确定了以过程为核心的观念，企业中所有的员工都把满足顾客需求作为自身工作的首要目标，员工的工作态度及方式由被动向主动转变。因此，员工工作和服务的主动性大大提高，传统管理模式下企业管理人员的许多监管工作显得多余，企业的整体管理水平上升了一个层次。

读一读

传统供应链运营流程的弊端

一、流程烦琐，效率低下

商品从工厂到消费者手中要经过各种烦琐的流程，在过去流程型驱动下，供应链往往是一维的链条式协作，呈现出效率低且不透明的特征。一旦流程中出现断点或问题，很难快速找到原因并做出响应。

二、无法满足多元化需求，用户体验差

个性化、多样化的消费正成为当前消费增长的主流。用适当的产品、更快的速度满足消费需求，正成为企业核心竞争力的重要标志。传统供应链下的企业仍以供应商/零售商而不是消费者为核心，对市场变化缺乏感知，在灵活性方面也存在一定短板。

三、依赖人工经验，决策水平较低

许多企业在今天依然把量化的需求预测方法视为一个黑盒子，完全凭经验和感觉来判断。这种方式严重依赖决策者的经验、水平与精力。图灵奖、诺贝尔经济学奖获得者Herbert Simon 曾表示，人在决策中寻找的并非"最优"的标准。

三、系统复杂，成本控制难

多数企业都会面临越来越丰富的产品线及越来越多变的需求，这必然会形成一个更加复杂的供应链系统，囊括数量繁多的参与者，包括企业方、供应商、经销商、承运商和最终用户等。企业不仅要建立降低各单项成本的管理方法，还要懂得如何平衡。大多数时候，某些单项成本的降低不仅导致供应链总成本不降反升，还会引起产品质量和服务水平的降低。

三、供应链环境下业务流程重组的步骤和方法

（一）业务流程重组的原则

1. 职责合理

应当从供应链流程的目标而非供应链流程的活动过程出发，来定义或优化设置部门岗位职责。

2. 简单有效

剔除对内部客户或外部客户不增值的活动。

3. 减少交接

尽可能使同一个人完成一项完整的工作，减少交接次数。

4. 关键控制

在工作过程中设置关键控制点，并使控制点尽可能提前，以减少重复工作次数。

5. 明确目标

对供应链流程活动设置明确的时间或质量目标，以保证流程执行的最终效果。

6. 因地制宜

没有普适的流程，也没有固定的方法，流程优化必须结合企业的现状。

（二）业务流程重组的步骤

1. 发现与准备阶段

（1）在回顾企业战略、结构和业务流程，重新定义发展目标的基础上，明确企业定位，确定可开展的项目群。

（2）进行初步分析，分析重组给企业带来的变化。

（3）选择前期项目切入点并明确其范围，或选择典型的样板与示范项目。

2. 重新设计阶段

（1）运用业务活动图示法等工具对业务流程进行细致的区分。

（2）设计多种体现简化、整合自动化原则的新业务流程方案。

（3）对各个方案进行投入—产出或成本—效益分析与评价。

3. 具体实施阶段

（1）选取合适方案，并准备好应急方案。

（2）实施方案。

（3）更新相关数据，为下一步工作做准备。

（三）业务流程重组的方法

1. 头脑风暴法

在讨论企业战略远景规划、决定业务流程重组时机过程中，头脑风暴法是一种有用的方法。在运用头脑风暴法进行讨论时，鼓励与会者提出尽可能大胆的设想，同时不允许对别人提出的观点进行批评。运用头脑风暴法有助于发现现有企业流程中的弊病，提出根本性的改造设想。一些软件工具也可以用来支持这种讨论，与会者可以同时匿名地对讨论议题提出建议和意见，并根据关键字进行存储、检索、注释、分类和评价。

2. 德尔菲法

德尔菲法经常用来论证业务流程重组方案的可行性。可以将初步的重组方案发给若干事先选定的信息系统专家，征求他们的意见。然后将各位专家的反馈意见经过整理和分析后，再发给专家，让他们考虑其他专家的看法，对有分歧的地方进行更深入的思考。这样，经过几轮征集，最终可以获得比较一致的意见。这对减少业务流程重组的风险、设置正确的信息化战略是十分有用的。

3. 价值链分析法

在对企业的业务流程进行分析并选择被改造的业务流程时，可以采用哈佛大学波特教授提出的价值链分析法。价值链分析法是辨别某种价值活动是否能给本企业带来竞争力的方法。这一理论最早发表在波特的一篇关于如何将价值链分析与信息技术结合起来的论文中，后来发展成为企业战略分析的重要手段，对企业信息化建设也有很重要的应用价值。波特认为：在一个企业中，可以将企业的活动分为主要活动与辅助活动两种。主要活动包括采购物流、生产制造、发货物流、市场营销和售后服务等，辅助活动包括高层管理、人事劳务、技术开发和后勤供应等。以上各项活动因企业或行业不同而具体形式各异，但所有的企业都是从这些活动的链接和价值的积累中产生了面向顾客的最终价值。因此，将一个企业的活动分解开来，并分析每一个链条上活动的价值，就可以发现究竟哪些活动是需要改造的。

4. ABC 成本法

ABC 成本法又称作业成本分析法，主要用于对现有业务流程的描述和成本分析。作业成本分析法和上述价值链分析法在某种程度上类似，都是对现有的业务进行分解，从而找出基本活动，但作业成本分析法着重分析各个活动的成本，特别是活动中所消耗的人工和资源等。

5. 标杆瞄准法

标杆瞄准法可以用在设立改革的目标和远景、确定流程重组的基准等方面。在许多行业中都有一些成功的企业，这些企业的做法可以为行业中的其他企业所效仿。因此，也可以将这些企业的一些具体指标作为其他企业的标杆。丰田公司的投资回报率曾被作为日本汽车行业的标杆。当日产公司发现自己的投资回报率还不到丰田公司的一半时，它就意识到问题的严重性。

6. 企业流程建模和仿真

对企业现有业务流程的分析并提出改造的方案可以通过计算机软件进行，这就是企业流程建模和仿真。目前已经有许多企业流程建模和仿真方法及相应的软件系统问世。如集成化信息系统架构（ARIS）方法和工具是由德国萨尔大学企业管理研究所所长及 IDS-Scheer 公司总裁 Wilhelm Scheer 教授提出的，其设计理念是希望提出一个整合性的框架，将描述一个企业流程的重要观念尽量纳入模型。

四、供应链环境下业务流程重组的途径

（一）观念重组

（1）加强理念宣传，推销变革优势。

在组织内部，可以通过组织管理者在各种场合不断地进行形式灵活多样的理念宣传，推销组织所倡导的价值、观念和态度及变革将给组织带来的好处。在组织实施观念重组的过程中，实际上更多的成员会无意识地共同维持现状，组织管理者需要认识到这点，并在了解员工情绪和动机的基础上，说明现有观念会给工作带来怎样的后果及新的理念、态度的重要性。让每一成员先接受组织新的价值、理念和文化是改变成员态度的第一步，因此需要组织管理者有计划、有针对性地进行一系列的宣传。

（2）组织各种讨论会，鼓励全员参与。

观念重组的过程其实就是组织员工接受并在实际工作中融入这些新的价值和理念，以形成自己工作态度的过程。组织各种讨论会，让员工参与其中，能够提高员工对观念重组的积极性和热情，有利于了解每一个员工对新价值、新理念的看法，以及员工抵制的原因，然后才能有针对性地解决这些问题。另外，讨论的过程实际上也是强化组织成员新的价值和理念的过程，有利于达到将新的价值和理念融入员工日常工作生活的目的。

（3）通过谈判使观念重组中的利益受损者与组织达成共识。

观念重组是利益分配观念、用人观念及决策观念改变的过程，必然会有一部分人的利益受损，可能会有一些相对顽固的人员，这就需要通过谈判形成双方可接受的补偿方式，以达到共同支持观念重组并顺利实施的目的。

（4）调动关键性人物的积极性，带动员工接受并参与观念重组。

组织行为理论认为组织内部存在一些正式或非正式的领导者，他们对其他员工的行为具有较大的影响力。因此，在进行观念重组时需要积极地利用这部分人的影响力，通过调动这部分

人对观念重组的积极性，让他们接受并参与观念重组，以达到带动其他员工跟进接受并参与的目的。

（5）从组织外部聘请一些有水平、有经验的培训师和顾问。

让培训师或顾问根据观念重组的要求对员工进行培训，这些人会给员工带来不一样的理念、思维和经验，通过他们良好的说服能力和对资源的控制能力来对员工产生影响，进而使员工接受新的价值和理念。

（二）组织变革

组织变革的目的，是给流程重组提供制度上的保证，并追求不断改进。评估业务流程重组实施的效果，与事先确定的绩效目标进行对照，评价是否达到既定目标、流程信息管理的效率如何等。具体包括建立流程管理机构，明确其权责范围；制定各流程内部的运转规则与各流程之间的关系规则，逐步用流程管理图取代传统企业中的组织机构图；建立与流程管理相适应的企业文化，加强团队精神建设，培养员工的主人翁意识。

（1）做好组织变革前期的准备工作，以提升员工对组织变革的认识。

组织变革的前期准备工作是至关重要的，"凡事预则立，不预则废"。要考虑那些受变革直接影响的人在多大程度上会反对计划中的变革，并对其分类，然后进行针对性的解决，争取大部分人对组织变革的支持，为组织变革奠定群众基础。同时，要考虑如何让对变革冷漠的员工了解组织变革实施的必要性，调动其参与的积极性。变革的领导者有必要将组织目前面临挑战的信息向对变革冷漠者警示，迫使其产生紧迫感和焦虑感，使其关注组织变革，并参与其中。最后一部分则是对组织现状不满意而支持组织变革的人，这部分人对组织变革虽持支持态度，但对变革后的组织应该处于什么样的状态具有各不相同的想法，这就需要进行一系列的讨论会，互相协商以达到一个相对统一的认知。组织变革前的准备工作对争取员工支持尤为重要，不仅可以试探员工对组织将要采取的变革的反应情况，还可以告知员工组织变革的动机、行动方向和计划所要达到的目标，让员工感到自身是变革的受益者，从而为组织实现成功变革而努力。

（2）确立组织变革的愿景，构建共同努力的目标。

愿景是一种关于未来的想象或景象，即关于未来组织会成为什么样子的见解。组织愿景的确立应该是清楚并富有激情的，清楚是指当组织变革的领导者为全体员工描绘一个美好的愿景时，员工知道通过努力可以实现这一愿景；富有激情是指这一愿景可以调动员工参与的积极性，成为组织变革不竭的动力。愿景需要满足三个条件：第一是愿景要目标清晰，富于鼓动性；第二是愿景的理性化和可行性，理性的愿景既要有理论的支持，还要有切实可行的策略步骤；第三是成员要对这一愿景达成共识。

（3）选择合适的变革模型，确定组织变革的行动方案。

选择组织变革的模型实际上就是画出一个组织变革的路线图，促使组织成员了解组织变革的方向、内容、步骤及每一步骤中的工作，确保每一个成员的行动都是沿着这一变革的大方向进行的。行动方案关系到组织变革的成功与否，因此制定一系列适合的行动方案是关键。行动方案应分成不同的类型，有针对组织战略变革的行动方案，有针对组织结构变革的行动方案，也有针对技术和人力变革的行动方案。行动方案主要是把组织变革的新目标通过分解，从高层管理者分到基层员工，让所有员工知道在组织变革中自身的任务是什么，要达到的标准是什么。特别要注意的是，在制定行动方案过程中可通过相对线性的、具有因果关系的序列来考虑行动方案在执行过程中一般会出现什么样的错误。当然，变革是一个极其复杂的过程，不可能有穷尽的设想和预测，即使变革的路线图画得再完美，也难以保证不会出现影响变革的重大错误，因此，在制定变革路线图和行动方案时，不要过于死板，要在执行过程中根据实际情况进行相应的调整。

（4）及时掌握反馈信息，把握和评价变革绩效。

反馈信息是变革不可或缺的一个环节，也是行动方案在执行过程中进行调整的需要。反馈信息可以让变革的领导者能够及时把握变革的进程，对变革进行及时的评价，以了解组织各部分对变革的执行情况。这有利于领导者进行协调，引导变革朝着计划的大方向发展，以达到预定的目标。同时，这也是制定组织激励机制的基础性材料，通过新的激励措施调动员工对执行变革的积极性。

（5）稳定员工适应组织变革后的心理状态。

这是巩固变革成果，并实现持续变革的重要途径。其关键就是要建立一定的途径使新的行为水平变得相对稳定，使变革成果相对安全，防止因其他重大改变的出现而对变革成果产生新的不良影响。一般可以匹配一个新的激励制度来巩固员工新的期望水平和行为水平，或者实施新的绩效评价、评估方法来满足员工新的心理需求。

（三）流程重组

1. 业务流程分析与诊断

它是对企业现有的业务流程进行描述，分析其中存在的问题，进而给予诊断。

2. 业务流程的再设计

针对分析诊断的结果，重新设计现有业务流程，使其趋于合理化。业务流程再设计可以表现为以下几点。

（1）经多道工序合并，归于一人完成。

（2）将完成多道工序的人员组合成小组或团队共同工作。

（3）将串行式流程改为同步工程等。

3. 业务流程重组的实施

这一阶段是将重新设计的流程真正落实到企业的经营管理中来。企业进行业务流程重组的目的主要体现在以下几个方面。

（1）强化对客户有价值的业务流程。强化并提升与客户满意度有关的业务流程，剔除对企业客户无价值的业务流程。

（2）强化企业风险管理。企业在日常经营过程中面临不同的风险，包括环境、运作、财务及决策等，业务流程重组就是要通过规范的业务流程降低企业风险。

（3）优化成本。通过业务流程重组能够降低业务流程及相关成本，优化配置有关资源。

（4）缩短工作完成时间，提升工作效率。企业通过业务流程重组缩短企业内各业务单位从收到外部或内部客户指令到完成相关任务的时间。

【素质提升】

苏宁携手美的联合办公

苏宁对美的实现了数据资源的全面开放，以此驱动双方联合营销、精准引流和产品反向定制等合作。同时，为进一步推进极效协同的办公模式，美的数十人的线上项目部入驻苏宁总部联合办公。双方为何如此"亲密"地开怀相拥？首先，苏宁是颇具O2O价值的平台资源。美的不仅看准了苏宁线上线下的平台优势，更看到苏宁易购随后会在三四线城市加快覆盖，优势将大大凸显。其次，双方都看重互联网思维，并以其为运营导向。美的董事长方洪波说过，移动互联网正在影响着企业自身的运营流程。数据化、本地化和社交化是互联网时代商品经营的三大特点。苏宁和美的首先要做的便是经营数据的开放共享，以需求和趋势驱动商品运营；随后是制定本地化的地区攻略。在推出云店、易购服务站等一系列互联网化的运营实体后，苏宁平台的价值正在一步步凸显，而美的也在寻求突破，不仅需要线上这把利剑，更需要线下这个已经被升级了的战场。

供应链管理需要具备责任感和使命感。企业应该认识到自己在供应链中的重要性，不仅要关注自身利益，还要考虑到整个供应链的利益。企业应该积极参与供应链的规划和管理，为整个供应链的可持续发展做出贡献。同时，企业也应该承担起自己的社会责任，关注环境保护、劳工权益和社会公益等问题，为社会做出贡献。

【视野拓展】

海尔集团的业务流程重组

【任务实施】

1. 选择某一熟悉的企业，分析其在供应链环境下的业务流程现状。

2. 编制选定企业供应链环境下的业务流程重组方案。

【教师评语】

【反思总结】

任务二　供应链运营模拟

【案例导入】

通信基站供应链运营模拟

随着 5G 时代的到来，中国移动、中国联通、中国电信等通信运营商正在抓紧时间进行基础建设，它们的目标是在一年内完成全国各大省会城市的布局，而每个运营商在每个城市的设备采购是通过招投标方式进行的。你作为一家通信基站设备制造企业的供应链总监参与投标，并在中标后按时将相应设备送到客户指定地点以满足 5G 通信基础建设的需要。你将运营管理这家企业的供应链 1 年，每个季度为一个阶段，这 1 年分为 4 个阶段。在有限的市场中，通过供应链管理运营优化来实现企业利益的最大化，你和你的团队成员分别担任供应链总监、营销经理、采购经理、生产经理和物流经理等角色，通过融资贷款、市场投标、供应商管理、采购计划、工程选址建设、生产计划和物流计划等一系列动作对企业进行运营管理。供应链运营模拟流程示意如图 8-3 所示。

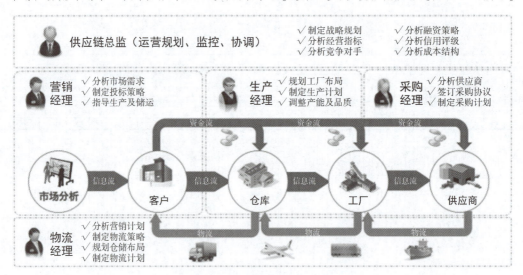

图 8-3　供应链运营模拟流程示意

【任务发布】

小组讨论	分析各团队、各角色的供应链模拟运营管理思路，并制定供应链运营模拟分析报告
教师布置任务	
任务描述	1. 学生熟悉供应链运营实训平台及相关案例背景。 2. 教师组织学生随机分组，模拟团队成员分别担任供应链总监、营销经理、采购经理、生产经理和物流经理的角色，对企业进行供应链运营管理。 3. 以分组汇报、答辩和研讨的方式对模拟对抗进行分析总结。 4. 根据各组的表现，教师进行成果评价。 5. 教师进行任务总结

续表

	教师布置任务
问题解答	1. 供应链运营模拟练习。 2. 供应链运营战模拟。 3. 基于小组供应链运营模拟对抗并进行分析总结

【知识准备】

基于供应链时代实战平台，模拟运营生产制造型企业，在有限的市场中开展供应链运营优化，如进行市场分析、供应链销售管理、供应链采购管理和供应链生产管理和供应链物流管理等，从而实现企业利益的最大化。

一、市场分析

（一）市场热图

市场热图界面展示了本次项目周期内各个区域的市场需求分布。在"市场热图显示"选项中，可选择单月或者累加显示某个时间范围内的需求分布情况，月份右边的柱状图代表每个月的市场需求，同时还可以单击"显示供应商"按钮在地图上查看每个供应商所在的区域，用户可以根据以上几点分析在哪座城市建造工厂最有利。

（二）城市列表

城市列表主要用于工厂和仓库的选址，可以在此前先评估建设工厂或仓库的预计建设成本、相应的初始产出率及加工成本。

列表信息说明如下。

（1）地价：直接影响建设的土地费。

（2）劳动力成本系数：系数越大，成本越高。

（3）劳动力成熟度：影响产品生产的合格率，成熟度越低，原材料的损耗越大。

（4）建造成本测算：土地费（建筑物面积×地价）+建设费（根据类型固定）。

（5）加工成本测算：人工成本基数×劳动力成本系数。

（三）客户资料

客户资料主要用于市场分析，通过客户资料可以了解整个项目过程中每个客户的需求量大概是多少、评标的标准如何，在了解后，可以先制订后续的销售及招标策略。如果想重点关注某几个客户，可以先进行重点标注，方便后续投标时能看出哪些是自己关注的客户。

（四）供应商资料

供应商资料主要用于为甄选供应商提供分析依据，通过排序选项切换排序方式后，系统会自动重新排序。

（1）城市：最大的影响在于送货到目的工厂的配送时间。

（2）供货价格：每个供应商的供货价格都可能不一样，该选项展现的是该供应商的市场报价，最终采购的单价为供货价格×（1-协议折扣比例）。

（3）最低供货价格：与供应商签署协议时，会有不同的条款，不同条款会产生不同的折扣，该选项为供货价格与最低总折扣计算所得。

（4）最低首付：供应商可接受的最低首付比例。

（5）初始产能：每天的生产量。

（6）现货库存：默认有多少库存。

（7）库存范围：最小和最大的库容。

（8）最快响应时间：自动或手动下发订单后，供应商的反馈时间。

（9）履约能力：能力越强者，产能调节能力越强。

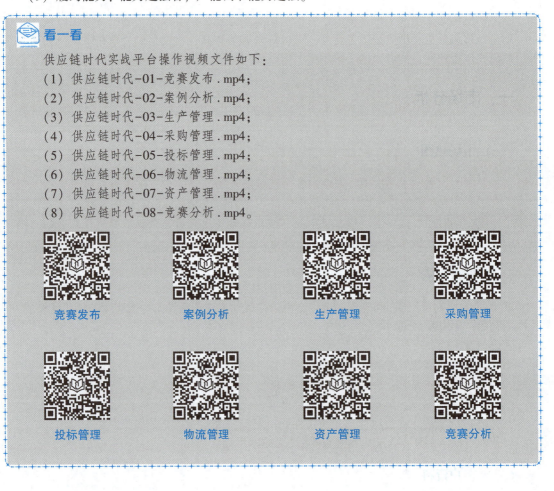

看一看

供应链时代实战平台操作视频文件如下：

（1）供应链时代-01-竞赛发布.mp4；

（2）供应链时代-02-案例分析.mp4；

（3）供应链时代-03-生产管理.mp4；

（4）供应链时代-04-采购管理.mp4；

（5）供应链时代-05-投标管理.mp4；

（6）供应链时代-06-物流管理.mp4；

（7）供应链时代-07-资产管理.mp4；

（8）供应链时代-08-竞赛分析.mp4。

| 竞赛发布 | 案例分析 | 生产管理 | 采购管理 |
| 投标管理 | 物流管理 | 资产管理 | 竞赛分析 |

二、财务及信用分析

（一）账户资金

资金是整个项目运作的基本要素，没有资金的支持，项目将无法进行。单击导航条中的"财务信用"按钮，操作区域将切换到"财务信用"界面，该界面主要显示企业经营过程中的企业的收入、成本及资金的使用情况，目的是让执行团队能够清楚地掌握公司运营过程中的资金走势。

（二）固定资产

当团队出现资金不足的情况，可以通过融资的方式获取资金，可用于融资的包括工厂、仓库和货物。但是，要注意融资贷款是有成本支出的，需要考虑贷款资金的利用是否能够带来合理的收益。融资贷款利率的高低取决于该团队贷款时的信用级别，信用级别越高，利率越低。在"固定资产"界面可查看固定资产的信息及当前价值，包括固定资产原始价值、已折旧价值和库存货物价值。也可以查看固定资产及库内货物的抵押情况，并对固定资产（工厂、仓库和货物）进行质押、转让操作。

（三）所有负债

可以在"所有负债"界面查看固定资产和货物的抵押情况、每个月的还款金额，并进行还款操作，同时还可以查看欠供应商的货款。如果未能及时还款，将影响信用评分，而信用评分又间接影响投标的分数及贷款的利率。

（四）信用评分

系统会根据当前的各项数据对团队进行信用评分，信用评分的指标主要包括负债比例、运营资金、净资产、库存周转率、市场占有率、贷款历史、交货违约、市场信用，同时信用评分又将影响贷款的利率和投标的评标分数。

三、供应链销售模拟

（一）招标数据对比

根据各团队的投标情况，计算当前团队投标的各项数值，并进行对比，可以对后续投标起到非常重要的参考作用，如图8-4所示。

图8-4　招标统计数据展示

图8-4中的数据信息包括以下内容。

中标平均分：汇总统计了所有中标数据的平均中标分数，上方的比率为中标平均分与总体中标平均分的差额比率，红色表示低于平均值，绿色表示高于平均值。

中标均价：汇总统计了所有中标数据的平均中标价格，上方的比率为中标均价比平均中标均价的差额比率，红色表示低于平均值，绿色表示高于平均值。

中标率：汇总统计了投标及中标数据的比例，上方的比率为当前企业中标率与总体中标率的差额比率，红色表示低于平均值，绿色表示高于平均值。

我的客户，客户分析：汇总统计了合作过的客户数量，上方的比率表示合作的客户数超过了平均合作客户数的差额比率，红色表示低于平均值，绿色表示高于平均值。

（二）客户分析

可以在"客户分析"界面查看合作过的客户，根据与客户的合作情况为其设置重点或取消重点关注的标记，并以此为基础制订投标策略。

（三）招标中

负责投标的人员可以根据团队制订的招标策略在此进行投标操作。如果之前将客户设置为重点客户，此处会有特殊标记进行区分，以利于辨认。每投一份标都要支付保证金，开标后无论是否中标，都会退还该保证金，但如果中途撤标，则不退还保证金。不同客户的首付款会有所不同，中标后所得到的首付款计算公式为：中标数量×中标单价×首付比例。

单击"投标"按钮时会弹出投标对话框，如图 8-5 所示，在该对话框中仅需填写投标单价，投标单价必须为 900～2 100 元/件，填写投标单价后，系统会根据该客户的评分规则自动计算出当前总得分，除了价格分外，其他分数都会在开标当天根据当天的运营情况重新计算。

总得分包括四项内容：交付分、信用分、合作分和价格分。其中交付分、信用分和合作分为实时计算分数，根据开标当前日期自动计算。因此，在设置投标价格时也要预估在开标时会获得的分数。

图 8-5　投标对话框

（四）已投标

"已投标"界面所展现的是已投标、未开标的数据，如果项目当前日期小于开标日期，可以在此界面进行撤标操作，如果进行撤标操作，投标时所缴纳的保证金将不退还，同时，撤标方不能再投该标。

（五）未中标

"未中标"界面所展现的是未中标的数据，可以通过此处查看之前投标的得分，该界面是按月份分页显示的，以便于后续进行客户分析，并调整招标策略。

（六）中标公告

"中标公告"界面展现了所有标的的中标公告，可以在此看到每个标的的竞争队伍数、中标方、中标得分及自己的得分等信息，该界面按月份分页显示。

四、供应链采购模拟

（一）供应商列表

进行原材料采购前，需要先与各个原材料的供货商签署协议，进入"原材料采购"界面，在左侧供应商列表中选择合适的供应商签订协议。

（二）供货协议

每份供货协议都有有效期，到期后，可以重新与其他供货商签署，也可以在原协议的基础上续签。续签时，所有条款都与原协议一致，不可更改，只需选择续签的时间范围。

（三）采购应付款

除临时供货外，其他原料的货款都是在下订单时按协议中的首付比例支付采购首付款，尾款则是在原料到货后 30 天内支付，每个供应商对欠款都会进行超期和超额的管理，如果存在超期或超额，会导致无法采购。选中要支付的费用，并单击"申请付款"按钮，系统会在当日进行实际的付款动作。

（四）原料采购

完成工厂建设及签署采购协议后，可以进入采购订单下达界面进行原料采购。

五、供应链生产模拟

（一）建造新工厂

团队根据各自的运营方案，选择建厂地点，每个城市所包含的几项指数，如下所示。
（1）地价：涉及建造工厂所需支付的土地费。
（2）劳动力成本指数：影响生产单件产品的人工费用。
（3）劳动力成熟度：成熟度越高，生产时原料的损耗越小。
（4）工厂规模：不同规模的工厂每日最大产能、最大库存、每日开工所需费用、建造成本及培训成本不一样。

（二）设置生产计划

工厂建造完成后，如果需要开工，需要先设置工厂每日生产的数量，工厂只要开工，就会产生开工费。生产计划一旦制订，七日内不可再次修改生产计划。

（三）查看工厂情况

工厂情况包含产能、工厂类型、抵押状态、堆存费用及建厂日期等，该平台同时提供生产合格率提升功能，单击"提升"按钮，系统将根据一定的算法提示本次培训所需支出的费用。

"原材料"指的是原料库存是否超限、每类原材料可生产多少件商品，当前所有原材料一共可以生产多少产品、截至当前产生了多少原材料的堆存费和超限费。

"产品"包括当前产品的库存量、质押状态、加工成本、总堆存费和总超限费。

六、供应链物流模拟

（一）建造仓库

相对工厂，仓库的堆存费会比较低，向仓库供货的运输成本也相对较低，团队根据各自的运营方案，选择是否建仓及建仓库地点。建造每个城市仓库主要参考地价。

（二）未供货订单

中标后，在"未供货订单"界面会出现待配送的数据，物流经理根据工厂及仓库的库存编制配送计划。

（三）供货中订单

"供货中订单"界面展现当前正在执行或待执行的配送计划，计划中会体现总配送量、配送趟数、单趟配送数量和配送完成进度，单击"出运明细"按钮，可以新增、删除配送计划。

（四）仓库供货计划

"仓库供货计划"界面展现仓库的内容包括现有库存量、货物的抵押状况和当前的供货计划。可以在此界面创建供货计划。计划的编制与查看与向客户供货的方式一样。

七、供应链绩效评价

供应链绩效评价见表 8-1。

表 8-1　供应链运营模拟绩效评价

成绩评定一览表		
评估项	评估项计算公式	分值
净资产	净资产最高者得满分，其余团队分数计算公式为单项分值×团队单项数值/本场比赛单项最佳数值	30 分
市场占有率	市场占有率最高者得满分，其余团队分数计算公式为单项分值×团队单项数值/本场比赛单项最佳数值	20 分
库存周转率	库存周转率最高者得满分，其余团队分数计算公式为单项分值×团队单项数值/本场比赛单项最佳数值	15 分
准时交货率	准时交货率=准时交货量/中标总货量，小于 0.60 得 0 分（含 0.60），大于 0.60 分数计算公式为准时交货率-0.60)/0.4×单项分值	15 分
现金流管理	现金流每断裂一次扣减相应分数，计算公式为(365-现金流断裂时所运行天数)×0.03	20 分
总分		100 分
排名规则：按总分高低进行排名，破产团队按破产时间先后进行排名，破产早的排名靠后！评分权重可由教师根据实际情况调整		

读一读

供应链运营模拟融入了九大规则体系，让整个实战过程更加贴合实际，同时将竞赛过程的数据进行量化，确保了其公平、公正性。供应链运营模拟平台规则体系如图8-6所示。

图8-6　供应链运营模拟平台规则体系

供应链运营模拟平台规则体系说明

【素质提升】

用诚信守护中国宝宝"奶瓶"

黑龙江飞鹤乳业（以下简称"飞鹤"）这样定义企业诚信：每一罐奶粉出厂时都带着承诺，带着诚信，带着宝宝的未来，带着民族和家庭的希望。

飞鹤把做好奶源作为践行诚信的第一步。飞鹤贷款建立了自己的万头奶牛牧场，严格把控奶牛的饲养、挤奶、清洁和防疫等生产环节，实现了"把奶源安全牢牢掌握在自己手中"的目标，收获了消费者对企业产品质量的信任。飞鹤把提升奶粉质量作为践行诚信的安全保障。飞鹤依托地理生态优势，用十余年时间潜心打造集饲草种植、饲料加工、专属牧场奶牛养殖和现代化乳品加工厂于一体的产业集群，并要求上下游合作企业通过相关质量保证资质认证。飞鹤先后成立质量部、技术研发部和实验室等部门，建立多个工厂实验室，对原材料加工、包装、储存直至销售等过程设立411道检测项目，不断提高奶粉质量，实现了企业59年"零安全事故"。飞鹤推出"双屏互动可视化全产业链"技术，拉近与消费者之间的距离，让消费者可以随时随地看到原生态环境、农场牧草种植、牧场奶牛养殖与鲜奶采集和智能工厂等环节，飞鹤自觉接受消费者监督。飞鹤把找准奶粉定位作为践行诚信的企业责任。飞鹤致力于研究最符合中国母乳核心营养成分的结构比例，不断强化产品科研能力，建立中国首家乳品工程院士工作站，与哈佛大学等国外高校构建科研平台，组建自己的技术研发团队，建立了中国母乳数据库，探索更适合中国宝宝体质的个性化营养解决方案。飞鹤产品凭借优异品质，牢牢站稳国内高端奶粉市场。

【视野拓展】

屈臣氏供应链系统的优化

【任务实施】

1. 进行供应链运营模拟练习。

2. 进行供应链运营实战模拟。

3. 基于小组供应链运营模拟对抗并进行分析总结。

【教师评语】

【反思总结】

任务三　数字化供应链运营案例解析

【案例导入】

三只松鼠新供应链模式：数字化和自动化管理的典范

供应链管理对于企业的生产效率、成本和市场竞争力都有至关重要的影响。随着数字化技术和物流技术的不断发展，传统的供应链管理方式已经无法满足企业的需求，企业需要探索新的供应链模式以提高效率和优化生产流程。三只松鼠便是一个典型的例子，它通过数字化和自动化的方式实现了从生产线到用户的最短距离和最快交付，探索出了属于自己的新供应链模式。

该模式的核心在于数字化和自动化的管理。三只松鼠全程把控从原材料到分装成品再到物流工厂直发各环节，并通过智能化管理系统，对订单、生产、库存和物流等各环节进行全面监控和控制。同时，三只松鼠采用物联网技术和大数据分析等手段，对供应链中的各个环节进行实时监测和优化。这种智能化的管理方式不仅提高了生产效率和供应链的灵活性，也使企业能够更好地满足客户需求，提高客户满意度和忠诚度。在这个新的供应链模式下，三只松鼠还注重了生产和物流的协同。三只松鼠在产品设计和生产上考虑到物流的需求，通过分拣、分装等手段，使产品的包装和配送更加便捷。这样的做法进一步提升了企业的竞争力和市场地位。

可以说，三只松鼠的供应链模式是一种高度智能化、数字化和自动化的供应链管理方式。通过数字化技术和物联网技术的应用，三只松鼠实现了对供应链中各个环节的实时监控和管理，优化了生产和物流网络，提高了供应链的效率和质量。这样的供应链模式为三只松鼠带来了许多优势，如提高了生产效率和产品质量、缩短了物流周期、降低了成本等。

【任务发布】

小组讨论	结合案例分析：三只松鼠的新供应链模式是怎样的？这种供应链模式为三只松鼠带来了哪些方面的提升？
教师布置任务	
任务描述	1. 学生熟悉给定的供应链标杆企业案例。 2. 教师组织学生随机分组，学生选择供应链标杆企业并编写其数字化供应链运营案例。 3. 各组派出代表，进行成果汇报。 4. 根据各组的表现，教师进行成果评价。 5. 教师进行任务总结
问题解答	1. 网络调研并选择供应链标杆企业。 2. 编写选定供应链标杆企业的数字化供应链运营案例

【知识准备】

一、天能集团绿色供应链运营

（一）天能集团绿色供应链管理目标

天能集团是一家以绿色动力电池的生产制造为核心业务，包括新能源锂电池、智慧能源、资源循环利用、绿色智造产业园、智慧物流和金融创客等产业板块，销售额超千亿元的大型实业集团。

天能集团绿色供应链管理目标为建立以绿色制造理论和供应链管理技术为基础，涉及供应商、生产厂、销售商和用户的供应链，从原材料采购开始到最终产品的回收再利用都使用绿色技术，带动电动自行车动力电池、牵引电池系列、电动汽车电池、电动三轮车电池等电池行业的上下游企业深度协作，实现物料采购、加工、包装、仓储、运输、使用和回收的整个过程中最大限度的资源利用和最小限度的消耗及环境影响，从而达到环保、节能和降碳的目的。天能集团充分利用其在供应链条上的影响力，引导供应商、生产厂、销售商和用户降低环境影响，减少有害物质使用和排放，进而实现供应链的整体绿色化提升。

（二）企业绿色供应链运营的实施情况

1. 绿色采购

天能集团为了实现绿色供应商管理，完善绿色采购体系，发布了《绿色采购管理手册》，制定了《绿色采购管理程序》和《绿色采购过程流程图》等一系列文件，以此加强绿色采购管理工作，进一步明确了相关部门的职责，规范了采购流程，提高了采购效率，降低了采购成本，确保对影响采购质量的关键环节实施控制，保证采购原材料的质量、性能、交期和服务等各方面都符合顾客、法律法规、职业健康安全和环境的要求。研究院及质量检测中心等部门根据《绿色采购标准》和《原材料检验对照表》等，在设计开发阶段树立全生命周期理念，采购部门在采购过程中充分考虑环境效益，优先采购环境友好、节能低耗和易于资源综合利用的原材料、产品和服务。

天能集团在供应商准入环节体现环境要素，将供应商获得环境第三方认证证书作为关键项给予关注，强调识别环境因素及环境影响并采取相应控制措施及合规性评价的过程。同时，在绿色供应商开发工作中采用分级管控模式，采购部根据原辅材料对电池性能影响的重要程度，将其分为A、B、C三类，其中A类原材料属于直接影响电池性能的生产物资，B类原材料属于用于电池生产组装、间接影响电池性能的物资，C类原材料属于辅助电池生产、不影响电池性能的物资；再将A、B、C三类原材料的供应商分为重要、关键、普通三个等级，并采取区别化评审方式。

天能集团每年度发布供应商绩效评价，更新《绿色合格供应商名录》和《低风险供应商名单》，组织供应商参加天能集团供应商大会，开展供应商培训课程系列活动，实现对供应商的有效管控。

2. 绿色生产

天能集团绿色供应链管理贯穿于整个电池开发和生产过程中，明确了生产部、环保部和质量部等各部门职责。天能集团通过铅蓄电池绿色设计平台建设，以铅蓄电池行业绿色化升级为任务，以铅蓄电池"绿色产品设计子平台+评价子平台"为主要对象，重点突破绿色设计中的绿色技术难题；结合蓄电池绿色生产过程能源管理系统，以铅蓄电池绿色产品LCA评价为核心，不断循环优化，建设一条基于蓄电池产品绿色设计的高性能铅蓄电池示范生产线，最终获得高性能的铅蓄电池绿色产品。天能集团在行业中率先引入连铸连轧等先进工艺技术，集成多项天然气直燃加热等行业节能减排新技术，极板闷蒸、固化干燥和储存过程实现 AGV 自动化作业，使电池组装全部实现自动化生产，并引入智能化生产管理系统，包括制造执行系统（MES）和工业大数据分析平台，实现资源分配和状态管理、数据采集、质量管理、产品跟踪与追溯和性能分析等核心功能，实现绿色化、智能化系统集成示范线建设。

3. 绿色回收

天能集团在浙江长兴、安徽界首、河南濮阳、江苏沭阳等基地建有循环经济产业园，负责废旧电池统一回收和处置再生利用，总规模在 120 万吨左右。天能集团建立了集"生产—销售—回收—拆解—冶炼—再生产"为一体的废旧电池闭环式绿色产业链，将回收的废旧动力电池粉碎、分选、熔炼和精炼，并将其重新加工成新电池。同时，天能集团在浙江也拥有一条 2.3 万吨的锂电回收生产线。为了更好地建立以资源节约、环境友好为导向的采购、生产、营销、回收及物流体系，落实生产者责任延伸制度，保证电池的无害化处理及梯次利用，天能集团落实生产者责任延伸制度，被列为生产者责任延伸履责示范试点。

天能集团运用二维码查询技术建立了统一可核查、可溯源的绿色回收体系。天能集团生产的动力电池具备二维码，销售至各电池销售商，电池报废后使用者可以到电池销售商处更换电池，废旧电池由天能集团回收处置、再生制造并循环使用。

4. 绿色信息分享

天能集团信息化服务管理平台借助德国 SAP 软件管理系统的集成和改良，推动了绿色供应链生态圈的形成，实现了产业链、供应链、价值链和利润链四链联动。线上依托天能智能云管理信息化平台，整合优质资源，把控全链运作，使产品形成"研发—采购—制造—销售—回收"全生命周期跟踪；通过企业间的协作，谋求供应链整体最佳化，协调和整合绿色供应链中所有的活动，最终成为无缝连接的一体化供应链。天能集团建立统一控制供应商管理、评估的价格管理信息化平台，统一供应商档案、采购许可、配额管理和采购策略等，制定统一的采购价格和最高限价并授权给下属企业使用，实现了绿色采购集中控制，体现了绿色采购的快速反应。

5. 绿色信息披露

天能集团重视绿色信息披露，每年在官网发布企业社会责任报告，披露天能集团在节能排放、资源使用、绿色发展和供应链管理等方面的相关情况。天能集团同时披露各生产基地及供应商的节能减排等信息和供应商审核结果，将企业的供应链管理以公开、透明的方式向社会披露，从而建立企业与上下游的供应商、公众和相关方的交流和信任。

（三）企业绿色供应链运营的实施成效

天能集团以资源节约、环境友好为导向，积极应用物联网、大数据和云计算等新一代信息技术，全面打造集采购、生产、营销、回收及物流于一体的综合性供应链体系，将设计、供应、制造和服务环节协同优化。

1. 创新全生命周期绿色制造模式

天能集团从生态设计源头抓起，应用先进的绿色制造工艺、技术和装备，强化过程监管和末端治理，建立全生命周期绿色管理模式，使节能减碳贯穿于产品研发制造到回收利用的各个阶段，节能效果显著。天能集团通过铅蓄电池产品自身的生态设计替代原有传统产品原材料、电池结构和电池制造工艺流程的设计，以源头的蓄电池产品绿色设计为出发点，衍生出后续的绿色专用工艺和专用装备，使新型铅蓄电池产品设计和定型期由原来的 1.5~2 年缩短到目前的 3~5 个月，采取综合节能措施，节能 30% 左右，提高了资源循环利用率。回收的废旧电池处理过程采用全自动机械破碎、创新型水力分选等技术，物料分选率达 99%，金属回收率可达 99% 以上，塑料回收率达 99%，残酸回收率达 100%，废水循环利用率达 100%，这使天能集团被列入国家循环经济试点企业。回收的动力电池通过电解液无害化处理、高值组分协同浸出提纯、生产废水循环利用等行业领先的绿色循环工艺技术，实现废旧锂电池的自动化拆解及有价金属的高效回收与循环利用，镍钴回收率大于 98.5%。天能集团获得废旧动力锂电池回收梯次、再生利用双白名单认证。

2. 综合集成应用新一代信息技术

天能集团依托互联网、云计算、大数据和物联网等新一代信息技术，重点推动智能核心装置的深度应用和产业化。天能集团通过智能化生产管理系统（包括制造执行系统）和工业大数据分析平台，实现资源分配和状态管理、数据采集、质量管理、产品跟踪与追溯、性能分析等核心功能。天能集团通过打造"一云三平台"，构建用户生态圈运营平台、工业互联网平台和企业智能制造平台，支撑起"云上天能"，实现内外部资源互联互通及产品远程服务，打造了一个以用户为中心的绿色智能生态圈转型模式。

3. 实施绿色供应链运营

天能集团发挥"链主型"企业主导作用，牵头制定、实施绿色供应商标准，依托天能智能云管理信息平台，实现从物料获取、加工、包装、仓储、运输、使用到报废回收全过程的绿色低碳管理。天能集团充分利用其在供应链上的影响力，引导供应商、生产厂、销售商和用户降低环境影响，减少有害物质使用和排放，实现最大限度的资源综合利用和最小限度的能源消耗，从而实现环保、节能、减排的目标，进而提升供应链的整体绿色化。同时，天能集团利用供应链金融解决产业链资金难题，通过动产质押和预付款等手段，为经销商、采购商和贸易商解决融资问题，提升资金周转效率。

 读一读

绿色供应链

绿色供应链，又称为环境保护意识供应链（ECSC）或环境供应链（ESC），是一种在整个供应链中综合考虑环境危害和资源效率现代化的管理机制。它基于提升理论与供应链管理技术性，涉及供应商、生产商和卖家对环境的作用。其目的是使产品能够得到绿色生产和加工，使从外包装、仓储物流、运送、使用到损毁的过程对环境的作用（不良影响）最小，资源效率最高。绿色供应链的内容涉及供应链的各环节，其主要内容有绿色采购、绿色制造、绿色销售、绿色消费、绿色回收及绿色物流。绿色供应链按照产品生命周期的要求，对设计、采购、生产、物流和回收等业务流程进行管理，涉及供应商、制造企业、物流商、销售商、最终用户，以及回收、拆解等企业的协作。绿色供应链体系如图8-7所示。

图 8-7 绿色供应链体系

二、华为打造数字化供应链体系

华为作为一家全球知名的科技巨头，不仅以其卓越的技术和产品赢得了全球用户的认可，更成为一个时代的传奇品牌。作为一家全球领先的通信技术企业，华为不仅在产品创新上取得了举世瞩目的成就，更在供应链管理方面树立了行业标杆。

（一）华为供应链模式的特点

1. 精简高效的供应链策略

华为的供应链策略非常精简，注重核心业务的把控和协同。华为在全球范围内建立了多个供应中心和物流中心，以确保产品能够快速、准确地送达客户。华为的供应链是需求驱动的，这意味着它专注于及时满足客户的需求。华为使用先进的预测和规划技术预测市场需求并相应地调整生产。这有助于缩短供应链条，降低库存成本并提高客户满意度。

2. 高柔性与快速响应

华为的供应链模式具有高度的柔性和快速响应市场变化的能力。华为采用了模块化设计，使产品可根据市场需求进行快速调整。此外，华为的供应链管理系统与研发、生产等部门紧密衔接，确保从订单到发货的全过程高效进行。这种快速响应能力使华为能够迅速满足客户需求，从而提高客户满意度。

3. 精细的成本控制与资源优化

华为在供应链管理方面注重精细的成本控制和资源优化。首先，华为实施了全面预算管理，将成本控制在预定范围内。其次，华为通过优化库存管理，降低库存成本，避免过多资金被占用。此外，华为还采用先进的排程和调度算法，优化生产计划和资源分配，以提高生产效率并降低成本。

4. 全球化布局与协同效应

华为在供应链管理方面积极推行全球化布局，在全球范围内设立了多个研发中心、生产基地和销售中心，组成全球网络。这使华为能够从不同地区采购材料和组件，优化生产能力，并高效地将产品交付全球客户。这种全球化布局不仅拓宽了华为的市场空间，还提升了其在全球市场的影响力。

5. 持续创新与质量卓越

华为始终坚持创新精神，致力于提供高质量的产品和服务。华为在其供应链运营中广泛利用最新技术，使用先进的数据分析、自动化和数字平台来监控和管理库存、跟踪发货与优化物流路线，提高供应链的自动化和智能化水平，并提高整体运营效率。

总体而言，华为的供应链模式的特点是精简高效、高柔性、精细成本控制、全球化布局和持续创新，这些因素有助于其有效满足客户需求、降低成本并保持市场竞争优势的能力。

（二）华为供应链的数字化转型

华为建立了一个智能的双层供应链业务系统，建立了以服务为导向的流程和基于场景的算法模型。具体而言，华为的数字化供应链转型主要体现在以下几个方面。

1. 流程数字化

华为的数字化转型之旅始于其供应链流程的数字化。华为采用了人工智能、大数据分析和物联网等尖端技术，并以自动化简化各种任务。例如，人工智能驱动的需求预测算法帮助华为准确预测市场需求，实现更好的库存管理，减少缺货或库存过剩的情况。

2. 流程优化

华为数字化转型的一个重要方面是实现流程优化。华为通过引入自动化流程和智能化的数据处理系统，实现了从串行传递信息到并行处理信息的转变。这意味着从订单到发货的整个流程可以同时进行，大幅缩短了订单处理时间，提高了工作效率。

3. 协作平台

为了加强与供应商和合作伙伴的合作，华为开发了能够实现无缝沟通和信息共享的协作平台。这些平台促进了实时协作，使利益相关者能够交换数据、跟踪发货并及时解决问题。通过消除人工流程和改善沟通，华为显著缩短了交付周期，提高了供应链的透明度。

4. 数据驱动决策

通过建立统一的数据库和数据模型，华为实现了从基于个人经验和直觉的决策模式向由数据分析驱动的决策模式的转变。华为在数字化转型过程中注重数据分析和数据驱动决策的应用。

例如，华为建立了统一的数据库和数据模型，收集和分析供应链过程中的各种数据，包括订单数据、物流数据和生产数据等。

5. 智能仓储和物流

通过引入自动化系统，华为实现了从大量手动操作到自动化系统操作的转变，提高了工作效率和准确性。华为还大力投资智能仓储和物流解决方案，以优化其供应链运营。华为利用先进的机器人和自动化技术提高仓库效率，减少错误以及提高订单履约速度。自动导引车（AGV）和机械臂用于分拣、包装等任务，最大限度地减少了人为干预，提高了生产力。

6. 以客户为中心

华为的数字化转型超越了内部流程，涵盖了以客户为中心的方法。华为实施了客户关系管理系统，实现了个性化互动、高效的订单处理和有效的售后支持。通过这些系统，华为可以更好地了解客户的偏好，预测客户的需求，并提供为客户量身定制的解决方案。

华为供应链数字化转型的效果是显著的。通过数字化技术，华为不仅提高了供应链效率和准确性，而且提升了客户体验，进一步推动了企业的快速发展。

三、联想搭建全球供应链智能控制塔

（一）联想供应链运营痛点

联想作为一家全球化运营的跨国公司，管理着极其庞大且复杂的供应链网络，其高效和敏捷的难度超乎想象。联想全球供应链在 Gartner 发布的《2021 年全球供应链 25 强》榜单中位列第 16。联想全球供应链致力于打造高效协同的一体化平台。随着供应链生态中从供应商到消费者等主体间关系的日益复杂，联想供应链的内部运营及生态体系之间信息渠道频频出现交流不畅的现象，"信息孤岛"问题日益突出。同时，协同运作的模式也对问题决策提出了更高要求，不仅需要实现单一职能部门最优或某一公司利益最大，还要考虑整个生态体系内合作伙伴的集体最优。传统的决策方式已经无法满足这种要求。

（二）搭建供应链智能控制塔

联想为了进一步提升整体运营效率和精准度，提升客户交付体验和满意度，自主研发设计了联想供应链智能控制塔。联想供应链智能控制塔通过构建数据驱动的智能供应链生态体系，基于供应链的发展提供实时数据、智能分析和决策参考，为供应链实现智能运营转型赋能。联想供应链智能控制塔结构如图 8-8 所示。

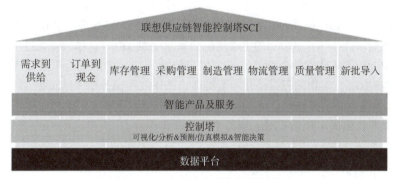

图 8-8　联想供应链智能控制塔架构

联想供应链智能控制塔作为联想全球供应链的智能大脑和指挥中心，负责监控和指导端到端的供应链活动，使之成为协同、一致、敏捷和需求驱动的供应链。它为联想全球供应链及其合作伙伴（包括生态圈内的供应商、合同制造商和第三方物流供应商等）提供端到端的整体可见性和近乎实时的大数据运营分析，并应用人工智能和机器学习等技术进行运营重点问题的决策建议和仿真模拟，辅助供应链管理者作出决策，从而更好地服务终端客户。

（三）联想供应链智能控制塔的实践应用

1. 订单管理

对于供应链来讲，订单的管理直接影响到终端客户对品牌的信任和依赖，因此，客户订单管理对于每个公司而言都尤为重要。订单管理就是对订单整个生命周期的管理，包括订单创建、信用调整、生产制造、物流运输、客户签收和发票生成。对外需要提供实时有效的共享订单状态，响应客户的诉求，从而达到使客户满意的目标。由于不同团队在沟通中使用邮件、报表等多种方式，点对点的线性沟通不仅耗时、耗力而且效率不高，同时数据的实时性也得不到保障。针对这一痛点，联想供应链智能控制塔结合订单自动化解决方案，探索出了订单可视化的方法，创建订单追踪中心和自动化解决方案。

2. 供需管理

在复杂多变的市场环境下，企业如何及时准确感知市场需求并快速应对，对于企业的供应链管理来说是一个巨大挑战。在需求驱动下的供应链管理流程中，需求管理是整个流程的起始点，而基于需求预测的计划管理始终是供应链管理的关键命题。联想供应链智能控制塔基于交易系统数据输入，自动更新基于区域和类型维度的产品供应、需求和出货量数据，同时提供关键物料分配结果、可供销售的产品清单和需求调整建议。从需求到供应的全链条视角，联想供应链智能控制塔辅助管理层及时了解业务实际运作情况，指导决策制定。

3. 库存管理

在供应链管理视角下，构建符合制造企业业务流程的内控体系，不仅可以提高企业运营管理效率，还能提升供应链的抗风险能力。由于产品特性，电子产品零件难以统一管理，这不但造成了当前货物管理的困难，而且对后续的生产也有负面影响。联想供应链智能控制塔通过辅助精细化管理存货业务流程实现数据信息共享。针对呆滞物料，联想供应链智能控制塔提供部件级别库存状态分配规则和未来预测比率，辅助业务开展定期的、全面的科学分析，及时反馈库存积压、工程余料情况。

(四) 效果分析

授权使用用户涵盖供应链 90% 以上的职能部门，超过 40% 的联想供应链员工每天都使用联想供应链智能控制塔进行工作，75% 的主要供应商和 90% 的 ODM 合作伙伴通过供应商协作门户与联想供应链智能控制塔建立业务联系。实现供应链端到端的全价值链覆盖，透明的数据使决策时间缩短 50%～60%，工作流程自动化程度提高，工作效率提升 10%～20%，订单及时交货率提升 5% 以上，更好地满足客户的订单需求，更好地服务全球客户，同时将库存控制保持在行业领先水平。制造和物流成本降低 20%，服务水平进一步提升。

【素质提升】

京东——"智臻链"区块链服务平台发力供应链新生态

京东集团携手全球领军企业共同成立的全球供应链创新中心是对传统链式供应链的升级，其将传统供应链转变为网状供应体系，使之成为一个数字化、智能化、互联的供应链创新与生态型资源配置与服务平台。京东物流的整个供应链服务是广义的，不仅包含库存的管理，也包括商品管理、门店管理等。因此，现在京东物流把供应链管理定义成基于人、货、场全链条的供应链管理。京东金融发布了兼容多种底层链和云服务的企业级区块链服务平台"智臻链"可信身份联盟链。"'智臻链'的发布标志着京东区块链技术和应用进入了全面开放、多场景拓展的阶段。""智臻链"的目标是提供企业级的区块链技术与服务，建设具有高性能、良好的扩展性、广泛的场景通用性、安全合规、接口友好和易部署管理的区块链寄出网络设施，打造开放共赢的区块链技术与服务生态。

供应链管理需要具备创新精神和开放心态。随着科技的不断进步和市场的不断变化，供应链管理也需要不断创新和改进。企业应该积极探索新的供应链模式和管理方法，不断提高自身的竞争力和创新能力。同时，企业应该保持开放的心态，与供应链中的其他企业进行合作和交流，共同推动供应链的发展和进步。

【视野拓展】

京东以绿色供应链推进
全产业链绿色低碳发展

达能（中国）食品饮料有限
公司绿色供应链运营案例

华为供应链的全球化历程

【任务实施】

1. 网络调研并选择供应链标杆企业。

2. 编写选定供应链标杆企业的数字化供应链运营案例。

【教师评语】

【反思总结】

项目总结

在本项目中，我们学习了供应链环境下企业业务流程重组的内涵、意义、步骤和途径，并应用供应链运营模拟软件进行了供应链运营模拟，最后解析了供应链标杆企业的数字化供应链运营案例。数字化可以帮助企业实现供应链高效管理、降低库存成本、缩短生产周期、提高物流效率、优化采购流程和增强客户满意度等目标。

一．单选题

1. BPR 强调打破部门及组织的界限，以（　　）为工作单位，重新设计。

A. 收入　　　　　　　B. 利润　　　　　　　C. 成本　　　　　　　D. 流程

2. 供应链管理模式下的业务流程重组是指以（　　）为指导，对供应链中的业务流程进行分解、整合和重新设计的过程。

A. 供应链运营思想　　　　　　　　　B. 供应链管理思想

C. 供应链业务流程　　　　　　　　　D. 供应链作业

3. 巩固和发展供需合作关系的根本保证是（　　）。

A. 信息共享　　　　　　　　　　　　B. 资源共享

C. 效益分享　　　　　　　　　　　　D. 建立互惠互利的合同

4. 供应链运营的制约因素有（　　）。

A. 库存　　　　　　B. 设施　　　　　　C. 产品种类的增加　　　D. 运输

5. （　　）是供应链运营中最大的驱动要素。

A. 库存　　　　　　B. 运输　　　　　　C. 设施　　　　　　D. 信息

6. 在实际运作中，企业要根据不同的目标选择不同类型的合作伙伴，对于长期需求而言，最好选择（　　）。

A. 有影响力的合作伙伴　　　　　　　B. 战略性合作伙伴

C. 竞争性的合作伙伴和技术性的合作伙伴　　D. 普通合作伙伴

7. （　　）风险表现在提前期的不确定性、订货量的不确定性等。

A. 供应　　　　　　B. 信息　　　　　　C. 财务　　　　　　D. 管理

8. 供应链节点企业之间是一种（　　）关系。

A. 供应和需求　　　B. 支配　　　　　　C. 平等　　　　　　D. 利益

9. 供应链管理由于企业战略和适应市场需求变化的需要，链上节点企业需要动态地更新，这就使供应链具有明显的（　　）。

A. 复杂性　　　　　B. 动态性　　　　　C. 交叉性　　　　　D. 灵活性

10. 商品内在的使用价值和价值的矛盾，最完备的外在表现是：（　　）。

A. 商品与商品的对立　　　　　　　　B. 具体劳动与抽象劳动的对立

C. 私人劳动与社会劳动的对立　　　　D. 商品与货币的对立

二、多选题

1. 就实施 BPR 的范围、规模及对企业产生变化的程度，可以将其实施方法分为（　　）方法。

A. 革命式　　　　　B. 渐进式　　　　　C. 技术进步　　　　D. 信息革命

2. 对企业业务流程进行重组，必须有重点地选取需要重组的流程，称之为关键流程。关键流程可从（　　）方面考虑。

A. 程序流畅性　　　B. 成本收益性　　　C. 绩效的低下性　　　D. 落实的可行性

3. 供应链运营的制约因素（　　）。

A. 产品种类飞速膨胀

B. 产品生命周期缩短

C. 顾客需求不断增加

D. 供应链的复杂性、变化性和业务外包导致供应链环节的增加

4. 供应链运营模式的选择方法有（　　）。

A. 全球化供应链　　　　　　　　　　B. 电子供应链

C. 绿色供应链　　　　　　　　　　　D. 供应链协同

5. 供应链运营的四个主要动力因素为（　　），这些因素相互作用，决定了供应链的获利水平和对市场的响应速度。

A. 库存　　　　　　　　　　　　　　B. 运输

C. 设备　　　　　　　　　　　　　　D. 信息

E. 供应链环节增多

6. 供应商管理库存的原则有（　　）。

A. 合作性原则　　　　　　　　　　　B. 目标一致性原则

C. 利益均衡原则　　　　　　　　　　D. 信息共享原则、自律原则

7. 供应链协同管理按照决策范围和时间的不同，分为（　　）。

A. 供应链战略协同管理　　　　　　　B. 战术层供应链协同管理

C. 操作层供应链协同管理　　　　　　D. 组织协同管理

8. 供应链合作关系的制约因素有（　　）。

A. 高层态度　　　　　　　　　　　　B. 企业战略和文化

C. 员工的工作态度和相互信任　　　　D. 合作伙伴能力和兼容性

9. 供应链主要的缺陷表现在两点：（　　）。

A. 物流冰山效应　　　　　　　　　　B. 涟漪效应

C. 牛鞭效应　　　　　　　　　　　　D. 信息不对称效应

10. 供应链的不确定性的来源有（　　）。

A. 供应商的不确定性　　　　　　　　B. 生产者不确定性

C. 库存的不确定性　　　　　　　　　D. 顾客及其消费的不确定性

三、判断题

1. 在重组供应链业务流程的过程中，不能一味地追求成本的降低，应避免在降低成本时，损失企业的经济效益增长点和盈利基础。　　　　　　　　　　　　　　　　（　　）

2. 理论上讲，供应链的层次可以是无限的。　　　　　　　　　　　　　　　（　　）

3. 绿色供应链管理是一种在整个供应链中综合考虑环境影响和资源效率的管理模式。

（　　）

4. 从 AM 和 BPR 两者的作用对象看，BPR 强调对一个企业内部流程的再造，而 AM 模式强调对企业之间关系的再造。　　　　　　　　　　　　　　　　　　　　　（　　）

5. 实施供应链合作关系就意味着新产品/技术的共同开发、数据和信息的交换、市场机会共享和风险共担。　　　　　　　　　　　　　　　　　　　　　　　　　　　　（　　）

6. 供应链节点企业产需率指标越接近于 1，说明上、下层节点企业之间的供需关系越不协调，准时交货率越低。　　　　　　　　　　　　　　　　　　　　　　　　　　（　　）

7. 供应链管理就是指对供应环节的全面管理。　　　　　　　　　　　　　　（　　）

8. 供应链的节点企业可能分布在本国的不同地方，也可能分布在世界各地。　（　　）

9. 供应链不仅是一条连接供应商到用户的物流链、信息链和资金链，而且是一条价值链。

（　　）

10. 业务流程重组以传统的劳动分工理论思想体系为基本出发点。　　　　　（　　）

实践训练

结合任务二的"案例导入",基于供应链环境,考虑竞争对手博弈情况,为该通信基站设备制造企业未来一年的供应链运营优化进行管理决策,并制定出分析报告。

提示:可结合供应链运营模拟软件,选择下面至少 1 项进行分析。

(1) 基于供应链管理理论,运用混合整数线性规划模型对该供应链进行建模,提出供应链运营优化总体研究思路。

(2) 考虑竞争对手策略,按照前期、中期和后期等实际情况,分别提出市场分析与投标策略等。

(3) 考虑竞争对手策略,按照前期、中期和后期及工厂大、中、小规模等实际情况,分别提出工厂布局与生产策略等。

(4) 考虑竞争对手策略,按照前期、中期和后期及供应商选择等实际情况,分别提出采购与供应商管理策略等等。

(5) 考虑竞争对手策略,按照前期、中期和后期及运输方式选择、仓库是否建设等实际情况,提出物流策略等。

2. 调研并选择一家企业,为其设计供应链运营方案。

项目评价

评价项目（占比）		评价标准	分值	得分								
				学生自评	小组互评						教师评价
					第1组	第2组	第3组	第4组	第5组	第6组	
考勤（10%）	无故旷课、迟到、早退（一次扣10分）		10								
	请假（一次扣2分）										
学习能力（10%）	合作学习	小组合作参与度（优6分，良4分，一般2分，未参与0分）	6								
	个人学习	个人自主探究参与度（优4分，良2分，未参与0分）	4								
工作过程（40%）	供应链环境下的业务流程重组	能够准确描述供应链环境下企业业务流程重组的内涵、意义、步骤和途径（每错一处扣1分）	5								
		能够编制选定企业供应链环境下的业务流程重组方案（每错一处扣1分）	5								
	供应链运营模拟	能够进行供应链运营实战模拟（第1名满分，后面得分比上一名次少1分）	7								
		能够制定供应链运营模拟对抗总结报告（每错一处扣1分）	8								
	数字化供应链运营案例解析	能够准确分析数字化供应链运营案例（每错一处扣1分）	7								
		能够编写选定供应链标杆企业的数字化供应链运营案例（每错一处扣1分）	8								
工作成果（40%）	成果完成情况	能够按要求完成每个任务环节（未完成一处扣4分）	10								
	成果展示情况	能够准确展示完成成果（失误一次扣5分）	15								
	成果展示情况	能够准确展示完成成果（失误一次扣5分）	15								
得分小计											
综合得分（自评得分×20%+小组互评得分×20%+教师评价得分×60%）											

教师评语：

活页笔记

参考文献

［1］厉苗，韩飞，成义新，等.供应链运营：演变、框架及其在电网企业现代智慧供应链建设中的运用[J].供应链管理. 2023，4（4）：86-96.

［2］供应链管理专家协会，桑德斯.供应链运营管理：流程协同，打造高绩效、强竞争供应链体系[M].荣岩，译.北京：人民邮电出版社，2020.

［3］朱占峰，陈勇.供应链管理[M].4版.北京：高等教育出版社，2023.

［4］杨慧琼.东北地区农业数字化进程中的关键问题分析［D］.哈尔滨：东北农业大学，2016.

［5］张毅，郭宇.打造供应链管理一站式数字化平台[J].施工企业管理，2021，5：40-41.

［6］陶文文.供应链服务管理平台：纺织行业数字化转型［J］.上海信息化，2018，12：64-66.

［7］陈城.卡奥斯COSMOPlat：全球工业互联网引领者[J].数字经济，2021，3：74-79.

［8］柳荣.采购与供应链管理[M].北京：人民邮电出版社，2022.

［9］张彤，马洁.采购与供应管理（微课版）［M］.北京：高等教育出版社，2020.

［10］杨国荣.供应链管理[M].4版.北京：北京理工大学出版社，2019.

［11］刘宝红.采购与供应链管理[M].北京：机械工业出版社，2019.

［12］马士华，林勇.供应链管理[M].5版.北京：高等教育出版社，2019.

［13］程大友，王伟.《供应链管理》课程思政设计与建设实践[J].物流科技，2023，46（9）：154-156+168.

［14］张启慧，孟庆永，杨妍.供应链管理[M].北京：机械工业出版社，2021.

［15］常明哲，苏剑.新零售"新"在何处[J].人民论坛，2018，（23）：96-97.

［16］张建军，赵启兰.新零售驱动下流通供应链商业模式转型升级研究[J].商业经济与管理，2018，（11）：5-15.

［17］张建军，赵启兰.面向新零售的全渠道供应链整合与优化：基于服务主导逻辑视角[J].当代经济管理，2019，41（4）：23-29.

［18］王正沛，李国鑫.消费体验视角下新零售演化发展逻辑研究[J].管理学报，2019，16（3）：333-342.

［19］狄蓉，焦玥，赵袁军.新零售背景下零售企业供应链整合创新机制[J].企业经济，2019，（8）：60-67.

［20］胡建波，陈香莲.供应链管理（微课版）［M］.北京：清华大学出版社，2020.

［21］张璠，孔月红.供应链管理[M].2版.大连：东北财经大学出版社，2021.

［22］李志君.供应链管理实务[M].4版.北京：人民邮电出版社，2019.

［23］郑志丽.客户关系管理实务[M].2版.北京：北京理工大学出版社，2019.

[24] 张永红，白洁. 客户关系管理实务[M]. 北京：北京理工大学出版社，2021.

[25] 陈民伟，林朝朋，陈香莲. 供应链管理实务[M]. 哈尔滨：哈尔滨工业大学出版社，2017.

[26] 李建萍，王燕凌. 供应链运营实务[M]. 北京：电子工业出版社，2021.

[27] 袁建东. 华为供应链管理实践[M]. 北京：人民邮电出版社，2023.